钢铁极致能效工程系列丛书

钢铁极致能效研究与实践

张永杰　　李海峰　　王明月　　编著

北　京

冶金工业出版社

2024

内 容 提 要

　　本书共分为7章，探讨了"双碳"背景下，中国钢铁业能源、能效与低碳发展的紧密联系，分析了极致能效在钢铁低碳发展当下的基本定位，并从多个角度切入阐述实现钢铁极致能效的关键问题以及需开展的基础研究。先后研究总结能效评价基础、典型工序能效评价模型、钢铁能效对标数据基础；探讨先进成熟技术应用与共性难题技术研发；通过极致能效研究初步实践总结分析，展望钢铁极致能效发展。本书较全面反映钢铁极致能效研究现状与未来发展，为推动我国钢铁极致能效工程提供参考和借鉴。

　　本书适合钢铁冶金领域的工程技术人员、设计人员、管理人员以及教育工作者阅读和参考。

图书在版编目(CIP)数据

　　钢铁极致能效研究与实践/张永杰，李海峰，王明月编著. --北京:冶金工业出版社,2024.9. --(钢铁极致能效工程系列丛书). --ISBN 978-7-5024-9925-9

　　Ⅰ.F426.31

　　中国国家版本馆 CIP 数据核字第 20241X6L63 号

钢铁极致能效研究与实践

出版发行	冶金工业出版社	电　　话	(010)64027926
地　　址	北京市东城区嵩祝院北巷39号	邮　　编	100009
网　　址	www.mip1953.com	电子信箱	service@mip1953.com

责任编辑　夏小雪　杨　敏　美术编辑　彭子赫　版式设计　郑小利
责任校对　梅雨晴　责任印制　禹　蕊
北京捷迅佳彩印刷有限公司印刷
2024年9月第1版，2024年9月第1次印刷
710mm×1000mm 1/16；12.5印张；213千字；180页
定价98.00元

投稿电话　(010)64027932　投稿信箱　tougao@cnmip.com.cn
营销中心电话　(010)64044283
冶金工业出版社天猫旗舰店　yjgycbs.tmall.com
(本书如有印装质量问题，本社营销中心负责退换)

序 一

党的二十大报告明确指出，中国式现代化具有五大特征，其中之一是人与自然和谐共生的现代化。钢铁是现代工业中不可或缺的基础材料，钢铁工业是国民经济的重要基础产业，是建设现代化强国的重要支撑，是衡量国家工业实力的标尺，也是实现绿色低碳发展的重要领域，肩负推动国家繁荣发展的重大使命。"双碳"发展、中国式现代化、高质量发展及新质生产力多重愿景下，中国钢铁工业正大力推进绿色低碳转型。作为资源、能源、技术密集型的基础工业，绿色、低碳新材料、新应用、新技术将成为推动中国钢铁成为发展新质生产力的核心支撑和节点产业。

中国钢铁工业的绿色低碳转型是一项长期而复杂的系统工程，需要政府、行业协会、企业、高校与科研院所以及社会各界的共同努力。2022年，中国钢铁工业协会组织制定并公布了《中国钢铁工业低碳发展技术路线图》，明确了中国钢铁工业"双碳"技术路径——系统能效提升、资源循环利用、流程优化创新、冶炼工艺突破、产品迭代升级、捕集封存利用。通过深化供给侧结构性改革，持续工艺流程结构优化，创新发展低碳技术，打造绿色低碳产业链，加强全球低碳产业创新合作，实现到2030年碳达峰、2040年深度脱碳、2050年极限降碳、2060年碳中和。其中，系统能效提升是当前最具经济潜力的减碳路径。2022年，中国钢铁工业协会启动钢铁极致能效工程并发布《钢铁行业能效标杆三年行动方案》，与超低排放改造、数字化转型并列为钢铁行业三大改造工程，作为全行业、全产能的第三大工程，极致能效工程以"三套清单、两个标准、一个数据系统"为基础，通过"双碳最佳实践能效标杆示范厂"培育为抓手，推广先进成熟节能技术应用、共性难题技术协同研发，以及系列政策、法规、标准的制定和提升，推进行业技术综合进步。这一工程得到了行业的广泛认同和广大会员企业的积极参与。广大企业积极参与极致能效工程政策清单、技术清单、能力清单，能效对标标准以及数据对标系统建设。截至目前，已有58家会员企业、约4.4亿吨产能参与"双碳最佳实践能效标杆示范厂"培育，取得显著的进展。

　　钢铁极致能效工程需要一大批学者、研究人员加强能效基础研究、能效数据指标体系研究、极致能效共性难题技术创新、钢铁绿色低碳转型人才培养等工作，为极致能效工程提供坚实的理论基础。本书编写团队深度参与了钢铁极致能效工程工作，很好地实现了基础理论与实践结合，向钢铁同仁们贡献了一套"钢铁极致能效工程系列丛书"，在当前严峻的钢铁市场形势下，希望能为行业提供改善思路。本书深入探讨了在新时代背景下，中国钢铁工业如何实现"双碳"目标引领下的绿色低碳转型，迈向高质量发展的关键路径。在此基础上详细分析了钢铁流程能效基础理论、工序能效评价模型、数据质量管理体系等内容以及钢铁能效对标数据体系的构建要求，包括标准体系、数据填报系统和能效影响因素分析，探讨了先进成熟节能技术的推广应用和共性难题技术研发方向，以及建立企业节能低碳技术库的思路。

　　期待本书的出版，并以此书为起点、为纽带，联合一批钢铁行业专家、企业家、研究学者，共同参与到钢铁行业低碳转型的变革中来。中国钢铁行业已经实现了产业规模由小到大、技术装备由落后到先进、竞争实力由弱到强、绿色发展水平由低到高的历史跨越，新的征程已经开启，需要合力同谋共举，围绕行业发展目标守正创新，继续书写"钢铁报国"的精彩答卷。

中国钢铁工业协会党委副书记、副会长、秘书长

2024 年 7 月

序　二

　　钢铁行业是我国国民经济支柱性产业，钢铁材料是"绿色经济的引擎"。现在中国年产钢已突破10亿吨，并连续28年稳居钢产量世界冠军的宝座，2023年粗钢产量为10.19亿吨，占全球钢产量的53.86%，中国钢铁已建成了全球产业链最完备、规模最大的钢铁产业体系；在工艺装备、科技创新、品种质量、绿色智能等方面不断提升和突破。社会绿色转型，市场选择了钢铁这一绿色材料的同时，也带来巨大的能源消耗和排放，钢铁行业是工业领域最大的煤炭消费行业，煤炭占其能源需求量的85%以上，也是制造业中最大的碳排放部门。作为高载能行业，钢铁绿色低碳转型势在必行。

　　中国钢铁工业协会提出系统能效提升，流程结构优化，低碳突破性技术研发应用，清洁资源替代使用，资源循环利用，碳捕获、封存与利用是中国钢铁行业碳达峰、碳中和的必要路径。在低碳冶金技术尚未取得重大突破、清洁能源尚未大规模部署与供给的当下，节能降碳是实现源头减碳的关键手段。我国钢铁工业发展经历了引进、消化、吸收、再创新的历程，钢铁节能工作自1980年以来从单体设备节能发展到系统节能，"双碳"背景下，节能降碳包括全面提升节能降碳管理能力、实施节能降碳重点工程、推进重点用能设备节能增效、加强新型基础设施节能降碳，"十四五"时期，节能降碳逐步进入深水区，专家呼吁需要新的理论支撑与技术突破。

　　2022 年，中国钢铁工业协会从产业发展出发，落实国家能效降碳政策，启动钢铁极致能效工程并发布《钢铁行业能效标杆三年行动方案》，以"三套清单、两个标准、一个数据系统"为基础，"双碳最佳实践能效标杆示范厂"为抓手，推进先进成熟技术推广应用、共性难题技术协同研发及行业对标数据治理，有序推进行业能效改善。极致能效工程是国家推动和企业自发相结合、国家治理与行业自律深度协同、钢铁强国征程中的一项重大工程，这一工程标志着钢铁行业向高效、环保、可持续钢铁产业迈进的决心和行动，更是钢铁产业现代化建设的基石。

　　针对极致能效工程，产学研用各方合作开展基础性研究、协同研发攻关、开展前沿技术产业化试点示范，持续提升钢铁行业系统能效水平；以系统节能降耗为目标，全面驱动钢铁能源的数字化、智能化建设，这不仅有利于降低企业生产成本，提高企业竞争力，更有利于推动钢铁行业节能减排。

　　本书编写团队有幸参与了钢铁极致能效工程与能效标杆三年行动方案的推进实施，在工作过程中，及时分析总结钢铁行业极致能效工程所需的基础研究，及时将钢铁行业极致能效工程基础研究与工程实践相结合支持行业钢铁极致能效工程推进。从此意义上，本书既是该团队理论基础研究与工程推进实践相结合的梳理、总结与汇编，也是钢铁行业极致能效工程参与者集体智慧的深度思考、提炼与结晶。本书从政策及行业需求出发，系统研究了钢铁能效基础、工序能效评价模型、能效数据质量体系，梳理了行业内先进成熟技术应用现状及共性难题技术研发方向，并展望了钢铁极致能效未来发展。本书体现了我国钢铁企业及从业人员在钢铁减污降碳协同增效领域开展的工作与付出，体现了钢铁人的责任与担当。

期待本书的出版，为钢铁极致能效领域的高等院校、科研院所、钢铁企业、专业公司提供参考与指导，并期待更多专家、学者参与到钢铁极致能效技术创新与开发工作中来，推动钢铁工业绿色高质量发展。

东北大学原校长、党委书记　赫冀成

2024 年 7 月

前　　言

　　钢铁工业是典型的资源、能源密集型行业。从能源消费总量分析，国内钢铁工业所属的黑色金属冶炼及压延加工业能源消费总量占全国能源消费总量的 10% 以上。国内钢铁行业能源结构以煤为主，煤基能源占比超过 85%，若加上所消耗的电力为化石能源火力发电，则国内钢铁能源结构中化石能源消费占比更高。"双碳"背景下，钢铁低碳高能效是钢铁工业面临的重大课题之一。

　　能效降碳是钢铁行业当下最经济、规模可行的降碳切入点。我国钢铁行业应以低碳转型为导向、以技术创新为支撑，坚持节能优先方针，依托先进节能技术、装备、产品的研发和推广应用，赋能钢铁企业绿色高质量发展。钢铁能效提升主要路径包含工艺节能、设备节能、管理节能，也可以从新能源替代多能互补、能源加工转换输送、能源调度使用等方面考虑能效提升。中国钢铁工业正在大力推进覆盖全行业、全产能的钢铁极致能效工程与钢铁行业能效标杆三年行动方案，钢铁极致能效工程作为一项系统性工程，对钢铁极致能效研究非常必要且有实践价值。

　　本书分析了"双碳"背景下中国钢铁能源、能效与低碳的关系，从中国钢铁低碳发展方向及实施途径中研究极致能效基本定位，再从欧、美、日及中国的能效政策与行动出发，阐述当前钢铁极致能效发展所需的基础研究和关键问题。然后，按关键问题依次展开研究，分别是：能效评价基础研究（第3章），典型工序能效评价模型（第4章），钢铁能效对标数据基础（第5章），先进成熟技术应用与共性难题技术研发（第6章），以及结合极致能效研究的初步实践给出钢铁极致能效发展展望（第7章）。钢铁能效对标数据基础研究中标准体系、能效对标数据填报系统开发、典型工序能效影响因素分析、数据质量诊断方法和工序指标群开发等内容，则是前几章能效评价基础研究和三层多阶能耗模型研究与中国钢铁工业协会牵头，冶金信息标准研究院、冶金工业规划研究院、冶金信息中心以及典型钢厂具体实施的极致能效工作相互验证、推动、促进的初步总结，可以在后续实践中进一步深入与展开。

本书是钢铁极致能效专业性图书，主要面向钢铁行业科技工作者，尤其是参与钢铁极致能效工作的相关技术人员、管理人员。本书的编写出版，旨在帮助相关人员加深对钢铁极致能效全面了解，更好把握钢铁极致能效基础理论与发展方向，对加快培养产业人才队伍、推动极致能效发展也具有十分重要的意义。希望通过本书，可以为钢铁极致能效相关领域的高等院校、科研院所、钢铁企业、专业公司等提供参考和指导。

本书由宝钢股份中央研究院张永杰首席研究员组织撰写，张永杰首席研究员、东北大学李海峰博士、宝钢股份中央研究院王明月研究员共同编著。具体撰写分工为：第1章由张永杰首席研究员及他指导的东北大学张兴华博士生共同完成，张兴华博士生执笔；第2~5章由张永杰首席研究员与东北大学李海峰博士共同完成，李海峰博士执笔；第6章由张永杰首席研究员与宝钢股份中央研究院王明月研究员共同完成，王明月研究员执笔；第 7 章由张永杰首席研究员、东北大学李海峰博士、宝钢股份中央研究院王明月研究员、内蒙古科技大学黄军教授、宝武集团人才开发院张丽娟老师、东北大学张兴华博士生和赖卿锐博士生共同完成，黄军教授、王明月研究员与东北大学李海峰博士共同执笔。张永杰首席研究员、李海峰博士、黄军教授、王明月研究员、张兴华博士生对全书进行了校核。

非常有幸参与到中国钢铁工业协会顺应产业发展需要、落实国家方针政策，全行业、全流程推进的钢铁极致能效工程中，团队多年的基础研究依托钢铁极致能效工程实践得以更深入、系统地开展并在实践过程中对钢铁极致能效工程推进起到良好的支撑。本书编写过程是研究与实践的结合过程，行业众多参与极致能效工程的专家、领导对团队在极致能效研究与实践的结合过程给予了充分的信任、支持、指导以及参与和帮助。在本书编写过程中，内蒙古科技大学黄军教授和宝武集团人才开发院张丽娟老师也提供了珍贵的指导和坚定的支持。冶金工业出版社在编辑和出版的各个环节也给予了我们宝贵的建议和帮助。可以认为，本书的出版是团队参加钢铁极致能效研究与实践的总结提炼，也是钢铁极致能效工程参与者集体智慧的结晶，在此我们向所有支持本书编写和出版的个人与机构表达最诚挚的谢意。

由于作者水平有限，书中不足之处，恳请广大读者批评指正。

张永杰、李海峰、王明月　谨识

2024 年 6 月

目　　录

1 "双碳" 背景下中国钢铁与极致能效

20世纪70年代末期，中国开启了经济转型宏伟征程。自此，中国经济社会发展速度令人瞩目，1980年起成为全球增长速度最快的主要经济体之一，2023年全年国内生产总值为1260582亿元[1]，以名义价值计算，仅次于美国，为世界第二大经济体。

2001年加入世界贸易组织（WTO）后，中国制造业增长迅猛，2007年起一直是世界上最大的工业品生产国。目前，中国对全球工业总产值的贡献率约为四分之一，成为钢铁、水泥、铝、化工产品、电子产品和纺织品等主要生产国。尤其是在水泥和钢铁生产领域，中国占据了全球总产量50%以上。

能源的生产和使用，特别是煤炭的利用，一直是国家经济发展的重要推动力。中国在很大程度上依赖能源密集型产业来推动经济增长，是世界上最大的煤炭消费国。由于对煤炭的高度依赖，2005年起一直是能源相关二氧化碳排放量最大的国家，2009年成为世界上最大的能源消费国。尽管在可再生能源领域取得显著进步，但化石燃料仍然是中国能源结构的主体部分，2020年，我国一次能源需求大约85%由化石燃料满足，煤炭占比接近60%，石油约占20%[2]。

2020年，与能源相关的碳排放中，约70%来自煤炭，12%来自石油，6%来自天然气，而其他含碳物料的碳排放约占11%。仅燃煤发电和供热厂的碳排放就占国内碳排放总量的45%以上，在全球碳排放总量中占比达15%。这些数据不仅展示了中国在能源消费和工业生产方面的领先地位，也凸显其在环境保护和可持续发展方面面临的机遇和挑战。

化石燃料的燃烧是造成全球气候变化的主要原因，占全球温室气体排放的75%以上，占所有二氧化碳排放近90%。《巴黎协定》是最新的有关国际气候的重要协议，于2015年12月的《联合国气候变化框架公约》第21届缔约方大会上达成，并于2016年4月正式签署；《巴黎协定》确立的目标是：把全球平均气温升幅控制在工业化前水平以上低于2℃之内，并努力将气温升幅限制在工业化前水平以上1.5℃之内。如果没有中国的参与，可能无法将全球气温上升限制在

1.5 ℃内。2020 年 9 月，国家主席习近平向全世界郑重宣布，中国将提高国家自主贡献力度，采取更加有力的政策和措施，二氧化碳排放力争于 2030 年前达到峰值，努力争取 2060 年前实现碳中和。在 2030 年前实现二氧化碳排放达到峰值，有赖于三个关键领域的进展：提高能效、减少化石能源使用和发展可再生能源。近年来，能效在减缓二氧化碳排放增速方面发挥了重要作用，并有潜力在未来几年发挥主导作用。

综上，全球走向碳中和社会的时代背景下，中国向世界做出庄严承诺，该承诺将会对中国钢铁工业带来巨大变革。本章从中国钢铁工业发展面临现状、挑战和机遇出发，重点讲述中国钢铁工业在加快国家工业化和中国式现代化建设中发挥的巨大作用。作为全球钢铁制造和消费的第一大国，产业区域分布和技术创新深刻影响着全球钢铁市场的供需状况，为实现"双碳"目标，国家制定了相应的"双碳"政策体系和评价标准、行业制定了可行的实施路径、企业制定了契合自身可持续发展的技术路线，中国钢铁低碳转型及可持续发展对世界绿色低碳至关重要。

1.1　新时代中国钢铁

1.1.1　"双碳"背景

我国已向世界做出承诺，二氧化碳排放力争于 2030 年前实现碳达峰，2060 年前实现碳中和[3]。在实现"双碳"愿景的过程中，钢铁产业要处理好发展和减排、整体和局部、短期和中长期的关系，要尽最大可能避免运动式减碳，化解经济发展与减碳之间的矛盾。科学合理地制定钢铁行业的碳达峰目标与路径，使目标与路径相辅相成，协同互补，共同构成中国钢铁工业"碳中和"的技术路线，为实现钢铁行业"碳中和"目标提供有力支撑。

需要明确的是，钢铁产业变迁与能源紧密相关，钢铁技术变迁与能效提升紧密相关。钢铁生产的能源成本占比居高不下，而新能源、可再生能源的发展日新月异，逐渐呈现成本优势。当前，国家正在大力推进"能源双控"向"碳双控"的转变，钢铁产业的发展与双碳、能源、低碳冶金、再电气化等政策和技术紧密相关。因此，钢铁产业在上述背景和趋势下，研究钢铁能源能效及能碳双控势在必行。钢铁冶金既需要能源支持，也为能源发展带来新的动力。在实现钢铁绿色发展的过程中，钢铁冶金与能源应用实现协同创新和共赢发展，为美丽中国建设和应对全球气候变化做出积极贡献。

在此背景下，钢铁工业肩负着走上能源转型变革和高质量发展之路的重任。钢铁工业的高质量发展不是追求单一目标，而是多方面的目标体系。这个体系包括确保资源安全、能源稳定、技术先进。同时，经营的核心目标是实现盈利，对于维持和提升钢铁行业在市场中的竞争力至关重要。此外，当前最受关注的是如何实现生态友好、低碳排放的发展。因此，安全、经济、生态应成为我国钢铁工业下一步高质量发展的政策导向。

中国钢铁工业协会提出的"1231"行业发展战略目标及重点任务[4]，即：

"1"聚焦一个根本任务——全面提升产业基础能力和产业链现代化水平；

"2"坚持两大发展主题——绿色低碳发展和智能制造；

"3"着力解决行业三大痛点——控产能扩张、促产业集中、保资源安全；

"1"推进一个重要进程——持续推进中国钢铁产业的国际化进程。

在此基础上，中国钢铁工业协会提出"232"重点工作推进体系，包括：

"2"策划和推进两大行业基础措施："研究和推进产能治理新机制"和"优化和完善联合重组政策导向"两项工作；

"3"整体策划、积极推动三大钢铁改造工程，即"产能置换工程""超低排放工程"和"极致能效工程"的实施，根据工程进展，2024年将"产能置换工程"替换为"数字化转型工程"；

"2"两大产业发展计划：涉及钢铁上游产业的"铁资源开发计划"和涉及钢铁下游产业的、以推广钢结构住宅为主攻方向的"钢铁应用拓展计划"。

1.1.2　中国式现代化

党的二十大对全面建成社会主义现代化强国做出分两步走的战略安排[5]，同时，提出中国式现代化。党的二十大报告明确概括中国式现代化5个方面的中国特色，深刻揭示了中国式现代化的科学内涵。中国式现代化5个特征为：

第一，人口规模巨大的现代化，不同于几十万人、几百万人、几千万人的现代化，而是十四亿多人口的现代化，是人类历史上规模最大的现代化。遵循国情和规律，发展属于中国特色社会主义的现代化。

第二，全体人民共同富裕的现代化。中国式现代化坚持发展为了人民、发展依靠人民、发展成果由人民共享，在推动全体人民共同富裕上取得重要进展。

第三，物质文明和精神文明相协调的现代化。既要物质富足、精神富有，也要在思想文化上自信自强。要顺应人民日益增长的精神文化需求，建设具有强大凝聚力和引领力的社会主义意识形态。

第四，人与自然和谐共生的现代化。尊重自然、顺应自然、保护自然，促进人与自然和谐共生。

第五，走和平发展道路的现代化。坚持和平发展，在坚定维护世界和平与发展中谋求自身发展，又以自身发展更好维护世界和平与发展，推动构建人类命运共同体。中国式现代化坚持独立自主、自力更生，依靠全体人民的辛勤劳动和创新创造发展壮大自己，努力为人类和平与发展做出更大贡献。

中国式现代化5个特征既是理论概括，也是实践要求，为全面建成社会主义现代化强国、实现中华民族伟大复兴指明了道路。中国式现代化强调科技现代化，要求建设由科技创新支撑引领的产业体系，以先进生产技术和现代化生产组织方式推动产业质量变革、效率变革、动力变革。

党的二十大报告还指出，要积极稳妥推进碳达峰、碳中和。在中国式现代化道路上，面对绿色低碳发展向纵深推进的艰巨任务，钢铁行业要加快推进绿色低碳转型，不断推进产业优化升级，打造绿色发展新业态，为中国式现代化塑造生态文明的"钢铁新形态"。科技创新是推动高质量发展的核心驱动力，习近平总书记多次考察钢铁企业，强调加强新材料新技术研发，开发生产更多技术含量高、附加值高的新产品，增强市场竞争力。中国钢铁行业深入实施创新驱动发展战略，不断加大研发投入力度，加快锻造自主创新能力。

新发展理念是钢铁行业推进供给侧结构性改革、迈向高质量发展的理论和实践指南。钢铁行业创新发展、协调发展、绿色发展、开放发展、共享发展，不仅让发展成果惠及国民，还向世界分享中国钢铁市场的繁荣，以及先进技术、优质产品所创造的美好生活。推进中国式现代化，钢铁行业要切实把新发展理念贯穿于行业发展全周期，着力补短板、调结构、促转型、强创新，为中国式现代化锻造更具活力的"钢筋铁骨"。

1.1.3　高质量发展与新质生产力

中国共产党始终将经济建设视为国家发展的核心。自改革开放以来，中国经济迅速发展，展现出中高速增长、结构优化、动力转换等新特点。在产品生产量和增长速度方面，中国的成就备受关注，但这些成就仅仅依赖于传统驱动力和投资拉动，是不可持续的。经济发展阶段正在从以往的高速增长过渡到现在的高质量发展，这标志着中国特色社会主义进入新历史阶段以及经济发展的新变化。2017年12月18日至20日举行的中央经济工作会议上，习近平总书记强调了中国特色社会主义进入新时代的重要性，同时指出中国经济发展也进入了新时代，其基本特征是经济已经从高速增长阶段转向高质量发展阶段。推动高质量发展是保持经济持续健康发展的必然要求[6]。这不仅是适应我国社会主要矛盾变化和全面建成小康社会、全面建设社会主义现代化国家的必然要求，也是遵循经济规律发展的必然要求。

中国经济高质量发展成为一个新的战略目标，不仅遵循经济发展的一般规律，而且在与世界经济紧密相连的背景下，面临着金融危机和能源危机等全球性挑战。此外，中国经济还必须应对经济下行压力、资源环境限制、劳动力成本优势消退、市场竞争加剧以及全球技术革命迅速进展等多方面变数。因此，依赖劳动力、资本投入和产品价格优势来实现高速增长的方式不再可持续，在追求经济总量增长后，中国必须转向提高质量，以此来实现经济高质量发展。

2022年工业和信息化部、国家发展和改革委员会、生态环境部三部门联合印发的《关于促进钢铁工业高质量发展的指导意见》中指出，钢铁工业作为国民经济的重要基础产业，对于推动中国向现代化强国的转变具有重要支撑作用。因此，促进钢铁工业的高质量发展对于满足国家经济社会发展的需求和实现绿色低碳发展至关重要。当前，中国正处于推进高质量发展的关键时期，钢铁工业需要全面提升产业基础能力和产业链现代化水平。要求钢铁工业坚持发展理念的转变、方式的转型和路径的创新，以经济性、生态性和安全性为核心，推动高质量发展。

新质生产力是创新起主导作用[7]，摆脱传统经济增长方式、生产力发展路径，具有高科技、高效能、高质量特征，符合新发展理念的先进生产力质态。它由技术革命性突破、生产要素创新性配置、产业深度转型升级而催生，以劳动者、劳动资料、劳动对象及其优化组合的跃升为基本内涵，以全要素生产率大幅提升为核心标志，特点是创新，关键在质优，本质是先进生产力。

在现代经济体系中，新质生产力是推动社会进步和经济增长的关键因素。它不仅是技术的革新，更是对现有资源的重新组合和优化利用。从钢铁生产的角度实现新质生产力，关键在于采用创新技术和可持续发展的方法。节能减排技术应用：减少能源，尤其是化石能源的消耗。例如，使用短流程冶炼代替传统长流程冶炼可以显著降低能耗和碳排放。此外，通过回收烟气余热余能作为能源，可以进一步提高能效。智能制造：利用工业 4.0 技术，如物联网（Internet of Things，简称 IoT）、大数据分析和人工智能（Artificial Intelligence，简称 AI），来优化生产流程。这不仅可以提高生产效率，还可以减少资源浪费和生产过程中的错误。循环经济模式：推动钢铁行业向循环经济转型，通过回收和再利用废钢材，减少对初级原材料的依赖。绿色能源的整合：在钢铁生产过程中整合可再生能源，如太阳能和风能，以减少对化石燃料的依赖。

钢铁作为一种基础材料，其潜力仍然未被充分发挥。钢铁行业正处于重要的转型阶段，需要从传统重工业向技术密集型和知识密集型产业转变，这是钢铁材料成为新质生产力核心支撑的关键，这包括新技术、新材料、新应用。新技术，是指采用更环保、可持续的生产方法，例如：利用人工智能优化生产流程，开发应用可再生能源的绿色冶炼工艺，钢铁可以更有效地服务于新兴产业；新材料，是指基于钢铁材料的高附加值、高性能材料，例如：通过纳米技术提高材料性能，高强轻量钢铁材料减少终端钢铁需求量，耐腐蚀钢开发延长钢铁使用寿命，高效能钢铁开发提高电机、压缩机能源转换效率减少损耗；新应用，是指新质生产力下新应用场景，包括为高科技领域提供定制化解决方案，例如：在航空航天、电动汽车和智能城市建设中，钢铁可以通过其轻量化、高强度和耐腐蚀性等特性来满足特定技术需求。此外，钢铁行业还可以通过参与基础设施的智能化改造，如智能电网和交通管理系统，来扩展其在新质生产力中的作用。

在系列策略下，钢铁生产不仅可以成为新质生产力的一部分，更要为新质生产力的发展提供关键性的支持，推动整个行业向可持续发展迈进，为社会和经济的进步贡献力量，成为推动未来社会和经济发展的重要力量。

1.2　新时代钢铁能源

1.2.1　新型能源体系

1.2.1.1　能源革命与能源安全

党的二十大报告强调："立足我国能源资源禀赋，坚持先立后破，有计划分步骤实施碳达峰行动。完善能源消耗总量和强度调控，重点控制化石能源消费，逐步转向碳排放总量和强度'双控'制度。深入推进能源革命，加强煤炭清洁高效利用，加大油气资源勘探开发和增储上产力度，加快规划建设新型能源体系，统筹水电开发和生态保护，积极安全有序发展核电，加强能源产供储销体系建设，确保能源安全。"这为我国加快建设能源强国、实现能源行业高质量发展指明了方向。能源革命包含能源消费革命、能源供给革命、能源技术革命和能源体制革命以及全方位加强国际合作。具体包括：推动能源消费革命，抑制不合理能源消费；推动能源供给革命，建立多元供应体系；推动能源技术革命，带动产业升级；推动能源体制革命，打通能源发展快车道；以及全方位加强国际合作，实现开放条件下能源安全。

（1）推动能源消费革命。一是要通过技术进步，提高能源的综合利用效率，通过科技和体制创新推动实现能源产业的高质量发展，降低温室气体和污染物的排放，提升煤炭的高效、清洁利用，最大限度地减少对环境的污染。二是引导、鼓励清洁能源、新能源、可再生能源的开发和利用，提高能源利用率，减少能源利用路径依赖。三是提倡"低碳环保、减少排放和抑制不合理的能源消费"，加快形成能源节约型社会，构建良好的可持续的能源消费生态，从而使能源消费控制在人口、资源、环境可承受的合理范围内。

（2）推动能源供给革命。一是要提升各种能源形态的供给渠道和总量，如加强国内油气、煤层气、页岩气的勘探开发力度，为能源的供给总量提供有力支撑。二是通过国家管网公司的成立，加快天然气产供储销体系建设，促进天然气在一次能源消耗比重提升，逐步降低煤炭的比重。三是要加快能源生产、消费的转型，为绿色发展提供新的能源形态和利用方式。以新能源（如核能、氢能）和可再生能源（包括水能、生物质能、太阳能、风能等）逐步代替传统的化石能源，达到低碳、清洁、安全、经济、方便和可持续能源开发利用模式。四是加强能源输配网络和储备设施建设。

（3）推动能源技术革命。一是在核能、风能、太阳能、水能、生物质能等新能源和可再生清洁能源（无碳或少碳）上做增产革命，在煤炭、石油等常规化石能源上做减量革命。二是技术创新，突破现有能源开发技术，攻克关键战略性技术难题，实现技术突破。三是运用新一代互联网、云计算、大数据等信息技术提高能源系统灵活性、接纳和供应能力，最大程度上利用间歇性、分布式能源，构建多元化的可持续能源供应体系，从根本上解决能源资源难以为继和生态环境不堪重负问题，实现绿色低碳和安全可靠的能源供给。

(4) 推动能源体制革命。一是在能源管理、产业组织和市场运行等机制上破旧立新，还原能源商品属性，加大竞争，刺激发展。二是梳理政府和市场边界，转变政府监管方式，打破垄断，进一步激发市场活力。三是减少重复建设和资源占用，降低投资及运营成本，提高油气资源的配置效率，保障油气安全稳定供应。

从能源安全角度来看，一是保障基本的能源安全供给。我国油气对外依存度越来越高，原油、天然气分别从 2017 年的 67.4%、39%上升到 2023 年的 72%、42%[8]，加强国际合作，有利于保障我国能源安全供给。二是通过国际合作，促进能源开发技术提升，进一步提高能源利用率，促进清洁能源、新能源、可再生能源的开发和利用，构建良好的可持续的能源消费生态。三是消化、吸收国外油气勘探、开发技术，如深水水下油气开发工程技术、新能源开发技术、能源再利用技术等，促进我国能源技术发展。

钢铁是能源密集型行业，对应四个能源革命，钢铁行业需结合产业结构特征，科学规划、合理布局，建成源荷交互、多能互补、网储一体的典型工业能源系统。能源消费侧：发展节能减排技术，减少能源尤其是化石能源的消耗；发展低碳冶金技术，如电气化、氢冶炼技术积极消纳清洁能源，减少化石能源依赖。能源供给侧：积极参与能源供给革命，发挥钢铁企业储能、弹性负荷调节能力，保障清洁能源供给的安全性。能源技术侧：应用分布式能源技术、物理信息系统技术构建钢铁企业内部多元化的能源供应系统，化石能源、自产能源与新兴清洁能源多能互补，共同保障钢铁产业安全稳定运行，充分应用钢铁企业内部自产能源，余热资源依次按照"回用（Reuse）、替代（Replacement）、提质（Upgrading）、转换（Conversion）"四个层级进行综合规划。能源体制方面：充分发挥钢铁在能源消费、供给方面的调节能力，与市场充分互动，建立产业、区域集群，提高资源能源配置率、使用率与高效分配，例如：钢铁企业富裕余热供给居民取暖、制冷，富裕氧氮氩供给化工企业应用等，建立区域微电网，实现电力资源的高效配置与产、供、销。

1.2.1.2 可再生能源翻天覆地变化

中国正在进行一场全面的能源体系转型，旨在构建一个更加环保、更高效率和可持续的能源体系。这一体系的核心目标是减少对化石燃料的依赖，同时积极推动风能、太阳能等可再生能源的发展。中国政府致力于加速能源生产和消费方式的转型，提高能源供应链的弹性和安全性，推进能源基础设施网络的建设，并深化电力体制改革，以支持新能源体系的建设和发展。

（1）通过创新驱动和试验示范，我国初步建立能源科技创新体系，可再生能源产业装备制造能力水平实现跨越式发展。在创新驱动方面，"十三五"期间，我国推动实施"可再生能源与氢能技术"和"智能电网技术与装备"两个重点研发专项。2023年，科学技术部将"储能与智能电网技术""可再生能源技术""氢能技术"等列入国家重点研发计划予以支持。在试验示范方面，"十三五"期间，依托于3批光伏"领跑者"基地等试验示范项目、6个清洁能源示范省、4个可再生能源综合应用示范区和28个新能源微电网示范工程等[9]，有效推动先进光伏技术的产业化应用。

（2）我国已建立完备的水电装备制造和工程建设产业链。在常规水电方面，我国成功研发制造了全球最大单机容量100万千瓦的水电机组[10]，成功建成金沙江白鹤滩和乌东德、雅砻江两河口、澜沧江黄登、大渡河猴子岩、双江口等重大水电工程，水电工程建设能力领跑全球。

（3）光伏发电技术和产业链发展具备全球竞争优势，产业规模和出口规模连续多年居世界第一。10年来，我国光伏产业快速发展，主要环节自主研发和技术创新能力大幅提升，光伏产业实现平均每三年一次技术和生产线的升级迭代。2023年，伴随N型电池和大尺寸硅片技术的发展应用，光伏组件单片功率从600 W+升级到700 W+；TOPCon电池加速发展，核心装备实现了国产化；此外，我国光伏企业自主研发的晶硅-钙钛矿叠层电池效率创造了33.9%的世界最高纪录；背接触晶硅异质结太阳电池利用全激光图形化可量产制程工艺获得27.09%的电池转换效率，银浆国产化程度超过80%。多晶硅、硅片、电池片和组件等产品产量占全球比重均超过80%[11]，太阳能电池成为我国出口"新三样"之一，光伏全球竞争优势进一步凸显。

（4）风电技术创新能力和产能水平保持国际同步。技术创新方面，陆上15 MW及海上22 MW的超大容量风电机组制造技术已被我国完全掌握，低风速和抗台风风电技术掌握水平位居世界前列。产能方面，不仅形成全球最完善产业链，并在整机和关键零部件的产能方面均占据全球60%以上，国内风电装机90%以上采用国产风电机组。风电产品出口方面，2023年我国风电整机出口增长显著，国内品牌出口量达470万千瓦，国际品牌出口量450万千瓦，风电整机出口额336亿元[12]。

（5）在我国全产业链集成制造优势的综合作用下，2021年我国风电光伏发电全面实现无补贴平价上网。国际可再生能源署报告指出，过去10年间，全球风电和光伏发电项目平均度电成本分别累计下降超过60%和80%[13]。

（6）氢能和新型储能多元化发展取得显著成效。自2022年3月《氢能产业发展中长期规划（2021—2035年)》印发以来，各地高度重视氢能产业发展，纷纷出台政策支持文件，我国氢能产业步入健康有序发展的新阶段。在规划和政策引导下，我国已初步掌握清洁低碳氢全产业环节的关键技术及生产工艺。锂离子电池、压缩空气储能、液流电池、飞轮储能、液态空气储能、二氧化碳储能等新型储能技术和项目落地实施。在新型电力系统建设方面，储能在发电侧、电网侧、用户侧等不同场景逐步开展规模化应用，截至2023年底，全国已建成投运新型储能项目的累计装机规模达到了 3139×10^4 kW 和 6687×10^4 kW·h，平均储能时长2.1 h[14]。未来，一批技术指标先进、规划布局合理、应用场景丰富、调度运行科学的新型储能项目，将持续助推我国新能源供给消纳水平的提升。

（7）生物质能技术与国际先进水平的差距显著缩小，地热和海洋能等其他技术也有长足的进步。我国生物质发电领域技术整体处于全球一流水平，沼气发酵技术、生物质成型燃料技术、燃料乙醇技术、"酸-碱两步法"柴油技术、"酸催化法"柴油技术等拥有自主知识产权。浅层地热利用技术日趋完善，中深层地热利用不断发展，干热岩地热利用技术进入实验阶段。海洋能领域的潮汐能、洋流能以及波浪能等利用技术也有不同程度的进展。

1.2.1.3 钢铁工业与新能源体系

党的二十大报告提出了深入推进能源革命的战略部署。加快规划建设新型能源体系是为了支持全面建成社会主义现代化强国，统筹能源安全供应稳定与绿色低碳发展。深入贯彻党中央、国务院决策部署，加快规划建设新型能源体系，就是要向纵深推进能源革命，推动能源体系变革呈现"三新"，即能源结构"新"、产业体系"新"、供用能模式"新"。一是要推动能源生产消费方式绿色转型，加快主体能源由化石能源向非化石能源转变。二是要形成现代化能源产业体系，加强战略性、前瞻性重大科技攻关，积极推进新型电力系统建设，推动化石能源清洁低碳高效利用。三是要建设韧性坚强的能源产业链、供应链，持续增强能源生产供给和储备调节能力，跨区域输送和区域自主平衡并重，推动供用能模式向多能互补、源网荷储一体化等转变。通过这些措施，中国将不仅提升自身能源安全水平，也将为全球低碳发展提供示范。

钢铁工业的高质量发展不是一个单一的目标，而是一个三维目标体系，主要包括经济性、生态性和安全性。经济性指的是钢铁行业的生产和经营活动，确保消费需求的满足和盈利能力是保持和提升行业竞争力的前提。生态性强调可持续发展和环境保护。安全性则包括资源安全、技术安全、生产安全等方面，确保工业活动稳定运行。这三个维度共同构成了中国钢铁工业未来高质量发展的政策导向。我国钢铁工业用能系统已经走过一次能源"使用"阶段，目前正在由二次能源"利用"阶段走向新旧能源"混用"阶段，在这个关键的转型期，需要统筹化石能源与非化石能源协调互补，在立足以煤为主的基本国情基础上，以储能系统为支撑逐步加强新能源应用和消纳，构建多能互补与储能相结合的能源体系。新型能源体系应以碳达峰、碳中和目标为指引，鼓励钢铁工业：

（1）提高新能源和可再生能源的消纳比例，加快电弧炉、电精炼、电窑炉、电加热等技术应用，扩大电气化终端用能设备使用比例；

（2）通过电力市场购买绿色电力，试点建设工业微电网，与能源企业合作开展"源网荷储"一体化项目建设；

（3）推动储能储热装置与钢铁工业煤气发电、余热发电进行耦合，强化钢铁工业能源系统可调节能力；

（4）积极探索在可再生能源丰富的区域，通过绿色电力制得氢气和氧气，并将其用于钢铁工业生产等途径；

（5）形成能源组成低碳化、能源供应安全化、终端消费电气化、供需调度智能化的钢铁工业新型能源消费侧模式。

碳达峰和碳中和的"$1+N$"政策体系，以及《"十四五"现代能源体系规划》，为中国未来能源发展和转型提供了系统性的部署。钢铁工业作为国民经济的重要基础产业，必须坚定地走上能源转型变革和高质量发展的道路。

深入推进能源革命，加快规划建设新型能源体系，确保能源安全，建设能源强国；落实中国式现代化，加快推进钢铁绿色低碳转型高质量发展，强化钢铁工业作为国民经济重要基础产业和节点产业与新型能源体系建设的耦合发展，迈向钢铁强国。

1.2.2 钢铁能源特点

习近平总书记指出，经过长期发展，我国已成为世界上最大的能源生产国和消费国，形成煤炭、电力、石油、天然气、新能源、可再生能源全面发展的能源供给体系，技术装备水平明显提高，生产生活用能条件显著改善。但同时也面临着能源需求压力巨大、能源供给制约较多、能源生产和消费对生态环境损害严重、能源技术水平总体落后等诸多挑战。

随着社会经济的迅速发展，由温室气体排放引起的全球气候变化问题愈发严重。据国际能源署（IEA）统计数据显示[15]：2019 年全球由化石燃料燃烧引起的碳排放总量已达到 336 亿吨，相较于 1990 年的 205 亿吨，增幅高达约 63.9%。同时根据联合国政府间气候变化专门委员会（IPCC）估算，若 CO_2 排放量继续以此高速率增长，则全球平均气温将升高 6 ℃，甚至更高，这也将对人类的生存环境造成不可逆转的严重影响。

2021 年 11 月，世界钢铁协会（World Steel Association，简称 World Steel）发布了《2021 年可持续发展指标报告》（以下简称《报告》），《报告》统计了2007—2020 年国际钢铁协会会员企业（如：Arcelor Mittal、POSCO、Thyssen Krupp 等）吨钢碳排放量及能源消耗量。结果显示：国际钢铁协会会员企业的吨钢碳排放量多在 1.75~1.85 t 范围内波动；吨钢能耗多维持在 20 GJ 水平左右。

在众多碳排放行业中，钢铁生产作为典型的铁-煤化工过程，不仅是资源能源密集型产业，也是 CO_2 排放大户。据世界钢铁协会数据统计，2020 年全球钢铁行业平均每生产 1 t 钢排放 1.85 t CO_2。2020 年，全球共生产约 18.78 亿吨钢[16]，钢铁行业的直接碳排放总量约为 26 亿吨，占全球人类活动碳排放总量的7%~9%，是全球主要碳排放源之一。因此，在推进全球低碳发展的工作中，钢铁是绿色材料，是绿色经济的引擎，但因其排放巨大也面临低碳转型压力。

1.2.2.1　钢铁物质流与能量流

钢铁物质流、能量流是一个在现代钢铁工业中非常重要的概念。在钢铁生产过程中，物质流主要是指各种物料沿着产品生命周期的轨迹流动，形成物质流（以铁素流为主体）。这个过程中，物质流可以分为来自上道工序物质流和循环利用物质流。物质流的大小及物质流参数对工序金属收得率、流程资源效率和工序材比系数的影响是非常大的。能量流则是指各种能源沿着转换、使用、回收、排放的路径在钢铁企业内流动，形成了能量流（以碳素流为主体）。能量流推动物质流的转变，过剩的能量流或依附于物质流进入下一道生产工序，或分离运行形成独立的能源回收-转换网络。生产工序的余热余能回收水平越高，工序产品带入下道工序的能量越多，则物质流-能量流的协同度越高，二者的协同作用越大，相关工序的工序能耗越低[17]。

钢铁物质流、能量流及协同在现代钢铁工业中的重要性主要体现在以下几个方面。（1）节能降耗：通过优化物质流和能量流的运行模式，可以有效地降低企业的能耗。（2）提高生产效率：物质流和能量流的协同作用可以提高生产工序的效率，从而提高整个生产流程的效率。（3）绿色环保：通过优化物质流和能量流的运行模式，可以实现能源的高效利用，减少能源的浪费，降低环境污染。（4）提高产品质量：物质流和能量流的协同作用可以提高产品的质量，从而提高企业的竞争力。

1.2.2.2 钢铁多能流的组成与作用

钢铁行业是能源密集型产业，能源优化调配是钢铁企业系统节能的关键技术之一。在钢铁制造过程中，物质流和能量流紧密耦合，形成了复杂的多能流系统。这个系统包括了煤、焦炭、煤气、电力、蒸汽、工业气体、水等近 30 种能源介质。

（1）煤和焦炭：煤和焦炭是钢铁生产的主要能源，它们在高炉炼铁过程中发挥着关键作用。焦炭在高炉内起到骨架支撑、还原剂和发热剂的作用，煤主要充当还原剂和发热剂。同时，煤和焦炭也能生成煤气，为其他钢铁生产工序提供能源。

（2）煤气：煤气是钢铁生产过程中的重要副产品，包括高炉煤气、焦炉煤气和转炉煤气等。这些煤气可以被回收利用，为钢铁生产提供能源。煤气在钢铁生产中可以用于加热、燃烧和化学反应等。通过合理的能源调配，可以实现能质匹配，提高能源的利用率，减少二次能源浪费。

（3）电力：电力在钢铁生产的各个环节中都有应用，包括电炉炼钢、轧钢、设备驱动等。电力在钢铁生产中驱动各种设备，包括电炉、轧机、泵、风机等。

（4）蒸汽：蒸汽在钢铁生产中主要用于设备的加热和动力驱动。蒸汽可以通过余热回收系统产生，提高能源利用效率。

（5）工业气体：工业气体包含压缩空气、氧气、氮气、氩气等，在钢铁生产中起到吹扫、搅拌、助燃、冷却、设备驱动等作用。

（6）水：水在钢铁生产中主要用于冷却、洗涤和输送等。

钢铁多能流的组成和各部分作用是钢铁生产能源管理的关键。通过对多能流的深入理解和合理调配，可以实现钢铁生产的节能降耗，提高能源效率，降低生产成本，实现钢铁企业的可持续发展。

1.2.2.3 钢铁多能流的复杂性

上述提到生产过程中涉及的能源种类繁多，包括电力、煤气、蒸汽等。这些不同类型的能源在生产过程中相互转换，形成了复杂的能源流动网络。钢铁多能流具有复杂性、动态性、非线性和多尺度性等特点。

复杂性主要体现在多种能源之间的复杂耦合转换关系。在钢铁工业的生产过程中，各种能源之间的转换并非简单的线性关系，而是相互影响、相互制约的复杂网络。例如，电力可以转化为机械能，煤气可以转化为热能、热能进一步转化为电力，这些转化过程中还会伴随着能量的损失[18]。

动态性主要体现在能源需求和供应的变化上。由于生产过程的需要，钢铁企业的能源需求会随着生产阶段的变化而变化。同时，能源的供应也会受到各种因素的影响，如能源价格、政策调整等[19]。

非线性主要体现在能源转换和利用过程中。由于物理和化学反应的存在，能源的转换和利用过程往往是非线性的。例如，煤气燃烧的过程就是一个典型的非线性过程。此外，能源的需求和供应之间的关系也是非线性的，需求的增加并不一定会导致供应的同比例增加[20]。

多尺度性主要体现在能源流动的空间和时间尺度上。在空间尺度上，能源流动可以从微观的设备级别到宏观的企业级别；在时间尺度上，能源流动可以从短期的秒级别到长期的年级别[21]。

钢铁多能流的复杂性、动态性、非线性和多尺度性等特点使得其管理面临诸多挑战。然而，通过深入研究这些特点，并结合先进的优化算法和信息技术，可以实现钢铁多能流的高效管理，从而提高能源利用效率，降低生产成本，实现钢铁工业的可持续发展。

1.2.2.4 钢铁多流耦合

钢铁生产过程是由功能不同但又相互关联、相互支撑、相互制约的多工序和多装置及相关设施构成的、工序串联并集成运行的复杂过程系统，其复杂性体现在多组元（工序、装置等）、多层次、多尺度，以及开放性、远离平衡态、不可逆、非线性、动态有序性等方面。其本质是物质流（含铁物流）在能量流（如电力、煤炭和煤气、蒸汽等）的驱动和作用下，在合理的时空尺度上，按照一定的顺序，在一个由诸多功能不同的工序组成的流程网络框架内，动态有序地流动/演变，最终生产合格的产品。

钢铁生产过程涉及的能源介质种类繁多，这些能源介质因供需关系形成了复杂庞大的能源系统网络，各能源之间既相互独立，又相互联系。伴随钢铁生产复杂工艺过程，能源系统随生产状况波动频繁，用能设备数量多，能源介质种类多，煤气、蒸汽、电力等能源介质之间又相互耦合、相互影响，是一个复杂多变的系统。钢铁多能流是钢铁与能源关系的重要表现和优化手段，钢铁多能流的优化调配需要综合考虑钢铁生产流程与能源系统的耦合关系、多种能源介质的转换效率和匹配度、多能流网络的结构和运行特性等多个方面，从而实现钢铁工业的能源节约和低碳发展。

1.2.3 钢铁能源低碳化

1.2.3.1 能源低碳化对策

钢铁能源低碳化的核心是能源效率极致化、能源使用清洁化、能源管控数字化。利用技术手段，用电、天然气、可再生能源等清洁能源替代煤、焦炭、冶金燃气完成生产过程。开发应用低碳冶炼技术，例如：用天然气替代喷吹煤、天然气替代煤炭用于蒸汽锅炉、电加热替代冶金燃气加热等，实现清洁能源在能源使用结构中所占比例的提升。在未来建设以新能源为主体的新型电力系统背景下，有专家建议，钢铁行业能源系统应从新旧能源"混用"阶段跨越到能源"通用"阶段：以电能替代和氢能替代为主线，绿电和绿氢组合可以通用在钢铁生产的各个环节。同时依靠"互联网+"加快能源数字化、智能化升级，提高能源系统灵活感知及高效运行能力，最终实现能源系统联通共享。

如何实现新能源消纳成为钢铁能源转型的关键环节。钢铁企业在引入新能源发电后，会给企业用能安全性和用能经济性带来一定影响。首先，引入新能源发电对钢铁企业原有电力利用、余热余能发电形成影响，引起电网关口电量的大幅波动；其次，新能源发电的大容量接入，企业自发电比例提高，可能导致对传统能源市场的竞争加剧。此外，新能源发电的可靠性和稳定性也是一个关键因素，因为它直接影响到钢铁企业的生产连续性和质量控制。钢铁企业需要在新能源发电的引入过程中，采取有效的管理措施来平衡新能源与传统能源的使用，确保能源供应的稳定性和经济性。同时，钢铁企业还应该加强与新能源供应商的合作，共同优化能源结构，提高整体能效。通过这些措施，钢铁企业可以更好地适应新能源发电的挑战，实现能源转型的顺利进行。

储能系统可以有效解决能量供求之间在时间和空间上不匹配的矛盾，是新能源与可再生能源发展的核心支撑。在这一阶段，需要基于钢铁流程特点，利用钢铁二次能源可调节性强的优势，以储热、电化学储能、空分储能、煤气柜等储能系统为重要桥梁，与可再生能源构建多能互补与储能相结合的能源体系，并探索可再生能源与副产煤气、余热余压自发电机组相衔接的智慧电力供应网络建设，促进能源结构清洁低碳化。

钢铁工业多能互补与储能相结合的能源体系示意图如图 1.1 所示。

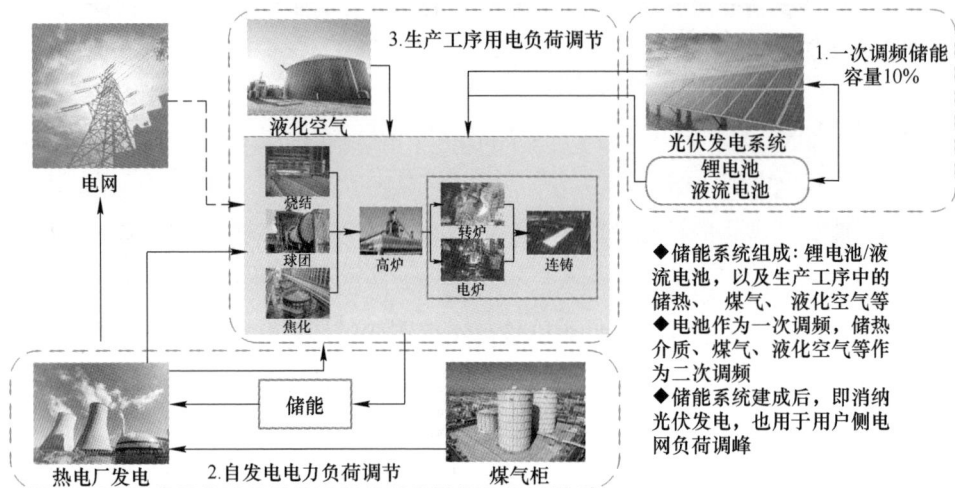

图 1.1   钢铁工业多能互补与储能相结合的能源体系示意图

图 1.1 彩图

1.2.3.2   零碳电力与源网荷储

零碳电力系统包括三个部分：零碳电源、储能和电网。光伏、风能、水力等资源可用于生产零碳可再生能源且成本仍在下降中，零碳电力通过配合零碳能源使用的综合利用服务，包括储能技术的规模化应用，以及电网的智能调控，可实现构建新型电力系统。零碳电力系统具体落实到钢铁企业，需要结合冶金工厂的特点，形成适合其工业场景的冶金源网荷储系统。

冶金源网荷储一体化的定义是，以提升冶金工厂再生能源消费比重与降低用能成本为目标，充分利用能源市场化改革创新、多时间尺度分层分区调度控制和单元功能响应技术，通过充分发挥冶金工厂作为负荷同时兼具部分储能特点的能源消纳、缓冲和响应能力，就地就近灵活加强发展可再生能源，优化整合与组合特定区域的电源、电网、负荷和储能资源，实现源网荷储高度融合、安全稳定经济低碳运行。作者曾参与研究"钢铁多流耦合分布式能源技术研究与应用"项目，钢铁行业特有的"源—网—荷—储"多流耦合分布式能源架构得到了创新性的设计并部分实施应用，如图 1.2 所示。这一创新成果也荣获 2020 年冶金科学技术一等奖，此后，此项工作依然在持续完善，并不断取得新进展。

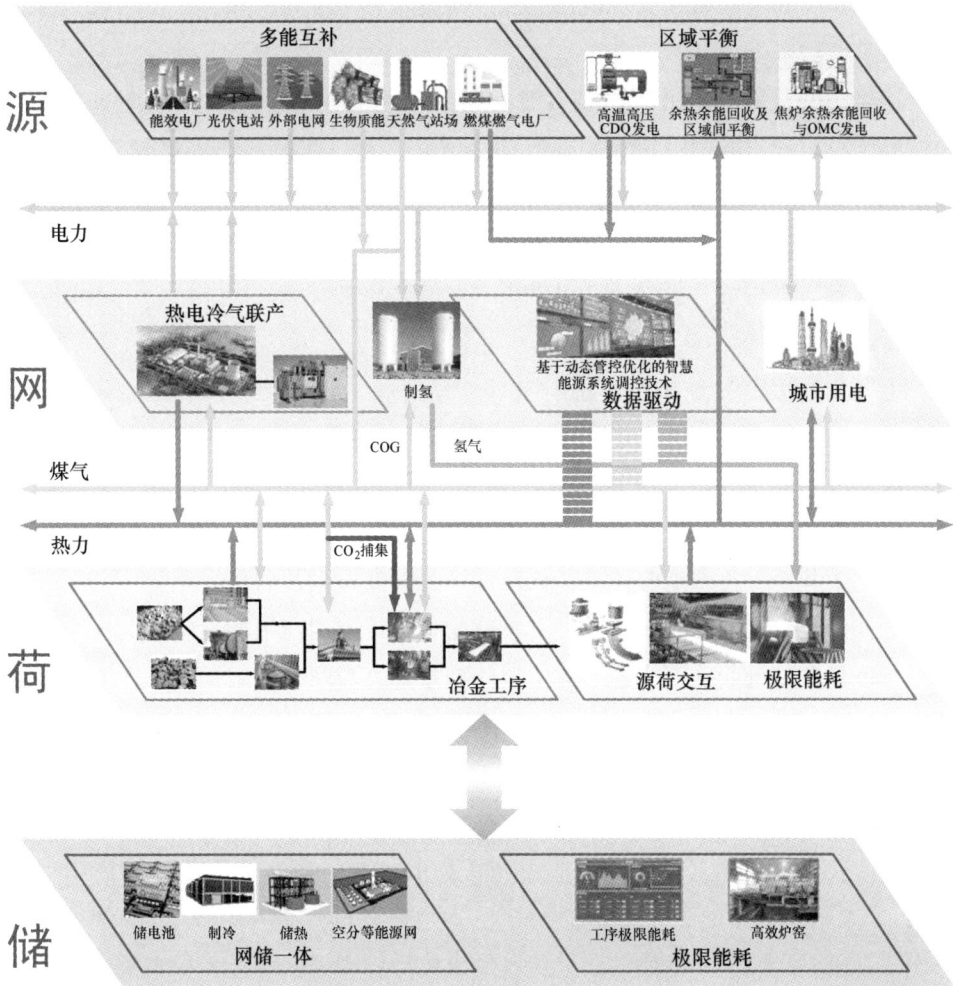

图1.2 冶金源网荷储一体化概念图

其中，"源"除了外部灵活发电资源及清洁能源以外，还包括企业内部自备电厂火力发电、蒸汽发电、TRT余压发电以及厂区分布式光伏等，可作为外部电源补充，实现各类"源"的协调互补；

图1.2彩图

"网"除了外部大电网和企业微网以外，还涉及冶金工厂内部各类动力管网，包括氢气网络、煤气管网、蒸汽管网、工业气体管网、供水管网等，这些管网均可实现能源输配供应，进而表现出"网"的特性；"荷"专指冶金工厂作为用能负荷方，在冶炼生产活动中消耗电力资源，其用电功率达到数百兆瓦；"储"则特指冶金工厂配置的各类气体储柜、压力管道、电化学储能、氢储能等能源缓冲及暂存装置，可在不同时序实现能源充放，其容量相当于数百兆瓦至千兆瓦以上储能设备。

冶金源网荷储一体化模式提出能源的"产生、输送、消纳、储存"整体解决方案，可以通过源网协调、网荷互动、网储互动、源荷互动等多种交互方式，使信息与响应从单向走向双向、多向，促进供需两侧精准匹配，有效解决清洁能源消纳及其产生的能源网络波动性等问题，提高能源系统综合效率，实现能源系统向更安全、更稳定、更经济、更低碳方向的高质量发展。

1.2.3.3 钢铁工业再电气化

电气化是指使用电力向终端用户供给能量的过程。再电气化可以被定义为使用电力取代化石燃料（如煤炭、石油和天然气）使用的过程，是电气化过程发展的新阶段，其主要特点是通过技术创新，推动能源清洁利用，实现碳中和目标，构建清洁低碳安全高效的能源系统，以电能为平台枢纽，实现各种能源交汇转换、高效利用，重塑能源体系，保障经济社会高质量发展。

电能占终端能源消费比重，是用来度量各类终端用户用能总量中的电力消费水平，也是钢铁行业电气化水平的主要体现指标。当前，中国钢铁工业电能占终端能源消费比重约为10%，随着工艺调整与进步，电气化仍存在较大发展空间。因此应持续提升电气化水平，拓宽钢铁工业中电能替代领域。钢铁冶炼全流程电气化是低碳冶金重要技术发展方向。

电力长期以来一直是钢铁工业占比较高的重要能源，伴随着电力逐步"绿化"，未来钢铁行业更要持续推进电气化，大幅提高电能应用比例，加快推广以电代煤、以电代油、以电代气。采用电炉直接冶炼废钢，可最大程度用电能替代煤类能源实现减碳，尤其是采用绿电冶炼时，几乎可做到零碳排放。精炼机械真空泵、轧钢电加热、煤气管道电伴热、电能重卡、电动皮带廊等均是非常好的电能替代场景。

在碳达峰、碳中和大背景下，国内外先进钢铁企业纷纷发布低碳冶金路线图，其中绿电和绿氢（主要以绿电制备）已成为未来共同选择。获取绿电、增加绿电使用与钢铁冶金工业再电气化相伴而行，再生能源布局与钢铁基地布局协同发展。因此，再电气化及对应的绿电保障对钢铁工业尤为重要，成为钢铁行业走向碳中和的重要命题。2022年3月，国家发展和改革委员会、国家能源局等十部门联合印发《关于进一步推进电能替代的指导意见》，明确提出进一步拓展电能替代的广度和深度，提高电能占终端能源消费比重，大力推进冶金工业领域再电气化。随着钢铁工业用能系统重构，以及需求响应机制逐渐完善，钢铁工业能源消费者和供应者的关系也加速从单向供需关系向双向互动模式转变。产销用一体化模式更为成熟，更多钢铁企业可以主动调整自身用能行为，实现角色切换，参与新能源体系建设。

1.2.3.4 能源消费侧钢铁低碳化转型

钢铁工业作为能源密集型行业，具有较大的调节能力和信息化水平，随着能源市场化改革、智能电网建设和负荷侧通信和信息交互支撑设施的发展，其参与新型能源体系构建的巨大潜力越发凸显，并逐步被挖掘。将新能源资源开发与高耗能行业转移相结合，鼓励钢铁企业开发和消纳新能源，一方面可以引导钢铁产业向欠发达地区转移，另一方面可以减少弃风弃光，保障新能源消纳。

作为可调节的荷、储结合的巨大工业场景，钢铁企业呈现出对新能源电站、电网等各类能源网络、其他电力用户、储能设施设备的高度互补性和友好性。因此，应当鼓励钢铁工业积极参与新型能源体系构建，发挥改善体系运行的正向作用，发挥储能参与削峰填谷、需量管理的潜力，持续完善用户侧储能参与电力市场化交易能力，利用市场机制调动用户侧储能建设的积极性。

钢铁工业参与消费侧用能调控的首要任务是最大化调动和发挥消费（负荷）侧调节响应能力，使其深度参与到新型能源体系的运行调节中。通过用能价格引导、生产工艺与流程改进、行业企业生产模式优化等举措，可以合理利用资源和优化能源系统，实现钢铁工业灵活智慧用能。通过政策引导和市场机制，利用信息技术提供透明、及时的市场信息，建立相关服务机构，从而调动钢铁企业参与需求侧响应的积极性。

建立与推广"冶金源网荷储一体化"发展模式，在充分适配钢铁工业消费（负荷）侧特点的基础上，推动钢铁工业相关能源项目规划、建设实施、运行调节和管理一体化，推进区域（省）级、市（县）级、园区（居民区）级冶金源网荷储一体化。目前，钢厂园区内屋面分布式新能源项目采用"就地消纳"模式，但是园区级区域分布式光伏发电量与钢厂用电量不成比例。建议充分利用钢厂电力消纳能力，鼓励钢厂周边市县级区域分布式新能源项目参与隔墙售电，建设增量配电网，将新能源电力送至钢厂，可能需要对钢厂周边园区级或市县级区域电网进行改造，采用政策鼓励钢铁企业建设增量配电网，增加新的接入点和输电线路，从而确保新能源电力可以顺利送至钢厂。

1.3 中国钢铁工业低碳发展

1.3.1 钢铁大国迈向钢铁强国

2022 年 2 月 7 日，工业和信息化部、国家发展和改革委员会、生态环境部联合发布《关于促进钢铁工业高质量发展的指导意见》（以下简称《意见》），明确钢铁工业实现高质量发展的目标和路径，明确提出力争到 2025 年，钢铁工业基本形成布局结构合理、资源供应稳定、技术装备先进、质量品牌突出、智能化水平高、全球竞争力强、绿色低碳可持续的高质量发展格局。

钢铁工业由大到强，2021 年重点大中型钢铁企业累计营收达 6.93 万亿元[22]，同比增长 32.7%，累计利润总额达 3524 亿元，同比增长 59.7%。翻看 2021 年中国钢铁业运行成绩单，效益亮眼、态势向好。这既因为 2020 年市场需求旺盛，也得益于近年来钢铁工业供给侧结构性改革的持续推进。"十三五"时期，我国钢铁业去产能、调结构、促升级成效明显，累计压减粗钢产能 1.5 亿吨以上，钢铁主业劳动生产率由每年 527 t/人增至 850 t/人。"十四五"是原材料工业高质量发展的关键时期，钢铁工业发展的机遇和挑战并存。当前，我国钢铁工业仍存在产能过剩压力大、绿色低碳发展水平有待提升、产业集中度偏低等问题。《意见》的发布对于引导钢铁行业实现由大到强的转变意义重大。

近年来，5G、人工智能等新技术在钢铁行业加速落地，钢铁工业互联网已进入产业生态构建阶段。数据显示，2020 年，我国冶金行业关键工序数控化率达到 65.4%，生产设备数字化率达到 47%，行业数字化水平较高[18]。智能化改造是一项系统性工程，贯穿采购、设计、生产、销售等全流程。中国钢铁向着质量与智能化转型，朝着"钢铁强国"的目标稳步前进。在转型的过程中，中国钢铁产业经历了三大变革：

一是技术创新与升级。中国的钢铁产业依赖于传统的高炉炼铁，能耗高且造成环境污染问题，虽然我们已是世界上最清洁的钢铁制造业，但庞大的产能造成的问题仍不可轻视，尤其是碳排放带来的社会、环境和经济问题。如今，电弧炉技术正逐步推广使用，这种工艺主要以废钢铁等循环材料为原料，具有能效更高，生产过程环境影响更小的优点。同时，通过智能制造和自动化技术的引入，提高了生产效率，减少了资源浪费。

二是绿色发展与环保。中国钢铁产业的绿色转型，是从钢铁大国迈向钢铁强国的重要一步。开始重视废钢的回收利用，推动循环经济的发展。新型环保材料的研发，如低硫低磷的清洁钢材，也在减少生产过程中的污染。

三是高端产品与市场拓展。中国的钢铁产品正在从低端市场向高端市场转移。不再满足于生产建筑用钢和普通材料，而是开始生产更多的高强度钢、高端装备用钢和特种合金。这些产品在国际市场上的竞争力越来越强，帮助中国钢铁企业打开了新的市场空间。

在这一转型的背后，是中国政府的有力支持和政策引导。从"十三五"到"十四五"，从"制造强国"到"绿色发展"，政策的每一次调整都在推动钢铁产业的升级。转型过程并不容易，每一步都面临着国际贸易摩擦、原材料价格波动等外部挑战，也有着产能过剩、结构调整等内部问题。中国的钢铁产业将继续坚持创新驱动、绿色发展、高质量发展的方针，为世界的建设和发展贡献中国智慧和中国力量。

1.3.2　中国钢铁低碳路线图

钢铁工业作为全球工业化和现代化的基石，一直以来都是能源消耗和碳排放的主要来源。随着全球气候变化问题的日益严峻，低碳转型已成为钢铁工业发展的必由之路。中国作为世界上最大的钢铁生产国，其低碳路线图对全球碳减排具有重要影响。《钢铁行业碳中和愿景和低碳技术路线图》的发布，标志着中国钢铁工业低碳转型的具体行动和长远规划。该路线图围绕"双碳"目标，提出了一系列创新驱动的技术路径和实施阶段。

低碳技术路线图如图 1.3 所示。

技术路径的六大方向包括：（1）系统能效提升。通过技术创新和管理优化，提高整个钢铁生产系统的能效，减少能源消耗和碳排放。（2）资源循环利用。推动废钢等资源的回收利用，减少对原材料的依赖，降低生产过程中的碳足迹。（3）流程优化创新。优化生产流程，减少能耗和排放，提高生产效率。（4）冶炼工艺突破。研发新型冶炼技术，如电弧炉和氢气还原技术，减少传统高炉炼铁过程中的碳排放。（5）产品迭代升级。开发更加环保和高性能的钢铁产品，满足绿色建筑和新能源汽车等领域的需求。（6）捕集封存利用。探索碳捕集、利用和封存（CCUS）技术，将产生的二氧化碳转化为资源或长期封存。

此外，低碳技术路线图还强调了五大重点任务，包括持续深化供给侧结构性改革、持续工艺流程结构优化、创新发展低碳技术、打造绿色低碳产业链、加强全球低碳产业创新合作等。这些任务旨在通过国内外合作，共同推动钢铁工业的低碳发展。

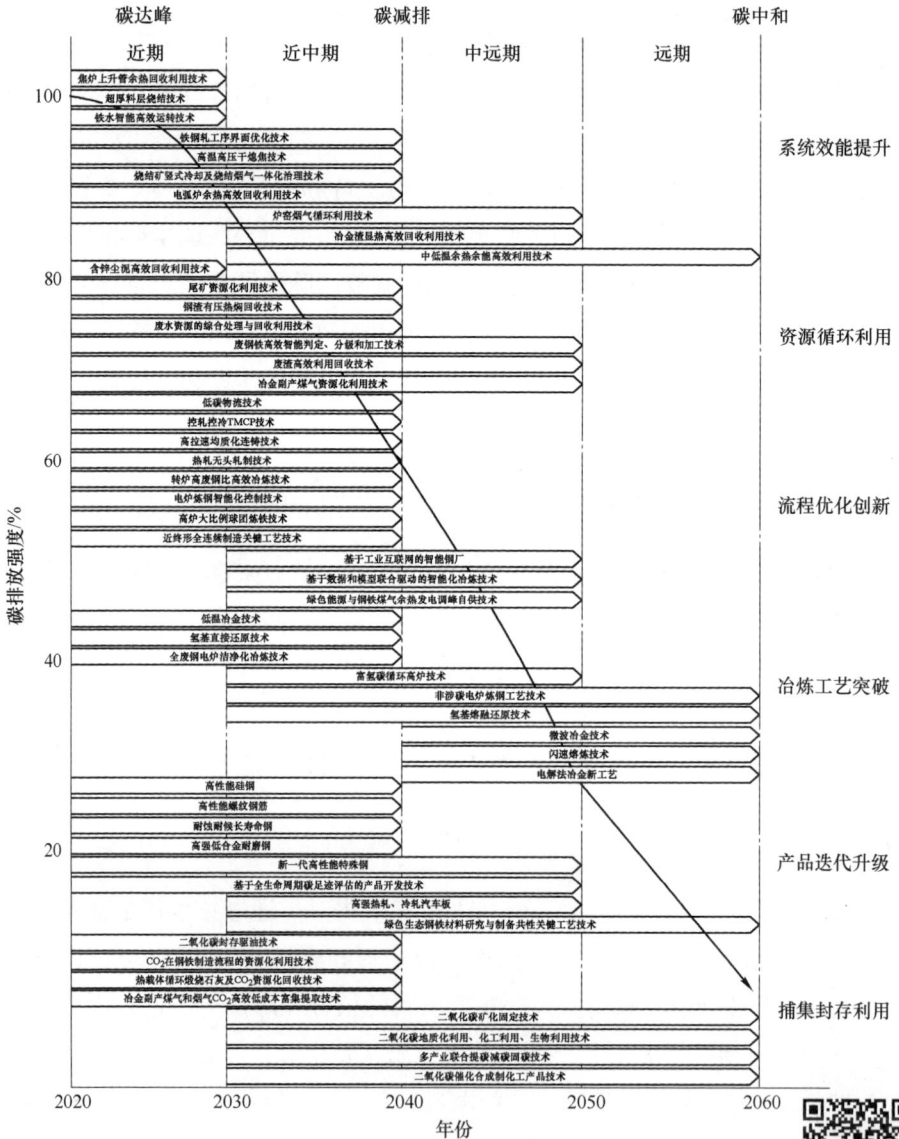

图 1.3　低碳技术路线图[23]

实施"双碳"工程的四个阶段如下。第一阶段(2030 年前)：积极推进稳步实现碳达峰。这一阶段的重点是深化供给侧结构性改革，

图 1.3 彩图

优化工艺流程结构,推动低碳技术的创新发展。第二阶段(2030—2040年):创新驱动实现深度脱碳。在这一阶段,将加强低碳技术的研发和应用,打造绿色低碳产业链。第三阶段(2040—2050年):重大突破冲刺极限降碳。其间,将寻求在冶炼工艺和材料科学上的重大突破,实现更高效的碳减排。第四阶段(2050—2060年):融合发展助力碳中和。最后阶段的目标是实现钢铁工业的全面绿色转型,助力实现碳中和。

不同技术路径在不同阶段对减碳目标的贡献率如图1.4所示。

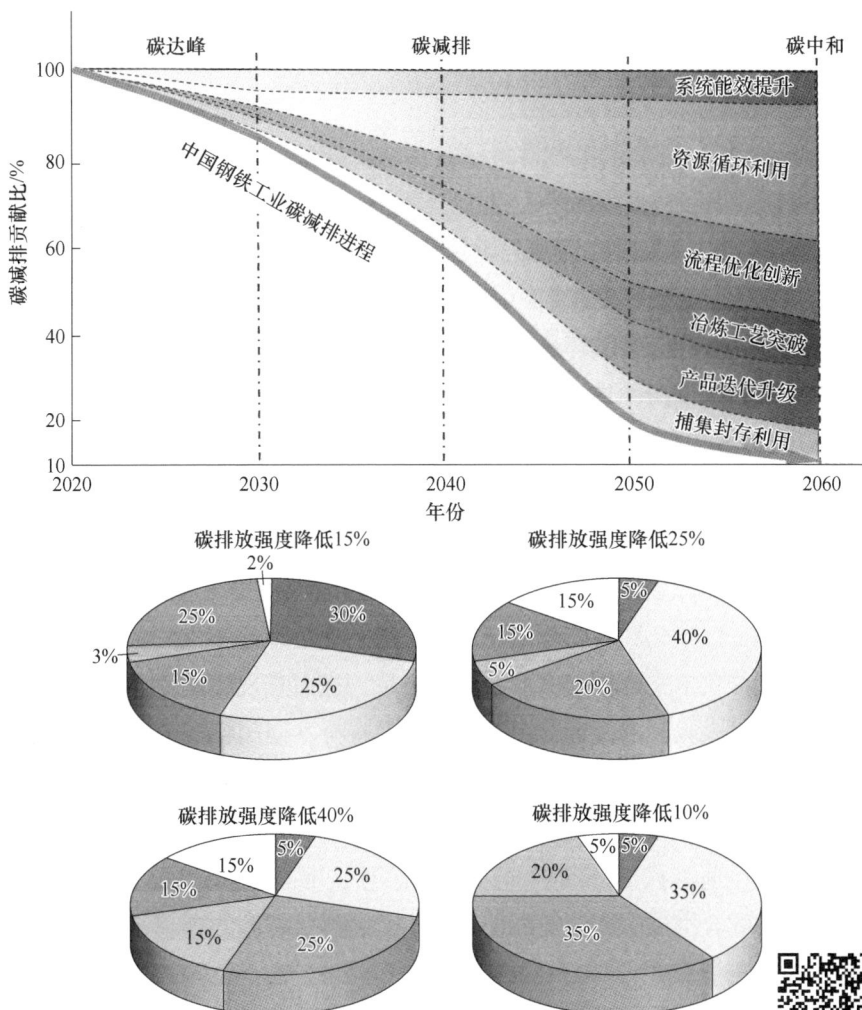

图 1.4 不同技术路径在不同阶段对减碳目标的贡献率[24]

图 1.4 彩图

尽管低碳技术路线图提供了清晰的方向和目标，但其实施面临诸多挑战。首先，技术创新需要大量的研发投入和时间，而且新技术的商业化和规模化应用也需要克服经济和政策上的障碍。其次，资源循环利用和废钢回收需要完善的回收体系和市场机制。此外，碳捕集和封存技术的成本仍然较高，需要进一步的技术进步和政策支持。

中国钢铁工业的低碳技术路线是一个全面而深远的计划，它不仅涉及技术创新，还包括产业结构调整、市场机制改革和国际合作。通过实施这一路线图，中国钢铁工业有望在保持全球竞争力的同时，为全球碳减排做出重要贡献。这一转型过程将是漫长而复杂的，但却是钢铁可持续发展与应对气候变化的必由之路。

1.3.3　钢铁低碳高能效

行业专家认为：过去两百年，钢铁工艺技术革命的核心是解决"效率"问题，未来钢铁工艺技术革命的核心应是解决"清洁制造"问题。钢铁企业在转型升级的过程中，必须立足于资源、环境现状与行业发展要求，着力持续提升绿色制造水平，不断提升区域环境质量，积极承担社会责任，将产城融合、生态和谐作为企业可持续发展的核心目标。中国钢铁工业正致力于实现高质量发展，这意味着不仅要追求规模扩张，还要注重质量、效率和可持续性。新质生产力是推动高质量发展的关键，它包括创新、技术升级、绿色低碳等方面的进步。新时代钢铁能源需要满足构建多元化清洁能源供应体系，通过技术改造、创新技术研发应用、能效提升等方式，实现低碳高效利用。

由此可见，低碳化和高能效是相辅相成的，通过降低碳排放的方式，如使用废钢、推广氢能技术，可以提高能源利用效率，进而实现高能效。低碳化和高能效都需要企业投入大量资金和精力，但这也是一个共同的挑战，需要政府、企业和科研机构的共同努力。低碳化和高能效是实现可持续发展的关键路径，只有在低碳化和高能效的基础上，钢铁工业才能长期稳定发展。中国钢铁工业在新时代面临着巨大的机遇和挑战。通过"双碳"愿景、中国式现代化、高质量发展和新质生产力的综合推进，以及新能源体系、低碳高效能源的应用，中国钢铁工业将迈向更加绿色、低碳、高效的未来。

综上所述，新时代下中国钢铁产业正站在历史的十字路口。钢铁工业不仅关乎国计民生，更承载着实现中华民族伟大复兴的梦想。中国式现代化是中国共产党领导下的社会主义现代化，对钢铁产业来讲意味着技术创新、产业升级，从传统的高能耗、高污染产业向高端、智能化、绿色发展转型。高质量发展不仅仅是追求规模扩张，更是注重质量、效率和可持续性。如何在保持高质量发展的同时实现碳排放的降低是摆在我们面前的重要课题。新质生产力是推动高质量发展的关键，包括创新驱动、绿色制造等方面。与此同时，构建多元化清洁能源（如太阳能、风能、氢能等）供应体系，是钢铁行业实现低碳高效利用的关键。由此可见，中国钢铁工业正从"钢铁大国"迈向"钢铁强国"。

1.4　本章小结

本章探讨了"双碳"背景下，中国钢铁工业面临的挑战与机遇以及中国钢铁工业低碳转型高质量发展路径。首先，分析了"双碳"愿景、中国式现代化、高质量发展和新质生产力多重目标下，钢铁工业需要积极主动参与新型能源体系构建，发挥其在能源消费侧的调节响应能力，促进能源结构清洁低碳化；其次，解构了钢铁能源的特点，以及钢铁工业在参与构建新型能源体系、促进能源结构清洁低碳化过程中要考虑的核心问题，包括能源加工转化效率、能源调度利用效率以及多能互补的低碳高能效；最后，列出了中国钢铁行业低碳发展路线图，并分析了钢铁低碳高能效发展，从"钢铁大国"到"钢铁强国"的要求。钢铁工业的绿色化、低碳化、高效化与冶金能源的绿色、低碳、高能效是相辅相成的。

参 考 文 献

[1] 司晋丽. 2023年我国国内生产总值同比增长5.2%［N］. 人民政协报，2024-01-18（001）.

[2] 国家统计局. 中国统计年鉴（2021）. 检索自 https：//www.stats.gov.cn/sj/ndsj/2021/indexch.htm.

[3] 新华社，中共中央国务院. 关于完整准确全面贯彻新发展理念做好碳达峰碳中和工作的意见［N］. 人民日报，2021-10-25（001）.

[4] 石洪卫. 落实"1231"行业发展战略目标，加快建设钢铁制造强国［N］. 世界金属导报，2022-10-31.

[5] 习近平. 高举中国特色社会主义伟大旗帜为全面建设社会主义现代化国家而团结奋斗——在中国共产党第二十次全国代表大会上的报告［J］. 先锋，2022（10）：12-38.

[6] 汪同三. 深入理解我国经济转向高质量发展［N］. 人民日报，2018-06-07（SF014）.

[7] 赵建泽. 加快发展新质生产力扎实推动企业高质量发展和现代化建设［J］. 中国煤炭工业，2024（5）：10-12.

[8] 刘晓慧. 国内油气开发提速挖潜靠什么 [N]. 中国矿业报, 2024-04-23 (001).

[9] 国家发展改革委员会发布 28 个新能源微电网示范项目名单 [J]. 电气技术, 2017 (5): 1.

[10] 吴莉, 卢奇秀, 李丽旻, 等. 谱写新时代能源发展新篇章 [N]. 中国能源报, 2022-09-26 (001).

[11] 2022 年中国风电吊装容量统计简报 [J]. 风能, 2023 (4): 40-56.

[12] 全球风能理事会. 2021 全球海上风电报告 [R]. https: //wfo-global. org/wp-content/ uploads/2022/04/WFO_Global-Offshore-Wind-Report-2021. pdf.

[13] 国际可再生能源署. 2022 年可再生能源发电成本 [R]. https: //iea. blob. core. windows. net/assets/ada7af90-e280-46c4-a577-df2e4fb44254/Renewables 2022. pdf.

[14] 邱海峰. 能源领域新发展为经济增动能 [N]. 人民日报海外版, 2024-01-29 (003).

[15] 国际能源署. CO_2 Emissions in 2023. https: //www. iea. org/reports/co2-emissions-in-2023.

[16] 世界钢铁协会. 2021 年可持续发展指标报告 [R]. 2021 年 11 月, https: // s3. amazonaws. com/sustainabled evelopment. report/2021/2021-sustainable-development-report. pdf.

[17] 万成, 张欣雨, 茅心怡, 等. 基于模糊聚类的钢铁企业多能流协同优化模型 [J]. 冶金自动化, 2022, 46 (4): 46-55, 71.

[18] 张琦, 田硕硕, 李星宇, 等. 碳中和目标下中国废钢资源量预测及高质利用策略 [J/OL]. 钢铁, 1-11 [2024-06-27]. https: //doi. org/10. 13228/j. boyuan. issn0449-749x. 20240193.

[19] 姚林, 张岩, 吕政, 等. 钢铁企业热电系统多能流网络多工况优化调度 [J]. 控制理论与应用, 2022, 39 (7): 1297-1307.

[20] 贝雷, 高雨雯, 王安妮, 等. 钢铁企业主要生产工序能耗分析 [J]. 能源研究与管理, 2023, 15 (4): 175-180.

[21] 钟永洁, 王紫东, 左建勋, 等. 计及多时段尺度与地域分层的多能互补系统经济调度 [J]. 综合智慧能源, 2024, 46 (4): 52-59.

[22] 韩鑫. 钢铁业高质量发展有了路线图 [N]. 人民日报, 2022-03-21 (002).

[23] 吕林. 聚焦"双碳"谋发展——钢铁行业低碳工作推进委员会 2022 年年会成功召开 [N]. 中国冶金报, 2022-08-24 (001).

[24] 赵萍. 毛新平: 在"双碳"背景下, 钢铁行业能效提升意义重大 [N]. 中国冶金报, 2022-12-14 (001).

2 钢铁能效政策与行动

本章从国际能效政策与行动出发，结合美国、日本和德国在能效管理上的成功经验[1]，以及中国能效管理政策方向，梳理了推进钢铁极致能效所需的基础研究。

2.1 发达国家能效政策与行动

国内外企业已经积累了丰富的能效管理经验，包括设备运维、生产过程优化、能源审计等。美国提出了"精益生产"和"绿色制造"的理念，德国强调"工业4.0"和"工业生态"转型，日本倡导"智能制造"和"绿色工厂"的发展。本节中将重点介绍美国、德国和日本等发达国家在节能与能效技术推广制度与政策方面的经验。

2.1.1 美国

自1970年节能理念首次被提出以来，美国能源管理部门已经实施了一系列的节能措施，并取得了显著的成效。联邦政府主导的节能活动平均每年能够节省数百亿美元的能源成本。美国的节能经验可以概括为以下四个方面：建立了一套健全且高效的能源效率政策与管理机制；拥有一个完善的研发体系，不断推动技术创新；实施了能够充分激发各方主体积极性的激励政策；采取了切实有力的支持和保障措施，确保节能措施的顺利实施。

2.1.1.1 健全高效的能效政策与管理体制

美国特殊的政治体制和法律框架（根据美国联邦宪法第一条第8款，联邦政府拥有明确的立法权，而其他立法权归属于州政府。尽管能源问题涉及国家和民生，但联邦政府通过默示权利条款对能源进行立法）使得美国的能效政策体系分为联邦和州（地方）2个层面。

（1）联邦能效管理部门，如美国能源部，负责制定和执行国家能源政策，协调、资助和评估能效研究项目，并管理联邦机构建筑和交通工具的能效。

（2）地方能源管理部门，通常由州政府设立的能源委员会负责，专注于地方层面的能源效率政策。

尽管联邦和地方的能源管理活动在某些方面有所重叠，但两者之间并没有明显的层级之分，管理上也井然有序。此外，各级能效管理机构都与相应的非政府组织（NGOs）合作。这些组织在推广能效政策和技术、确保项目实施以及监督政府能效机构方面发挥着关键作用。正是得益于这些庞大而完善的能源效率管理机构，以及详尽的监管政策、技术支持和经济激励措施，美国的能效政策得以有效实施。这些政策的落地不仅依靠政府机构的努力，也得益于非政府组织的积极参与和监督，共同推动了能源效率的提升和可持续发展。

2.1.1.2 完善的能效技术研发体系

能效技术的研究与开发以及能效标准的制定与推广，对于提升一个国家或地区的能源效率至关重要。美国能源部和各州的能源管理委员会通过以下 3 种策略，实现了能效技术研究、开发和信息传播的无缝对接：

（1）政府直接资助或主导的能效技术研发，以推动创新和进步。

（2）直接或间接资助能效产品的商业化开发和应用，加速技术市场化。

（3）利用政府或非政府组织的力量，加强能效技术的教育和宣传，提高公众意识。

美国能源部在各个潜在技术领域都设立了研发基金、实验室，并资助高校和科研单位的研究项目。例如，可再生能源与能效办公室就开展了 4 个面向大学生的能效研究竞赛，而美国能源部组织和资助的研发项目更是不计其数。2017 年，美国能源部门的预算达到 296.51 亿美元，除去核武器和海军核反应堆等 125.26 亿美元的开支外，剩余的 171.25 亿美元中有 20.69 亿美元（约占剩余预算的 12%）专门用于能源效率和可再生能源研究。此外，还有一系列单独列出的项目和计划。这些机构和项目不仅致力于能效技术的研发，还积极参与到联邦和州的能源效率政策制定中，确保政策的科学性和有效性。通过这种多方位的合作和投入，美国在提高能源效率方面取得了显著的成就，为全球能源可持续发展提供了宝贵的经验和模式。

2.1.1.3 有效的能效技术经济激励政策

除了前文提到的完善的能源监管体系和研发制度外，美国在提升能效方面最引人注目的成就是其经济激励政策，这些政策充分调动了各方参与者的积极性。

美国能源部通过提供资金支持和政策优惠，鼓励各州政府采纳更高的能效标准（EERS）。各州政府积极响应，与联邦政策相辅相成，并通过实施税收抵扣、减免、能效回扣计划和优惠信贷等措施，激励企业和居民投身于节能活动。

美国政府还成功地引导市场建立了能源需求响应市场和能效服务市场。这些市场不仅促进了能效技术的价格发现，而且极大地推动了能效中介机构的发展。同时，它们为能源利用效率高的企业和中介机构提供了更多的激励。通过制定科学的政策标准、实施适当的经济奖励措施，并不断完善能源供给侧响应市场和能效服务市场，美国政府成功地激发了能效市场上所有参与者的活力。这种综合运用政策引导、市场激励和技术创新的策略，不仅提高了能源使用效率，还促进了经济的可持续发展，为全球能效提升提供了有益的借鉴和启示。

2.1.1.4 能效技术研发、转化与应用推广的全链条支持措施

美国在能效技术的支持保障方面采取了全面而深入的措施，涵盖了从研发、转化到应用推广的全过程。美国政府对实验室、高校等科研机构的资助，为能效技术研究提供了坚实的资金支持，消除了资金障碍，促进了潜力项目的茁壮成长。一旦能效技术研发成功，美国政府机构、非政府机构以及中介机构便通过一系列对接转换机制和措施，确保技术能够顺利落地。例如，通过技术所有者与制造技术先进的机构和企业的对接，以及进行节能技术的教育培训和宣传工作，加速了技术的市场化进程。至关重要的是，美国通过联邦政府与州政府的共同出资，吸引社会资本，构建了相关的基金，发起了支持能效技术推广的活动。这些活动不仅对居民进行了教育培训，还帮助他们克服了采用能效技术时的认知和资金障碍。

无论是在联邦政府还是州政府层面，能效政策都包含了大量的细致措施，深入到设备和能源使用过程的每一个细节。根据国际能源署（IEA）的数据，自1970年美国政府推出"工业政策最佳实践"以来，美国联邦政府共出台了169项涉及能源利用效率的政策和措施，其中122项是2000年之后颁布并实施的，而2000年后颁布的规定中有65项仍具有法律效力。与联邦层面的能效政策相比，各州的政策虽然适用范围较小，但在过程和领域的具体性和操作性上更为突出。根据数据库信息系统（DSIRE）的统计，全美各州共有644项监管政策（法律）、1117项技术支持措施和1978项经济激励措施。

这种细致入微的政策设计和全面的支持体系，不仅体现了美国在能效管理方面的专业性和系统性，也为其他国家提供了宝贵的经验和启示，有助于推动全球能效的提升和可持续发展。

2.1.2　日本

日本，作为一个能源资源相对匮乏的国家，长期以来一直将节能和能效管理作为国家战略的重点。为了提升能源效率，减少经济增长对能源的依赖，自第一次世界石油危机以来，日本政府便陆续出台了一系列法律法规，构建了一个全面而系统的监管体系。日本政府创新性地提出了能源管理师制度，并通过政企合作和激励机制，成功推动了能效技术的提升与普及。

2.1.2.1　完善的节能与能效法律体系和管理机构

日本政府致力于构建并不断完善其节能与能效的法律体系。这一体系由以下三类法律构成：

（1）第一类是基础性法律，如《关于能源使用合理化的法律》。

（2）第二类是综合性法律，如《资源有效利用促进法》。

（3）第三类是针对特定产品或领域的法律，如《家用电器循环法》和《食品循环法》。

这些法律相互补充，从不同角度对节能进行规范，指导企业和公民的行为，共同构建了一个全面的节能法律框架。

此外，日本还建立了一个高效而健全的节能监管体系，该体系由三个层次构成：

（1）第一层是政府管理部门，主要由日本经济产业省的自然资源厅下设的能源节约与可再生能源局（处）及相关组织机构组成。

（2）第二层是政府主导的节能专业服务机构，包括节能中心（ECCJ），负责信息搜集、推广和专业技术培训考核；日本新能源和产业技术综合开发机构（NEDO），主要负责研发和整合多方力量进行基础性研究，解决企业和社会发展中的问题；日本能源经济研究所（IEE JAPAN），主要负责国内外能源动向和战略研究，为能源决策提供智力支持。

（3）第三层是大型用能企业或机构的专业能源管理师。

这三个层次的监管机构全面覆盖了从企业到政府决策的所有环节，为高效制定和执行节能政策，以及政府获取企业信息提供了一个有效的系统。这种多层次、全方位的监管体系，确保了节能政策的有效实施，为日本的能源效率提升和可持续发展奠定了坚实的基础。

2.1.2.2　建立独特的"能源管理师"制度

在日本，企业领域的能源消耗占据了国内能源消耗总量的半数以上，因此，《关于合理使用能源的法律》特别针对这一领域制定了详尽的规定，并创造性地引入了"能源管理师"制度。"能源管理师"的角色至关重要，他们负责制定和执行所在企业和场所的能源规划与管理策略，并需定期向政府部门提交能源使用情况的报告。根据该法律规定，工厂及其他工作场所（包括教育、医疗卫生场所）、政府机关等公共服务机构，以及工厂、商场和办公楼等商业性质的场所——根据其能源消耗量被划分为 3 个类别（具体分类详见表 2.1）。

表 2.1　日本企业（场所）类型及能源管理义务分类表

类别	能源消耗量/百万升油当量	义　　务
1	>3	相应工厂需要配备"能源管理经理"、相关场所需要根据能源消耗量配备数量不等的"能源管理师"，并向当局递交其所制定的中长期节能计划，定期提交报告书
2	1.5~3	相应工厂需要配备"能源管理经理"、相关场所需要根据能源消耗量配备数量不等的"能源管理师"
3	0~1.5	不需要配备能源管理师，但需要遵守基本的规定和准则，并达到规定的中长期节能目标

2.1.2.3　节能与能效提升方面形成了沟通良好和相互促进的政企关系

日本政府与企业之间通过正式或非正式的沟通渠道，如"能源管理师"制度和圆桌会议，建立了一种特殊而和谐的政企关系。这种关系促进了政府与企业间的密切合作，无论是在信息收集还是技术研发方面，日本政府都会积极考虑企业的需求，并鼓励企业参与其中。这大大加强了政府、企业和科研机构之间的互动与协作，形成了一个有效的官-产-研合作模式。企业对于参与政府主导和资助的研究项目表现出极高的热情。通过"节能产品领跑计划"以及其他激励措施，如税收抵扣、减免、优惠税率和补贴政策，日本政府及其研究机构成功地激发了非政府部门参与标准制定的积极性。这些措施不仅提高了企业的参与度，也促进了能效技术的持续提升。由此，日本形成了一个良性循环，其中政府的政策引导、企业的积极参与和科研机构的技术支持相互促进，共同推动了能效技术的发展和应用。这种模式不仅提高了能源使用效率，也为日本经济的可持续发展提供了强有力的支持。通过这种多方合作和共同努力，日本在节能和能效管理方面取得了显著的成就，为全球提供了宝贵的经验和启示。

2.1.3 德国

德国，作为一个能源资源相对有限的发达国家，一直致力于推动能效提升作为其资源开发和利用的核心政策。德国通过一系列高效措施，在欧洲乃至全球的能效领域保持领先地位。2017 年，德国的一次能源消费量比 2008 年下降了5.9%，而德国政府更是雄心勃勃地提出了"国家能效行动计划"，目标是在2020 年将一次能源消费量在 2008 年的基础上减少20%，到2050 年减少50%。德国的能效管理经验可以概括为以下四个方面。

2.1.3.1 健全的节能-能效法律制度与监管体系

自第一次石油危机以来，德国逐步构建并完善了其能效法律与监管体系。德国的能效政策框架主要由欧盟的"能源效率指令"、德国的"能源转型"计划以及一系列配套政策和措施组成。这包括由欧盟委员会颁布的《能源效率法令》，由德国联邦议会颁布的《能源法》和《节能建筑法》，以及由德国联邦能效署颁布和实施的《国家能效行动计划》等。德国还建立了一套分工明确的能源效率管理体系，由联邦经济技术部（BMWi）和联邦交通建设与住房部（BMVBW）主要负责能效政策的制定，德国能效署（DENA）负责具体项目的实施，并促进政府与企业的沟通，而复兴信贷银行（KFW）则提供资金支持。

2.1.3.2 完善的信息咨询与服务体系

德国的能效政策基于四大理念："提供信息""宣传、提供要求""咨询和制定标准""提供帮助"。德国能效署设立了专门的信息咨询服务部门，为企业和个人提供评估、政策和技术信息服务。同时，建立了一个拥有 13000 多名注册专家的资源库，形成了涵盖多个领域的能效标准体系和标识制度。德国能源署和复兴银行还为节能改造提供技术咨询、现场指导和资金支持，有效解决了用户在认知、技术和资金方面的障碍。

2.1.3.3 系列政府支持的能效计划（项目）的实施

德国能源管理机构发起了大量针对性的计划项目，涉及居民、企业、行业协会、政府机构、金融机构和专家学者，覆盖生产制造、能源服务、建筑物节能、节能技术宣传和能效与能源转型融资等多个领域。尽管项目复杂，涉及多方利益，但德国能效管理部门通过调动资源和激发内部积极性，有效解决了实施中的困难。

2.1.3.4 公众的广泛参与

德国高度重视公众的宣传和教育，形成了从幼儿园到大学的完整环保教育体系。通过出版物普及节能环保知识，强化公众的参与意识。德国人普遍选择公共交通出行，使用小排量汽车，许多家庭实现了"零能耗"。此外，德国政府通过德国能源署和相关项目与企业形成良好互动，通过自愿协议鼓励企业参与节能减排，并通过"能效网络"促进企业间的相互学习和沟通，引入过程管理和能效审计制度，提高能源效率。

2.2 中国能效政策与行动

在节能与能效技术推广方面，美国、德国和日本均展示了值得借鉴的先进制度和政策。美国通过设立严格的能效标准和激励措施，鼓励企业采纳尖端节能技术。德国借助"工业4.0"战略，推动企业采用智能化和数字化技术，提升生产效率和能源使用效率。日本则通过"绿色工厂"认证计划，鼓励企业采取节能减排措施，提高能效水平。这些国家的经验表明，政策引导、技术创新和市场激励是推动能效管理进步、促进经济可持续发展的有效途径。中国在推进能效管理的过程中，可以吸取这些国家的成功经验，结合本国实际情况，制定适合中国国情的能效管理政策和措施，以推动能源的高效利用和经济的绿色发展。

实现"双碳"目标的背景下，中国需要通过显著提升能效和节能，进一步降低污染物和二氧化碳排放。基于此，为中国改进能效管理提供了三点启示。

首先，信息获取是改进能效管理的基石。要提高能效，必须先让公众认识到工作、生活与能效的密切关系及其重要性。这需要建立和完善各类产品、技术、建筑和行为的能耗信息强制披露制度。例如，要求公共建筑物的能耗数据公开透明，让公众了解减少乘坐电梯、调低空调温度、更换节能灯具等行为对节能的贡献。通过持续的能耗和能效数据的传播，可以潜移默化地影响个人和集体，促使他们自觉改变行为，实现节能和能效的提升。

其次，需要优化能效管理体制，强化节能与能效监管。节能与能效改进具有正外部性，意味着其收益不会完全由投资者或行为改变者享有。因此，一个完善且具有执行力的管理体制对于激励用能者增加能效投入、改变用能行为、减少能源浪费至关重要。例如，制定合理的能耗指标并强制执行，要求大型公共建筑和用户采用节能照明设备。

最后，建立全面的节能与能效提升激励机制。这种激励机制应涵盖能效技术研发、投资和使用等各个环节，以及工业、农业、服务业等各个产业。鉴于能效提升的正外部性，市场机制可能不足以激励足够的节能与能效投资，而单纯的行政命令又可能导致效率低下。因此，财税补贴、税收抵扣等激励措施对于激发企业和个人的积极性、促进能效提升同样不可或缺。

2.2.1　国家能效政策

为大力推动节能减排，深入打好污染防治攻坚战，加快建立健全绿色低碳循环发展经济体系，推进经济社会发展全面绿色转型，助力实现碳达峰、碳中和目标，国务院在《关于"十四五"节能减排综合工作方案的通知》（国发〔2021〕33号）中提出：到 2025 年，全国单位国内生产总值能源消耗比 2020 年下降13.5%，能源消费总量得到合理控制，化学需氧量、氨氮、氮氧化物、挥发性有机物排放总量比 2020 年分别下降 8%、8%、10%以上、10%以上。节能减排政策机制更加健全，重点行业能源利用效率和主要污染物排放控制水平基本达到国际先进水平，经济社会发展绿色转型取得显著成效。

在国家"双碳"目标的推动下，各产业正经历着一场全面而深刻的变革。国家发展和改革委员会发布的《关于严格能效约束推动重点领域节能降碳的若干意见》（以下简称《意见》，发改产业〔2021〕1464号）明确指出：到 2025 年，通过实施节能降碳行动，钢铁等重点行业的产能中，达到标杆水平的产能比例将超过 30%，行业整体能效水平将显著提升，碳排放强度将明显下降，绿色低碳发展能力将得到显著增强。展望 2030 年，重点行业的能效基准水平和标杆水平将进一步提升，达到标杆水平的企业比例将大幅增加，行业整体能效水平和碳排放强度将达到国际先进水平。《意见》中不仅明确了通过能效约束推动钢铁等重点行业节能降碳和绿色低碳转型的总体要求、主要目标、重点任务和保障措施，而且后续还发布了《高耗能行业重点领域能效标杆水平和基准水平（2021年版）》（发改产业〔2021〕1609号）、《高耗能行业重点领域节能降碳改造升级实施指南（2022年版）》（发改产业〔2022〕200号）和《工业重点领域能效标杆水平和基准水平（2023年版）》（发改产业〔2023〕723号），为各行业提供了具体的指导和参考。

工业和信息化部等六部门也发布了《工业能效提升行动计划》（工信部联节〔2022〕76号），随后在 2023 年 8 月 21 日，工业和信息化部、国家发展和改革委员会、财政部、自然资源部、生态环境部、商务部、海关总署等七部门联合印发《钢铁行业稳增长工作方案》（工信部联原〔2023〕131号），提出2023—2024年，钢铁行业稳增长的主要目标是：2023年，钢铁行业供需保持动态平衡，全行业固定资产投资保持稳定增长，经济效益显著提升，行业研发投入力争达到1.5%，工业增加值增长3.5%左右；2024年，行业发展环境、产业结构进一步优化，高端化、智能化、绿色化水平不断提升，工业增加值增长4%以上。《钢铁行业稳增长工作方案》针对当前行业需求不振、效益下滑、投资信心不足等问题，提出"12345"稳增长路径[2]，即一个核心任务、两年发展目标、三项基本原则、四大行动举措和五项保障措施。

根据《"十四五"节能减排综合工作方案》（国发〔2021〕33号）和《推动大规模设备更新和消费品以旧换新行动方案》（国发〔2024〕7号）有关要求，落实节能法规政策标准，开展重点用能单位能效诊断，支撑分领域分行业节能降碳专项行动，推进节能降碳改造和用能设备更新，国家发展和改革委员会办公厅发布了《关于深入开展重点用能单位能效诊断的通知》（发改办环资〔2024〕395号），提出了建立重点用能单位节能管理档案、摸排重点领域和行业能效水平、摸排主要用能设备能效水平、形成节能降碳改造和用能设备更新项目储备等四个重点任务，并制定了详细的实施方式。

节能降碳是积极稳妥推进碳达峰碳中和、全面推进美丽中国建设、促进经济社会发展全面绿色转型的重要举措。为加大节能降碳工作推进力度，采取务实管用措施，尽最大努力完成"十四五"节能降碳约束性指标，国务院印发了《2024—2025年节能降碳行动方案》（国发〔2024〕12号），提出了钢铁行业节能降碳行动的总体要求，包括加强钢铁产能产量调控、深入调整钢铁产品结构，以及加快钢铁行业节能降碳改造。该方案立足当前形势，紧抓主要矛盾，突出重点领域，细化今明两年节能降碳量化目标，明确重点领域行业节能降碳任务，将对打好"十四五"节能降碳工作"收官战"，推动经济社会高质量发展发挥重要引领作用。

以上系列国家重要部门发布的政策文件旨在引导钢铁等重点领域产业升级、加强技术攻关、促进集聚发展、加快淘汰落后。这些政策和行动计划不仅为钢铁行业指明了发展方向，也为行业的可持续发展提供了坚实的政策支持和行动指南。

2.2.2　钢铁极致能效行动

中国钢铁工业协会于 2021 年发布了《中国钢铁行业碳达峰、碳中和愿景规划》和《中国钢铁工业低碳发展技术路线图》，提出了钢铁行业实现"双碳"目标的阶段性目标和主要技术路径，并测算了不同技术路径在不同阶段对减碳目标的贡献率，进一步为钢铁行业的低碳转型提供了明确的指引。相关统计数据表明，自 2011 年以来，中国重点统计钢铁企业吨钢综合能耗（以标准煤计，kgce）由 2011 年的 600 kgce 降至 2022 年的 551.4 kgce，降幅为 8.1%，近三年（2021—2023 年）变化幅度趋小，甚至出现了不降反升的现象，表明能耗下降空间进入了瓶颈期。各企业的节能工作也进入固化平台模式，单纯依靠企业自身能力实现能效的快速提升已经变得越来越困难。但是，纵观钢铁整个行业，由于生产条件和能源结构的差异，不同企业间的工序能耗最高值与先进值仍存在较大差距，全行业节能空间依然存在，中国钢铁工业协会对从"十四五"期间开展的钢铁行业能效提升工作称之为极致能效工程[3]。

钢铁极致能效工程，是继"产能置换"和"超低排放"两大工程后，覆盖全行业、全产能的第三大工程。这一工程不是简单地通过节能降本提升竞争力，而是通过成熟技术快速推广应用、共性难题技术协同研发以及系列政策、法规、标准等国家治理能力与行业协同自律能力提升以实现行业综合竞争力提升。系统能效提升作为钢铁极致能效工程的重要内容，是实现"双碳"目标最直接、最有效、最经济的方法，不仅适用于中国，也适用于全球，不仅是贯彻新发展理念、实现高质量发展的内在要求，也是降低工业领域碳排放、实现碳达峰碳中和目标的重要途径，同时还是培育绿色低碳发展新动能、促进工业经济增长的有力举措。

钢铁行业是国民经济的基础性、支柱性产业，是关乎工业稳定增长、经济平稳运行的重要领域，同时也是能源消费总量大、碳排放总量高的行业，需要更大力度推进钢铁行业节能工作，推动完成"十四五"能耗强度下降的约束性指标。开展钢铁行业极致能效提升工作，不仅是国家政策要求，还是行业当前发展阶段必然要求，同时也是企业自身降本增效诉求。开展钢铁行业极致能效工作是钢铁行业最直接、最经济、最有效的降碳路径。钢铁企业开展系统能效提升工作是企业自身降本增效的需要，可以提升企业生存竞争力。

2.2.3 钢铁行业能效标杆三年行动方案

为深入贯彻习近平新时代中国特色社会主义思想和党的二十大精神，落实国家发展和改革委员会等部门政策文件要求及有关工作部署，结合中国钢铁工业实际，中国钢铁工业协会组织行业制定了《钢铁行业能效标杆三年行动方案（2022—2025 年）》。2022 年 12 月 9 日，中国钢铁工业协会组织召开"钢铁行业能效标杆三年行动方案"正式启动会[4]，意味着"极致能效工程"进入了实质性实施阶段。

能效标杆三年行动方案，以"三套清单、两个标准、一个数据系统"为主线，通过完善标准体系、健全能效数据系统、搭建能效公共服务平台、培育"双碳最佳实践能效标杆示范厂"、引导节能低碳科创企业进钢企、成熟技术快速推广应用、共性难题技术加快协同研发等系列举措，推进行业高质量发展。

A　三套清单

一是技术清单，即最佳可适技术清单（BAT 清单）；二是能力清单，即全球范围内"极致能效"相关技术合作伙伴清单；三是政策清单，以国家法规文件、绿色信贷为主的政策清单。截至 2024 年 2 月，三套清单成果已初见成效[5-7]，包括一份涵盖炼焦、烧结（球团）、高炉、转炉（电炉）、轧钢、能源公辅等钢铁生产全流程的 50 项技术清单（2023 版）[8]，一份包括 50 家企业、93 项技术及 300 余项应用实绩的能力清单（2023 版）[9]，以及一份与钢铁极致能效工程紧密相关的 2021—2022 年发布的 26 项政策清单（2022 版）。三套清单并非一成不变，而是随着技术进步、能力拓展、政策发布不断更新。

B　两个标准

一是能耗限额国家强制标准。能耗限额标准是指钢铁生产过程中单位产品或单位原料所允许的最大能源消耗量。这些标准通常基于行业最佳实践和技术水平，旨在推动企业通过技术创新和管理优化来降低能源消耗。能耗标准包括：单位钢铁产品的能耗限额、各种生产工艺（如炼铁、炼钢、轧钢）的能耗标准、特定设备或工序的能效要求、能源回收和再利用的效率标准。钢铁焦炉、高炉、转炉、电炉四个工序涉及三个国家强制标准，分别为 GB 21342[10]、GB 21256[11]、GB 32050[12]。

二是能效对标团体标准。能效对标团体标准是指由行业协会、专业机构或相关企业团体制定并推广实施的一套能效相关的标准，旨在规范钢铁行业的能效管理，提升整体能效水平，促进节能减排和绿色发展。《钢铁企业重点工序能效标杆对标指南》团体标准[13]是落实国家发展和改革委员会《关于严格能效约束推动重点领域节能降碳的若干意见》《高耗能行业重点领域能效标杆水平和基准水平（2021 年版）》《高耗能行业重点领域节能降碳改造升级实施指南（2022 年版）》等文件精神制定的重要标准。标准于 2022 年 10 月 26 日由中国钢铁工业协会下达制定计划，于 2022 年 11 月 29 日正式发布，标准号为 T/CISA 293—2022，并于 2022 年 12 月 1 日实施。《钢铁企业重点工序能效标杆评估规范》（T/CISA 416—2024）团体标准已于 2024 年 7 月 19 日正式颁发实施。

C 一个数据系统

钢铁重点工序能效对标数据填报系统包含工序能耗计算表计算和工序能耗调整表修正两个模块，前者依托国家强制标准可形成钢铁行业各企业的工序能耗现状数据库，后者依托 T/CISA 293—2022 团体标准可形成统一的可对标的工序能耗及其附属指标体系，为企业定制个性化能效提升提供指导。

2.3 钢铁极致能效研究

钢铁极致能效工程与能效达标杆三年行动是国家治理能力与行业自律能力协同的一次全新尝试与探索实践，有许多基础课题需要投入大量的人力、精力去深入系统研究。本团队以极致能效工程为研究背景，对极致能效基础理论、能效边界定义、能效数据管理、能效技术研发与应用推广、低碳高能效人才培养等内容进行深入剖析，以期为行业的极致能效工程实施提供更扎实的基础研究，进而推进能效降碳工作高效、有序开展。

2.3.1 极致能效基础研究

钢铁极致能效基础研究是指在钢铁行业实现极致能效提升的过程中，通过深入挖掘和实践探索，形成一系列具有指导性和可操作性的理论基础和规律，具体研究内容包括极致能效的定义和内涵、实现路径、评价与监测、政策支持与行业协同、技术创新与突破等。与此同时，还需要对行业数据进行采集和整合，包括工序能耗、能源利用效率、余热回收效率等，形成统一的数据平台，并在此平台上对收集到的数据进行分析和处理，提取出有用的信息和规律，为钢铁企业提供科学的决策支持。

2.3.2 能效指标管理与评价体系研究

国内外经验表明，强制性能效标准对推动产业绿色转型和高质量发展、产品技术水平提升发挥了重要的引领作用，是投入产出比最高的节能政策措施之一。目前，全球已有 80 多个国家制定和实施了强制性的能效标准。国际经验表明，在能效标准严格并能有效实施的行业，往往能够培育出国际一流的企业。为满足升级的能效标准标识技术要求，企业不断加大研发投入，加快行业绿色转型。

"十二五"以来，党中央、国务院高度重视能效标准制修订工作。修订后的《节约能源法》明确规定建立健全节能标准体系，制定强制性的用能产品、设备能源效率标准和生产过程中耗能高的产品的单位产品能耗限额标准。2015 年 3 月发布的《国务院办公厅关于加强节能标准化工作的意见》（国办发〔2015〕16号）提出，坚持准入倒逼，加快制修订强制性能效、能耗限额标准，发挥准入指标对产业转型升级的倒逼作用。鉴于此，国家发展和改革委员会等部门于 2021年 11 月 5 日发布了《高耗能行业重点领域能效标杆水平和基准水平（2021 年版)》，提出四点要求：一是突出标准引领作用；二是分类推动项目提效达标；三是限期分批改造升级和淘汰；四是完善相关配套支持政策。

综上所述，钢铁行业亟须建立行业内的能效标准评价体系，以严格的要求和有效的实施推进我国能效改革，以碳达峰、碳中和目标为引领，继续进一步扩大能效标准覆盖面，推动能效标准全面实现国际领跑，强化标准在节能制度中的基础作用，引领产品质量提升和产业绿色转型，为"双碳"目标实现提供坚实支撑。

2.3.2.1 构建能效对标数据基础

从明晰钢铁能效有关术语定义、评价边界、评价指标出发，建立典型工序三层多阶能效模型指导节能技术应用，并输出以工序能效理论研究、标准制定并配套能效对标系统开发的工序能效对标提升解决方案。

梳理现有国内外标准以及国家部委能源统计口径要求，广泛征集钢铁企业建议，明确钢铁能效有关术语/名词定义、典型工序或系统边界及关键能效评价指标及其计算方法；以三层多阶能效评价模型为理论基础，解决钢铁极致能效实施过程中面临的系统性问题，以钢铁行业、企业需求和中国钢铁工业协会能效对标系统建设实践为指导，形成钢铁工序能效定量化对标基准和对标方法，输出炼焦、高炉、转炉、电炉 4 个工序能效对标方法，支撑能耗对标系统开发，便于钢铁企业统一能效对标管理基准，有助于政府机构进行企业能效水平的综合评估。

2.3.2.2   完善数据评价理论

2022 年 12 月，国务院印发《中共中央 国务院关于构建数据基础制度更好发挥数据要素作用的意见》提出"数据二十条"政策举措，涉及治理制度，特别强调了行业协会在此项工作中的作用。新一轮国务院机构改革，又成立了数据局。同时，中国钢铁工业协会也多次呼吁行业在"数据治理、数据立法、数据自信"上争取实现新突破。为此，2022 年，中国钢铁工业协会发布了《钢铁行业能效标杆三年行动方案（2022—2025 年)》，开展了"双碳最佳实践能效标杆示范厂"培育工作。钢铁行业专家认为重点工序能耗数据的真实性、准确性、统一性、可比性是培育工作的前提条件和基础。

中国钢铁工业协会组织开发"钢铁企业重点工序能效对标数据填报系统"，构建钢铁行业能源数据治理体系，推进钢铁企业重点工序能效达标杆，助力钢铁行业高质量发展和"双碳"目标的实现。数据填报系统除了应具备支持管理端报表自定义设计、填报任务发布，支持企业登录系统在线或离线填报能效相关数据之外，管理端还应具备对已填报数据进行数据审核、验证、汇总查询、导出等功能。另外，系统还应包括数据统计、数据计算等功能模块。对数据填报系统采集的数据应继续加以分析，针对钢铁行业相关的能效指标、节能环保、技术指标等数据从领域、企业、工序、专业、产品、技术等维度进行综合分析，并输出相关评价报告。构建能效评价对标体系，其中数据统计是数据计算和对标分析的基础，数据计算又是对标分析的前提。

2.3.3   极致能效技术创新体系研究

以"双碳"背景下钢铁极致能效工程为核心的钢铁绿色低碳发展研究与实践为基础，聚焦领域技术前沿，梳理行业共性技术难题，寻找技术源、技术能力团队，构建共性难题技术协同研发共同体。精益制造与数智技术集合的理论、低碳节能清洁生产协同。

钢铁行业的绿色低碳转型，离不开对领域技术前沿的不断逼近和超越。这包括但不限于清洁生产技术、能效提升技术、碳捕集与利用技术等。通过深入分析和研究国内外的先进技术实例，结合我国钢铁行业的实际情况，识别关键技术和瓶颈问题，为钢铁行业的技术创新和升级提供方向。

2.3.4 极致能效人才培养体系研究

习近平总书记指出："我国要实现高水平科技自立自强，归根结底要靠高水平创新人才。"人才是第一资源，是全面建设社会主义现代化国家的基础性、战略性支撑。培养造就大批德才兼备的高素质人才，是国家和民族长远发展大计。实现钢铁工业高质量发展，关键是靠科技创新的力量，核心的要素是高素质、创新型的科技人才。

冶金工业属于传统制造业领域，为建筑、交通、机械、化工、能源、航空航天、国防军工等各行各业提供所需的材料产品，是国家工业实力的重要标志。现代冶金工业顺应时代发展和科技变革，早已摆脱"傻大黑粗"的传统印象，取而代之的是自动化、信息化、智能化的先进生产工艺流程，各种机器人、传感器、高端仪器设备、大数据系统、智慧算法在冶金企业中广泛应用，冶金工业的产品升级和产业升级对传统的冶金人才工程教育模式也提出了新的挑战。只有具备深厚专业知识、不断学习思考并积极实践探索的高水平人才，才能在这些领域取得突破性的创新成果，推动钢铁行业的技术进步和产业升级。

钢铁行业作为碳排放的主要来源之一，其低碳转型对于我国实现"双碳"目标具有重大意义。而实现这一转型，关键在于培养一支具备低碳理念、掌握低碳技术、能够推动钢铁行业绿色发展的专业人才队伍，这也是钢铁行业持续发展的重要保证。通过制定科学合理的人才培养体系，加强产学研合作，推动人才培养与产业需求的紧密结合，为钢铁行业的高质量发展提供强有力的人才保障。

2.4 本章小结

本章首先介绍了美国、日本和德国等发达国家在能效管理方面的先进经验，包括健全的政策体系、完善的技术研发体系和经济激励机制等；进一步梳理了中国政府在推动钢铁行业节能减排方面的政策和行动，以及中国钢铁工业协会提出的"极致能效工程"和"能效标杆三年行动方案"；在此基础上，剖析了极致能效研究方向，包括基础理论、能效边界定义、能效数据管理、能效技术研发与应用推广、低碳高能效人才培养等内容。

参 考 文 献

［1］朱彤，从博云．美国、日本和德国能效管理的经验与启示［J］.中国发展观察，2018（Z2）：110-114.

［2］原材料工业司．稳中求进谋发展 提振信心促转型——《钢铁行业稳增长工作方案》解读［J/OL］. https://www.miit.gov.cn/jgsj/ycls/ghzc/art/2023/art_9f5579989b8647239bc522364721e7ec.html.

［3］杜涛．推进极致能效工程 实现钢铁工业降本增效［J］.冶金经济与管理，2023（5）：1.

［4］樊三彩．刘怀平代表建议：深入实施极致能效工程 推动钢铁业节能减排［N］.中国冶金报，2023-03-08（002）.

［5］樊三彩．冯超：极致能效工程带来十分可观的节能减碳量［N］.中国冶金报，2024-03-28（001）.

［6］孟祥林，杨子昂．极致能效助力攀钢节能降本亮佳绩［N］.中国冶金报，2024-2-28（002）.

［7］尹松松，杨立文．首钢京唐：以极致能效助推绿色制造［N］.中国冶金报，2024-4-16（002）.

［8］杨凯．一批钢铁极致能效好举措好技术浮出水面［N］.中国冶金报，2024-02-07（001）.

［9］杨凯．钢铁极致能效工程能力清单发布［N］.中国冶金报，2024-02-07（001）.

［10］钢铁研究总院，中国钢铁工业协会，中国炼焦行业协会.GB 21342—2013 焦炭单位产品能源消耗限额［S］.北京：中国标准出版社，2013.

［11］郦秀萍，张春霞，黄导，等．GB 21256—2013《粗钢生产主要工序单位产品能源消耗限额》标准解读与实施建议［J］.中国冶金，2016，26（3）：47-52，61.

［12］南京钢铁股份有限公司，常州东方特钢有限公司，冶金工业信息标准研究院，等.GB 32050—2015 电弧炉冶炼单位产品能源消耗限额［S］.北京：中国标准出版社，2013.

［13］冶金工业信息标准研究院，中国宝武钢铁集团有限公司，中冶赛迪工程技术股份有限公司，等.T/CISA 293—2022 钢铁企业重点工序能效标杆对标指南［S］.北京：冶金工业出版社，2022.

3   能效评价基础研究

本章从能效理论现状出发，梳理了包括能效专业术语、典型工序数据边界、工序能耗计算方法、三层多阶能效评价理论模型等钢铁能效理论基础。

3.1   能效评价现状

提高生产过程能效，节约能源是降低生产成本和减少碳排放的重要措施。世界能源委员会在 1995 年出版的《应用高技术提高能效》中，把"能源效率（Energy Efficiency）"定义为：生产等量产品过程中，减少提供同等能源服务的能源投入，其单位为千克标准煤/吨产品（kgce/tp）；中国在国家标准 GB/T 50632—2019 中对工序能耗/工序单位产品能耗进行了定义，即在统计期内每生产 1 t 合格工序产品，扣除工序回收能源量后的各种能源消耗总量，单位为千克标准煤/吨产品（kgce/tp）；同样在团体标准 T/CISA 293—2022 中也有能效标杆的定义，即用能单位在某一时期选定的要达到或超越的能效水平，单位为千克标准煤/吨产品（kgce/tp）。综上所述，目前在中国以及本书后续中提到的能效（在无特殊说明的情况下）与能耗的定义同属一个范畴。

世界能源委员会在 1995 年出版的《应用高技术提高能效》中，把能源效率定义为：减少提供同等能源服务的能源投入。这是能源效率的一般性或传统概念，许多专家学者对这一定义表示认可。1997 年，Bosseboeuf 等人从经济上的能源效率和技术经济上的能源效率两方面对传统定义进行了拓展，经济上的能源效率指用相同或更少的能源获得更多产出或更好的生活质量；技术经济上的能源效率指由于技术进步、生活方式的改变、管理的改善等导致特定能源使用的减少。按照世界能源委员会 1979 年提出的定义，节能是采取技术上可行、经济上合理、环境和社会可接受的一切措施以提高能源资源利用效率的行动。

能源效率的衡量指标主要可分为四类：热力学指标、物理热量指标、经济热力学指标和纯经济指标，能耗是目前钢铁行业评价能源效率的主要指标之一，其是一种物理热量指标。工序能耗既是评价基本生产单元能耗水平的综合指标，又直接影响企业吨钢综合能耗指标水平，因此国内外学者对钢铁企业工序能耗开展大量的研究[1-5]。美国 Cainegie Mellon（卡内基梅隆）大学的 R. J. Fruhan 教授在对工序能耗理论最小值的研究中，提出了理论极限模型[1]。宝钢在 2010 年就对转炉炼钢工序进行了极限能耗的系统研究，后来又根据 R. J. Fruhan 教授等人的研究，基于物质流与能量流往往相互耦合、相互影响规律，通过物料和能量平衡关系提出了三层极限能耗概念模型[2]，即理论极限能耗、技术极限能耗与实际操作最佳能耗，这部分研究内容将在后文展开讨论。

对能源效率的通用理解为固定能源等要素投入下实际产出要素达到最大程度，这个最大程度不仅仅体现在数量上，也体现在质量上。2022 年 1 月，工业和信息化部、国家发展和改革委员会、生态环境部三部门联合印发《关于促进钢铁工业高质量发展的指导意见》（工信部联原〔2022〕6 号），力争到 2025 年，钢铁工业基本形成布局结构合理、资源供应稳定、技术装备先进、质量品牌突出、智能化水平高、全球竞争力强、绿色低碳可持续的高质量发展格局。中国钢铁工业经过引入、消化、吸收和再创新的发展历程，部分技术和指标水平已达到国际领先水平。落实"双碳"发展战略，能效降碳是行业当前最经济、规模可行的切入点，如何提高钢铁制造流程效率、减少能源消耗逼近极致能效，并最大数量、最大质量的产出产品，是落实高质量发展条件下极致能效建设的核心，也是钢铁强国的关键路径。

3.2 极致能效基础研究

3.2.1 专业术语

3.2.1.1 能源统计

（1）一次能源：指直接从自然界获取的、未经任何加工或转换的原始能源，也被称作天然能源。它包括化石燃料（例如原煤、原油、天然气）、水能、风能、太阳能、核能、地热能、海洋能、潮汐能以及生物质能等多种形式。这些能源可以根据其能否再生，被进一步划分为可再生能源和非可再生能源两大类。值得注意的是，尽管某些人可能会将"电"归类为可再生能源，但实际上这种说法是不准确的，因为电本身是一种二次能源，是通过转换其他能源形式得到的。

1）可再生能源：源自自然界，具有不断自我更新和周期性补充的特性。包括太阳能、水力发电、风能、波浪能、潮汐能以及海洋温差能等。这些能源的一大优势在于它们能够在自然界中循环再生，提供了一种可持续的能源解决方案。

2）非可再生能源：是在地球的漫长历史中形成的，一旦被开采使用，就无法在短时间内自然恢复。随着人类对这些资源的大规模开发和利用，它们的储量正逐渐减少，面临着最终枯竭的风险。非可再生能源包括原煤、原油、天然气、油页岩以及核能等。这些资源是有限的，一旦消耗，就无法再生，因此在使用过程中需要谨慎并寻求替代方案。

（2）二次能源：指那些不能直接从自然界获取，而必须通过加工转换一次能源来形成的能源产品。它们包括电力、蒸汽、煤气、汽油、柴油、重油、液化石油气、酒精、沼气、氢气和焦炭等。这些能源产品是通过技术手段将原始能源转化为更加便于使用和分配的形式。

（3）常规能源：指的是在现有的经济和技术条件下，已经实现大规模生产并被广泛使用的能源类型，也被称作传统能源。煤炭就是这类能源的一个典型案例，它在历史上一直是能源供应的主力军。

（4）新能源：涵盖了那些超出传统能源范畴的各种能源形式，它们或是刚开始被开发利用，或是正在积极研究之中，有望在未来得到更广泛的推广。这些能源包括太阳能、地热能、风能、海洋能以及核聚变能等，它们代表了能源技术的新趋势和发展方向，具有巨大的潜力和发展前景。

3.2.1.2　能源统计标准

在进行能源的计算、对比和分析时，通常需要一个统一的标准来衡量不同的能源。为此，选择一种标准燃料作为基准，并利用能源折算系数（即各种能源的实际热值与标准燃料热值的比率）来计算各种能源相对于标准燃料的等效数量。

在国际实践中，有两种常用的标准燃料：标准煤和标准油。

由于中国的能源结构以煤炭为主，煤炭在全国的使用非常普遍，因此在计算能耗时，最常用的单位是标准煤。

标准煤：常用单位有吨标煤（tce）、千克标煤（kgce）等。

例如，1千克标煤相当于$29.3076×10^6$焦耳（J），或者说7000千卡（kcal）。

标准油：常用单位有吨标油（toe）、千克标油（kgoe）等。

例如，1千克标油相当于$41.868×10^6$焦耳（J），或者说10000千卡（kcal）。

国际蒸汽表卡（calrr）是1956年在伦敦举行的第五届国际蒸汽大会上确定

的热量单位。它与焦耳的换算关系是：1 卡路里（cal）等于 4. 1868 焦耳（J）。此外，1 吉焦（GJ）相当于 23. 8846 千克标油（kgoe）。这些换算关系为能源的国际比较和分析提供了便利。

3. 2. 1. 3　当量热值与等价热值

当量热值：是指某种能源本身所含的热量。具有一定品位的某种能源，其当量热值是固定不变的，如汽油当量热值是 42054 kJ/kg，电当量热值即是电本身的热功当量 3600 kJ/(kW·h)。

等价热值：是指为了获得一个度量单位的某种二次能源（如汽油、柴油、电力、蒸汽等）或耗能工质（如压缩空气、氧气、各种水等）所消耗的以热值表示的一次能源量。目前，电的等价热值为 9790~11840 kJ/(kW·h)。

$$等价热值 = 当量热值 \div 转换效率$$

电的当量折标煤系数：$1. 229 \times 10^{-4}$ tce/(kW·h)。

电的等价折标煤系数：$4. 04 \times 10^{-4}$ tce/(kW·h)。

在能源统计中"电力"消费的折标煤系数统一采用当量系数，即 10000 kW·h 电力折合 1. 229 tce，但为了与国际接轨，同时便于与历史资料对比，规定只有在计算国家、省、市级的能源消费总量时，电力仍采用等价系数核算，而基层企业计算能源消费量时，电力则一律采用当量系数核算。

3. 2. 1. 4　能源折标煤系数

《综合能耗计算通则》（GB/T 2589—2020）是一项重要的国家标准，它明确了综合能耗的计算原则、边界划分、计算范围、方法以及如何将不同能源形式折算为标准煤的具体要求。这一标准适用于各类用能单位，包括次级用能单位或其组成部分，用于计算它们的能源消耗指标。在计算综合能耗时，标准煤作为一种统一的计量单位，使得不同种类的能源消耗能够被公平地比较和衡量。根据这一标准，所有的能源消耗，无论是电力、热能还是其他形式的能源，都应该通过特定的折算系数转换为等效的标准煤消耗量[6]。这样的做法不仅简化了能耗的统计和分析过程，而且有助于更准确地评估和监控能源使用效率。

实际消耗的燃料能源应以其收到基低位发热量为计算依据折算为标准煤量。

按照 GB/T 3102. 4 国际蒸汽表卡换算，低位发热量等于 29307. 6 千焦（kJ）或 7000 千卡（kcal）的燃料，称为 1 千克标准煤（1 kgce）[6]。

注：按照 20 ℃卡（1 cal20 = 4. 1816 J）换算，1 千克标准煤（1 kgce）其低位发热量等于 29271. 2 千焦（kJ）[6]；按照 15 ℃卡（1 cal15 = 4. 1855 J）换算，

1千克标准煤（1 kgce）其低位发热量等于29298.5千焦（kJ）[6]。

　　能源的低位发热量和耗能工质的耗能量，在进行能耗计算时，应当依据实际测量值或者由能源供应单位提供的数据，进行折算成标准煤。如果无法获取这些实测值，可以采用国家统计局公布的数据作为折算标准煤的系数。自产的二次能源，其折标准煤系数应根据实际投入产出计算确定。

　　《综合能耗计算通则》（GB/T 2589—2020）中各种能源折标准煤系数[6]（参考值）见表3.1和表3.2。

表 3.1　各种能源折标准煤系数（参考值）

能 源 名 称	平均低位发热量	折标准煤系数
原煤	20934 kJ/kg（5000 kcal/kg）	0.7143 kgce/kg
洗精煤	26377 kJ/kg（6300 kcal/kg）	0.9000 kgce/kg
洗中煤	8374 kJ/kg（2000 kcal/kg）	0.2857 kgce/kg
煤泥	8374~12560 kJ/kg （2000~3000 kcal/kg）	0.2857~0.4286 kgce/kg
煤矸石（用作能源）	8374 kJ/kg（2000 kcal/kg）	0.2857 kgce/kg
焦炭（干全焦）	28470 kJ/kg（6800 kcal/kg）	0.9714 kgce/kg
煤焦油	33494 kJ/kg（8000 kcal/kg）	1.1429 kgce/kg
原油	41868 kJ/kg（10000 kcal/kg）	1.4286 kgce/kg
燃料油	41868 kJ/kg（10000 kcal/kg）	1.4286 kgce/kg
汽油	43124 kJ/kg（10300 kcal/kg）	1.4714 kgce/kg
煤油	43124 kJ/kg（10300 kcal/kg）	1.4714 kgce/kg
柴油	42705 kJ/kg（10200 kcal/kg）	1.4571 kgce/kg
天然气	32238~38979 kJ/m³ （7700~9310 kcal/m³）	1.1000~1.3300 kgce/m³
液化天然气	51498 kJ/kg（12300 kcal/kg）	1.7572 kgce/kg
液化石油气	50242 kJ/kg（12000 kcal/kg）	1.7143 kgce/kg
炼厂干气	46055 kJ/kg（11000 kcal/kg）	1.5714 kgce/kg
焦炉煤气	16747~18003 kJ/m³ （4000~4300 kcal/m³）	0.5714~0.6143 kgce/m³
高炉煤气	3768 kJ/m³（900 kcal/m³）	0.1286 kgce/m³
发生炉煤气	5234 kJ/m³（1250 kcal/m³）	0.1786 kgce/m³
重油催化裂解煤气	19259 kJ/m³（4600 kcal/m³）	0.6571 kgce/m³
重油热裂解煤气	35588 kJ/m³（8500 kcal/m³）	1.2143 kgce/m³

续表 3.1

能源名称	平均低位发热量	折标准煤系数
焦炭制气	16329 kJ/m³（3900 kcal/m³）	0.5571 kgce/m³
压力气化煤气	15072 kJ/m³（3600 kcal/m³）	0.5143 kgce/m³
水煤气	10467 kJ/m³（2500 kcal/m³）	0.3571 kgce/m³
粗苯	41868 kJ/kg（10000 kcal/kg）	1.4286 kgce/kg
甲醇（用作燃料）	19913 kJ/kg（4756 kcal/kg）	0.6794 kgce/kg
乙醇（用作燃料）	26800 kJ/kg（6401 kcal/kg）	0.9144 kgce/kg
氢气（用作燃料，密度为 0.082 kg/m³）	9756 kJ/m³（2330 kcal/m³）	0.3329 kgce/m³
沼气	20934~24283 kJ/m³（5000~5800 kcal/m³）	0.7143~0.8286 kgce/m³

表 3.2   电力和热力折标准煤系数（参考值）

能源名称	折标准煤系数
电力（当量值）	0.1229 kgce/(kW·h)
电力（等价值）	按上年电厂发电标准煤耗计算
热力（当量值）	0.03412 kgce/MJ
热力（等价值）	按供热煤耗计算

《综合能耗计算通则》（GB/T 2589—2020）中主要耗能工质折标准煤系数（按能源等价值计）（参考值）见表 3.3。

表 3.3   主要耗能工质折标准煤系数（按能源等价值计）（参考值）

耗能工质名称	单位耗能工质耗能量	折标准煤系数
新水	7.54 MJ/t（1800 kcal/t）	0.2571 kgce/t
软化水	14.24 MJ/t（3400 kcal/t）	0.4857 kgce/t
除氧水	28.47 MJ/t（6800 kcal/t）	0.9714 kgce/t
压缩空气	1.17 MJ/m³（280 kcal/m³）	0.0400 kgce/m³
氧气	11.72 MJ/m³（2800 kcal/m³）	0.4000 kgce/m³
氮气（做副产品时）	11.72 MJ/m³（2800 kcal/m³）	0.4000 kgce/m³
氮气（做主产品时）	19.68 MJ/m³（4700 kcal/m³）	0.6714 kgce/m³
二氧化碳气	6.28 MJ/m³（1500 kcal/m³）	0.2143 kgce/m³

耗能工质名称	单位耗能工质耗能量	折标准煤系数
乙炔	243.76 MJ/m³ (58220 kcal/m³)	8.3143 kgce/m³
电石	60.92 MJ/kg (14550 kcal/kg)	2.0786 kgce/kg

注：单位耗能工质耗能量和折标准煤系数是按照电厂发电标准煤耗为 0.404 kgce/(kW·h) 计算的折标准煤系数。实际计算时，推荐考虑上年电厂发电标准煤耗和制备耗能工质设备效率等影响因素，对折标准煤系数进行修正。

GB 21256—2013 中附录 B 中"主要耗能工质折算系数推荐值"见表 3.4。鉴于部分数据与前者存在较大差异，在 2024 年进行的极致能效工程验收工作中，验收企业统一采用 GB 21256—2013 国标中的推荐值进行折算。

表 3.4 主要耗能工质折算系数推荐值

耗能工质名称	电力折算系数（取当量值）		电力折算系数（取等价值）	
	国际单位制下的折算系数	折标准煤系数	国际单位制下的折算系数	折标准煤系数
新水	1213 kJ/t	0.0414 kgce/t	3373 kJ/t	0.1151 kgce/t
工业水	1392 kJ/t	0.0475 kgce/t	3874 kJ/t	0.1322 kgce/t
软水	5539 kJ/t	0.1890 kgce/t	15413 kJ/t	0.5259 kgce/t
压缩空气	445 kJ/m³	0.0152 kgce/m³	1240 kJ/m³	0.0423 kgce/m³
氧气	2350 kJ/m³	0.0802 kgce/m³	6539 kJ/m³	0.2231 kgce/m³
氮气	495 kJ/m³	0.0169 kgce/m³	1377 kJ/m³	0.0470 kgce/m³
氩气	26002 kJ/m³	0.8872 kgce/m³	72360 kJ/m³	2.4690 kgce/m³
氢气	10229 kJ/m³	0.3514 kgce/m³	28657 kJ/m³	0.9778 kgce/m³
鼓风	258 kJ/m³	0.0088 kgce/m³	721 kJ/m³	0.0246 kgce/m³

注：kgce 与 kJ 的转换系数为 29307.6，即 1 kgce = 29307.6 kJ。

3.2.2 典型工序数据边界

3.2.2.1 炼焦工序

炼焦工序的能耗边界定义明确，从原料输入到最终产品输出，涵盖了整个生产流程的能耗单元[7]。具体包括如下。

（1）生产流程能耗单元：包括备煤、炼焦、熄焦（干熄焦、湿熄焦及焦炭处理）、煤气净化和化工产品回收（冷凝鼓风、脱硫脱氰、氨回收、苯回收、油库)、循环水系统、炼焦污水处理、烟气净化等关键环节。

(2) 辅助生产系统:涵盖机修、检验化验、计量、运输、生产管理与调度系统、照明等,这些虽不直接参与生产,但对生产流程至关重要。

(3) 生活能耗排除:明确指出,与生产无关、用于生活目的的能耗不计入炼焦工序能耗。

(4) 能量回收扣除:应从总能耗中扣除被回收并外供的能量,如焦炭、焦炉煤气、化工产品(焦油、粗苯)以及余热回收的能量。

(5) 特定流程排除:不包括洗煤、煤气储配站、焦油深加工、苯精制及焦炉煤气资源化利用等环节的能耗。

(6) 协同处置能耗扣除:在能耗计算中,应扣除通过协同处置社会固废所消耗的能量。

(7) 超低排放能耗特别计算:对于执行超低排放标准的能耗,需要另外计算,以反映其对环境影响的特殊性。

(8) 特定系统能耗排除:不包括脱硫废液及硫泡沫制酸系统、无水氨蒸馏系统等特定系统的能耗。

注:对于煤气净化工段、水处理工段属于另一法人,其能耗未计入炼焦工序能耗的,应增加能耗实测值。

3.2.2.2 烧结工序

烧结工序的能耗边界清晰界定了从原料和能源输入到最终产品输出的整个生产过程,涵盖了以下关键耗能单元[7]。

(1) 核心生产流程:包括燃料和熔剂的破碎、配料混匀、点火、烧结、冷却、整粒筛分、烟气净化以及余热回收系统等,这些环节构成了烧结工序的主要能耗部分。

(2) 辅助生产系统:涉及机修、检验化验、计量、运输、生产管理和调度系统、照明等,这些虽辅助性质,但对整个生产流程的顺畅运行至关重要。

(3) 生活能耗排除:明确指出,与生产无关、仅用于生活目的的能耗不计入烧结工序的能耗统计。

(4) 能量回收扣除:在能耗计算中,应从总能耗中扣除那些被回收并外供的能量,以反映实际的能源利用效率。

(5) 特定处理系统排除:不包括烟气二噁英处理系统在内的能耗,这一系统可能涉及特殊的能耗管理。

（6）协同处置能耗扣除：在能耗计算时，应扣除通过协同处置社会固废所消耗的能量，以确保能耗数据的准确性。

（7）超低排放能耗特别计算：对于执行超低排放标准的能耗，需要单独计算，以体现其对环境保护的特殊贡献。

3.2.2.3 球团工序

球团工序的能耗边界定义明确，从原料和能源的输入到最终产品球团矿及余热的输出，涵盖了整个生产过程的关键耗能单元[7]。

（1）核心生产环节：包括铁原料的预处理（如干燥、细磨等）、原料备料（配料、混匀、生球制备系统等）、成品球的制备（生球筛分、布料、干燥预热、焙烧及冷却系统等）以及烟气净化（特别是烟气脱硫单元）等重要环节。

（2）辅助生产系统：涉及机修、检验化验、计量、运输、生产管理与调度系统、照明等，这些辅助环节虽不直接参与生产，但对保障生产流程高效运行至关重要。

（3）生活能耗排除：明确指出，与生产无关、仅用于生活目的的能耗不计入球团工序的能耗统计。

（4）固废处理能耗扣除：在能耗计算时，应扣除通过协同处置社会固废所消耗的能量，以确保能耗数据的准确性和公正性。

（5）特定处理系统排除：不包括烟气二噁英处理系统在内的能耗，这一系统可能涉及特殊的能耗管理。

（6）超低排放能耗特别计算：对于执行超低排放标准的能耗，需要单独计算，以体现其对环境保护的额外贡献。

3.2.2.4 高炉工序

高炉工序的能耗边界，从原燃料、能源及耗能工质的输入到铁水及副产品如炉渣、煤气、瓦斯灰（泥）、电能、蒸汽等的输出，涵盖了整个生产过程的能耗单元[7]，具体如下。

（1）主要生产环节：涉及高炉本体、热风炉、煤粉制备与喷吹系统、供上料及装料设施、出铁场及渣处理设施、水循环系统、煤气净化设施、鼓风机、矿焦槽除尘系统、出铁场除尘系统，以及高炉余热余压能量回收透平与鼓风机同轴系统（BPRT）或高炉煤气余压透平发电装置（TRT）等关键环节。

（2）辅助生产系统：包括机修、检验化验、计量、运输、生产管理与调度系统、照明等，这些辅助环节对于维持生产流程的顺畅和效率至关重要。

（3）生活能耗排除：明确指出，与生产无关、仅用于生活目的的能耗不计入高炉工序的能耗统计。

（4）能量回收扣除：在能耗计算中，应从总能耗中扣除那些被回收并外供的能量，以反映实际的能源利用效率。

（5）固废处理能耗扣除：在能耗计算时，应扣除通过协同处置社会固废所消耗的能量，确保能耗数据的准确性。

（6）超低排放能耗特别计算：对于执行超低排放标准的能耗，需要单独计算，以体现其对环境保护的额外贡献。

3.2.2.5 转炉工序

转炉工序的能耗边界，从原料（铁水及废钢等）、能源及耗能工质的输入到终产品钢水、副产品钢渣以及外供的煤气和蒸汽的输出，涵盖了整个生产过程的能耗单元[7]，具体如下。

（1）核心冶炼环节：涵盖铁水预处理（包括铁水预处理剂的上料、处理过程、铁水扒渣等）、转炉冶炼（转炉本体、炼钢原料供应系统、钢包烘烤系统等）、钢渣处理系统（不包括钢渣后处理）、煤气净化及回收系统、一次及二次除尘系统、水处理系统等关键环节。

（2）辅助生产系统：包括机修、检验化验、计量、运输、生产管理与调度系统、照明等，这些辅助环节对于确保生产流程的高效和顺利至关重要。

（3）生活能耗排除：明确指出，与生产无关、仅用于生活目的的能耗不计入转炉工序的能耗统计。

（4）能量回收扣除：在能耗计算中，应从总能耗中扣除那些被回收并外供的能量，以准确反映能源的实际利用效率。

（5）铁水包烘烤能耗：特别指出铁水包烘烤的能耗应计入能耗统计，以确保能耗数据的全面性。

（6）炉外精炼排除：明确炉外精炼环节不包括在转炉工序的能耗边界内。

（7）固废处理能耗扣除：在能耗计算时，应扣除通过协同处置社会固废所消耗的能量，确保能耗数据的准确性。

（8）超低排放能耗特别计算：对于执行超低排放标准的能耗，需要单独计算，以体现其对环境保护的额外贡献。

3.2.2.6 电弧炉工序

电弧炉工序的能耗边界，从原料、能源及耗能工质的输入到终产品钢水、副产品钢渣以及外供蒸汽的输出，涵盖了整个生产过程的能耗单元[7]，具体如下。

（1）核心冶炼环节：包括电弧炉冶炼（电弧炉本体、废钢预热、原料供应系统等）、烟气净化、二次除尘、钢渣处理系统（不包括钢渣后处理）、水处理系统等关键环节。

（2）辅助生产系统：涵盖机修、检验化验、计量、运输、生产管理与调度系统、照明等，这些辅助环节对于确保生产流程的高效和顺利至关重要。

（3）生活能耗排除：明确指出，与生产无关、仅用于生活目的的能耗不计入电弧炉工序的能耗统计。

（4）能量回收扣除：在能耗计算中，应从总能耗中扣除那些被回收并外供的能量，以准确反映能源的实际利用效率。

（5）炉外精炼排除：明确炉外精炼环节不包括在电弧炉工序的能耗边界内。

（6）特定处理系统排除：不包括二噁英处理系统在内的能耗，这一系统可能涉及特殊的能耗管理。

（7）固废处理能耗扣除：在能耗计算时，应扣除通过协同处置社会固废所消耗的能量，确保能耗数据的准确性。

（8）超低排放能耗特别计算：对于执行超低排放标准的能耗，需要单独计算，以体现其对环境保护的额外贡献。

3.2.3 工序能耗计算方法

单位产品能耗，简称能耗，是指在生产一定量产品或提供一定服务过程中所消耗的能源总量与相应产出量的比例。这种计算方式将能源消耗量以标准能源量的形式表达，不区分不同能源在能量"质量"上的差异，而产出量则可以通过实物量或价值量来衡量。例如，钢铁生产中的能耗通常以每吨钢的千克标准煤（kgce/t 钢）来表示。

能源利用效率，简称能效，是指在系统中被有效利用的能量与输入系统总能量的比率[8]，同样不考虑不同能量在"质量"上的差异，并以百分比的形式呈现。能量流的计量基准是单位产品产量，单位可以是千焦耳每吨钢（kJ/t 钢）或千克标准煤每吨钢（kgce/t 钢）。特别指出的是，目前在世界范围内，工序能耗和能效水平的概念通常都是指能耗，这涉及对生产过程中能源消耗的度量和评估。

3.3　三层多阶能效评价理论模型

　　钢铁企业的能耗评价通常依赖于多种指标，如工序能耗、吨钢综合能耗、吨钢可比能耗以及二次能源的回收量。然而，由于各企业在产品种类、工艺流程、二次能源的回收方式及其利用效率等方面存在差异，这些传统的能耗指标往往难以准确衡量企业的节能效果。甚至在同一企业内部，相同工序的相同单元和设备之间也难以实现有效地对标。为了解决这一问题，工序三层多阶极限能耗模型的研究应运而生。该研究致力于构建一个精确的工序能耗计算模型，以体现管理、技术、操作等各方面改进对工序能耗的具体影响。通过这一模型，企业能够更准确地评估和优化其能耗表现，从而推动节能技术的创新和应用。

3.3.1　现有技术指标

　　（1）吨钢综合能耗。吨钢综合能耗是指在报告期间内，企业每生产 1 t 钢材所消耗的各类能源的总和。这些能源消耗必须按照规定的计算方法，转换为统一的标准煤后进行累加，其单位为千克标煤/吨钢（kgce/t 钢）。计算公式如下：

$$吨钢综合能耗 = \frac{企业自耗能源量}{企业钢产量}$$

　　（2）万元产值综合能耗。万元产值综合能耗是指在统计报告期内，企业的综合能源消耗量与其工业总产值的比率，这一指标综合反映了企业的能源经济效率。通常，其单位以"吨标准煤/万元"来表示。计算公式如下：

$$万元产值综合能耗 = \frac{综合能源消耗量}{工业总产值}$$

　　（3）工序能耗。工序能耗是指钢铁企业在生产每一吨合格产品过程中，各工序直接消耗的能源量。这一指标以千克标煤/吨产品（kgce/t 产品）为单位，能够具体反映生产过程中的能源使用效率。计算公式如下：

$$工序能耗 = \frac{工序能源消耗量 - 回收的能源量}{工序产品产量}$$

3.3.2　现有指标仍需完善

　　吨钢综合能耗作为衡量钢铁企业能耗的关键指标，受到国家、行业和企业的高度关注，并在产业政策和发展规划中占有重要位置。然而，从指标本身的含义来看，使用吨钢综合能耗来衡量能耗存在一定的局限性。首先，吨钢综合能耗指标极易受到铁钢比的影响。铁前工序的能耗占到总能耗的70%，因此，如果某个企业的铁钢比较高，其吨钢综合能耗指标相应也会较高。其次，生产工艺的差异以及某些工序的缺失也会对吨钢综合能耗指标的统计产生影响。例如，采用电炉废钢冶炼的短流程工艺的钢铁企业，其吨钢综合能耗通常低于采用高炉—转炉长流程工艺的企业。此外，一些企业可能没有自己的矿山、烧结厂或炼焦厂，而是通过外购矿石、烧结矿或焦炭来进行生产。在这种情况下，如果仅使用吨钢综合能耗指标进行统计和对比，那些实现了能源综合利用、能源管理水平较高的企业，其能耗反而可能会显得较高。因此，在评价钢铁企业的能耗水平时，除了吨钢综合能耗这一指标外，还应考虑其他相关因素，以获得更为全面和准确的能耗评价结果。

在钢铁行业中，特钢、不锈钢和普碳钢等不同类别的企业在万元产值能耗指标上存在显著差异，这些差异主要受生产所需的合金原料、工艺流程以及产品市场价格等多种因素的影响，使得这些指标难以直接比较。首先，即使是同一类别的特钢或不锈钢企业，由于原料选择、工艺流程和市场价格的不同，它们的万元产值能耗指标也会受到较大影响，而这些因素对能耗指标的影响往往超过了能效水平本身。例如，生产初级产品的企业，尽管吨钢综合能耗可能较低，但由于其单位产值提升有限，导致万元产值综合能耗难以降低。相反，生产高附加值产品的企业，即使吨钢综合能耗相对较高，但由于产品价值的提升，万元产值综合能耗反而会相对减少。此外，目前国内不同钢铁企业的单位产品平均售价差异巨大，有的相差几倍，甚至十几倍。这种价格差异进一步加剧了能耗指标的不可比性。因此，在评估钢铁企业的能耗效率时，不能仅仅依赖于单一的能耗指标，而应综合考虑产品类型、生产工艺、原料成本和市场定价等因素，以获得更为全面和客观的评价结果。

因为这些差异，现行的能耗评价指标体系采用了一种综合方法，由核心指标和参考指标组成。核心指标包括吨钢综合能耗、铁前系统吨铁单位产品能耗和炼钢工序单位产品能耗，而参考指标则涵盖了炼焦、烧结、球团、高炉、转炉、炉外精炼、连铸、铁水预处理和热轧等各个工序的单位产品能耗。然而，即便如此，不同钢铁企业的工序能耗仍然因生产工艺、设备、技术条件和产品特性的不同而表现出显著差异。这种差异使得基于单一工序能耗的对标分析缺乏可比性。

此外，由于产品类型、工艺路线和二次能源回收利用效率的差异，单纯的能耗指标可能无法准确反映不同企业的节能水平。随着钢铁产业集中度的提高，同一企业在不同基地、不同机组之间进行同类工序的生产将变得更加普遍。这种趋势要求企业在能效管理上，需要开发和研究同类工序在多基地、多机组之间的能耗指标对标方法和工具，以实现更精细化和系统化的能耗控制和优化。因此，钢铁企业需要不断创新和完善能耗评价体系，引入更多维度的评价指标，发展更为科学的对标方法，以适应产业发展趋势，提高能源利用效率，促进可持续发展。

3.3.3   极限能耗概论

美国卡内基梅隆大学的 R. J. Fruehan 教授等对工序能耗理论最小值的研究，作出以下假设[5]：

(1) 工序能耗只包括直接能耗；

(2) 生产辅料能耗不计入工序能耗，如合金、氧气、耐火材料和电极；

(3) 在工序能耗计算中不考虑电能在生产和输送过程中的损失；

(4) 能量损失和热损失不计，如机械、电力设备能量损失和炉子热损失不考虑；

(5) 关注能量输出，如对高炉炼铁工序来说煤气化学热和显热是必须考虑的；

(6) 烧结和炼焦工序能耗不考虑；

(7) 因产量损失造成的能量损失不计。

钢铁生产是一个复杂的过程，涉及烧结、炼焦、炼铁等多个工序，每个工序都受到热力学和动力学条件的深刻影响。这些条件决定了能耗的理论极限，包括热力学极限、动力学极限、物理能与化学能的最佳匹配极限等多种形式。目前，钢铁企业在各工序的极限理论能耗方面尚未形成统一的标准，这导致钢铁行业常被外界视为高能耗行业。为了改变这一现状，钢铁企业正在通过研究理论极限能耗和技术极限能耗，来探索钢铁冶金反应器和各工序的真实能效水平。

首先，每个工序都有一个与反应器无关的理论极限能耗。其次，在特定的反应器条件下，存在一个与理想反应器状态相对应的理论极限能耗。然而，由于实际反应器无法达到理想状态，因此还存在着与反应器内过程动力学相关的反应工程学极限能耗，这被认为是可实现的能耗极限。当工序的实际能耗达到或接近反应工程学极限能耗时，可以认为已经达到了可行的极限，进一步降低能耗的空间有限。但是，通过优化反应器的设计和操作，使其更接近理想状态，仍有可能继续降低能耗。目前，实际工序能耗通常还高于反应工程学极限能耗，这意味着钢铁企业在能效提升方面仍有较大的潜力。

钢铁企业需要不断深化对能耗理论极限的理解，通过技术创新和管理优化，推动实际能耗向理论极限靠拢，以实现能源的更高效利用，促进行业的绿色发展和可持续发展。

在钢铁制造过程中，物质流和能量流通常紧密相连并相互影响。深入探究钢铁生产工序的理论能耗模型的构建与优化，是实现高效能源管理的关键。基于这一理念，宝武集团联合东北大学，并借鉴美国卡内基梅隆大学 R. J. Fruehan 教授提出的理论极限模型，针对钢铁能源管理的实际需求，进一步发展了三层极限能耗概念模型，包括理论极限能耗、技术极限能耗和实际操作最佳能耗指标。

极限能耗的研究分为三个主要层面，如图 3.1 所示。这一概念模型对应着不同层次的目标设定：现场操作层面追求的是达到实际操作的最佳能耗指标；技术提升层面致力于实现技术极限能耗；而研发层面则以超越现有反应器限制的理论极限能耗为目标，开发新型反应器和工艺。构建钢铁生产工序的极限能耗模型，不仅需要细致分析这三个层次模型的特点和节能技术，还要以能源消耗、回收利用和转换为核心，全面考虑物质流与能量流的相互作用。这有助于明确钢铁生产工序的能源管理目标和方向，为冶金过程的强化和反应器的优化提供坚实的理论支撑。同时，结合当前的能耗水平，探索实现节能减排的新途径和创新方法。

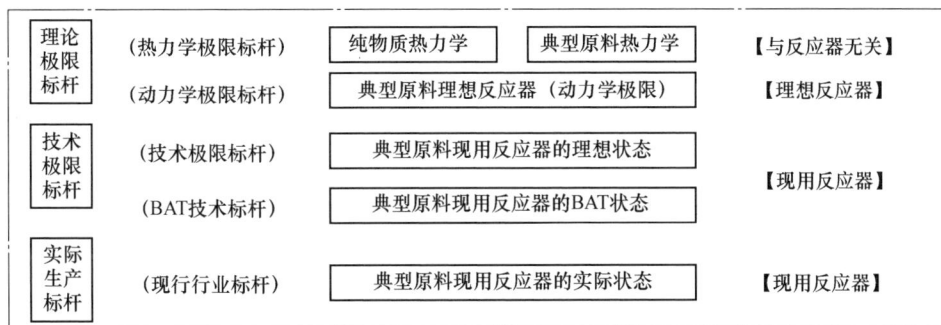

图 3.1 三层多阶模型结构划分图

第一层次是理论极限能耗模型（与反应器无关的理论极限能耗），即理想原料、理想条件下的热力学极限能耗水平。理论极限能耗因能源和产品类型又可划分为不同阶段的极限能耗。理论极限能耗是在理想原料和理想反应器条件下计算获得的能耗水平，在实际生产中基本上是无法达到的。

该层次的能耗模型是能耗模型理论研发的基础，可为公司高层管理者以及技术研发人员提供工序极限能耗的理论数据支撑。建立钢铁生产工序的理想原料、理想条件下的理论极限能耗模型，包括炼焦、烧结、炼铁、转炉炼钢、电炉炼钢、轧钢等6个典型工序，并对比分析某工序的理论极限能耗模型与实际操作之间的异同，并借此分析工序节能减排方向和途径。

第二层次是技术极限能耗模型，也称典型反应器极限能耗模型，即反应达到热力学平衡，物理能与化学能理想匹配的极限能耗水平。该模型可通过变化原料成分、操作参数等条件的形式计算不同条件下的符合"热力学理论"的极限能耗。该模型包括目前钢铁企业中最佳可适技术应用"BAT"（Best Available Technology）及新兴领先技术应用，可通过变化不同技术操作条件的形式实现对应的极限能耗的预期结果。

对于任何一个工序，在确定的反应器条件下，存在一个与理想反应器相对应的理论极限能耗。但由于实际反应器都不可能达到理想状态，所以又存在一个与反应器内过程动力学相关的反应工程学极限能耗，这应是可期望实现的极限能耗。当工序的实际能耗达到或接近反应工程学极限能耗时，可认为已经达到可行的极限能耗，已无继续降低能耗的空间。

本层次的技术极限能耗是在典型原料和典型反应器条件下计算获得的能耗水平，在实际生产中可通过应用不同BAT，逐步逼近本层次极限能耗。该层次能耗主要是为现场操作人员采用何种措施实现节能减排目标提供参考依据，同时为制定节能减排目标的相关人员提供减排目标值。

第三层次是实际生产极限能耗模型，即通过对工艺和操作优化实现的物理能与化学能合理匹配的极限能耗水平。该模型可通过典型反应器模型获得的参数公式预测实际操作能耗。

以纯物质理论极限能耗模型建立的数据库和典型反应器极限能耗模型建立的模型参数计算公式为基础，同时以工序操作条件为依据，建立实际生产工序实际操作极限能耗模型，模型可通过改变操作条件对未知情形的工况进行预测分析。实际生产极限能耗模型可设置不同的接口，包含物料成分输入、产品成分输入（依据工序实际情况而定）等必要的边界条件和各工序的实际操作条件（依据工序实际情况而定），通过与现场工作人员的讨论最终确定所需界面参数，操作人员只要确定必要的边界条件接口和操作条件接口，选择边界条件后，系统会根据所选择的边界条件寻找合适的计算方法（选择不同的方程进行求解），最终计算获得某实际操作条件下的极限能耗。同时可以根据实际生产工序数据计算出该工序应达到的极限能耗水平，实现各个工序参数对标及统一管理。

以此建立能效评价机制，对各工序的能效进行层次划分，并依据实际能效信息进行对标挖潜，形成数据的全方位分析和研判，并为各企业输出个性化的能效提升方案或降碳技术策略。

3.4　本章小结

本章从能效基础理论出发，梳理了能效专业术语、典型工序数据边界、工序能耗计算方法。在此基础上，结合现有钢铁能源效率指标的定义、计算方法，及其存在的局限性，引入了三层多阶能效评价理论模型，包括理论极限能耗、技术极限能耗和实际操作最佳能耗指标。该模型从理论到实践，逐步细化能耗目标，为企业制定节能减排目标和优化生产流程提供科学依据。

参 考 文 献

[1] FRUEHAN R J, FORTINI O, PAXTON H W, et al. Theoretical minimum energies to produce steel for selected conditions [J]. U. S. Department of Energy Office of Industrial Technologies：Washington, DC, USA, 2000：1-34.

[2] 张永杰，黄军. 钢铁低碳高能效共性难题技术研发与应用 [M]. 北京：冶金工业出版社，2019.

[3] 刘文超. 我国钢铁工业能耗剖析及最小能耗研究 [D]. 沈阳：东北大学，2013.

[4] 付尚红. 基于理论假设的钢铁制造流程能耗及碳排放分析 [J]. 金属材料与冶金工程，2021，49（5）：8.

[5] 张琦，籍杨梅，李宇涛，等. 典型钢铁生产流程理论极限能耗与 CO_2 排放分析 [J]. 钢铁，2023，58（11）：132-140.

[6] 中国标准化研究院，方圆标志认证集团有限公司，广州能源检测研究院，等. GB/T 2589—2020 综合能耗计算通则 [S]. 北京：中国标准出版社，2020.

[7] 冶金工业信息标准研究院，中国宝武钢铁集团有限公司，中冶赛迪工程技术股份有限公司，等. T/CISA 293—2022 钢铁企业重点工序能效标杆对标指南 [S]. 北京：冶金工业出版社，2022.

[8] 蔡九菊. 关于冶金流程的能效与能耗问题及其计算方法 [J]. 河北冶金，2023，330（6）：1-8.

4 典型工序能效评价模型

本章以三层多阶能效评价模型为理论基础,结合行业、企业对能效指标的新要求形成钢铁工序能效定量化对标基准和对标方法,开展了炼焦、高炉、转炉、电炉 4 个典型工序能耗分析与测算,并探讨了影响能源利用效率的关键因素。基于理想工况条件,计算了各工序的理论极限能耗,并提出了降低能耗、提高能源利用效率的建议。

4.1 炼焦工序

炼焦是一个将洗精煤在炼焦炉中加热至高温并持续数小时的过程,目的是脱除其中的挥发性化合物和水分。这一过程不仅对能源的消耗有显著影响,而且对环境和生产效率也具有重要意义。实际上,生产每吨焦炭需要消耗 3.5~5.0 GJ 的能量,并且需要 1.3~1.4 t 洗精煤。洗精煤的质量和特性对于焦炭的产量和能源消耗量有着直接的影响。研究表明,焦炭的灰分每增加 1%,焦炭的消耗量可能会增加 2%。这一点对于那些煤灰分较高的国家来说,是一个不容忽视的影响因素。在炼焦过程中,高温会使煤炭发生化学变化,产生包括一氧化碳(CO)、氢气(H_2)在内的有毒和可燃气体混合物。这些气体中的一部分可以作为有价值的气体燃料被回收利用,而另一部分有害气体则需要经过处理和收集,以便进行其他用途(例如,回收氨、萘、粗苯等)。随后,高温焦炭在冷却后会被送往高炉,用于进一步的冶炼过程。整个焦炭的生产过程涉及多个环节和控制点,如图 4.1 所示。

综上所述,炼焦是一个精细而复杂的过程,它涉及将炼焦煤在隔绝空气的条件下加热至 950~1050 ℃。这个过程包括:干燥、热解、熔融、黏结、固化和收缩多个阶段,最终生成焦炭。炼焦的产出物主要包括焦炭和粗煤气。在本模型中,计算的理论能耗主要集中在挥发分的脱除过程。这一过程基于冶炼的基本原理和生产产品对挥发分含量、温度等参数的具体要求。通过计算,可以得知在炼

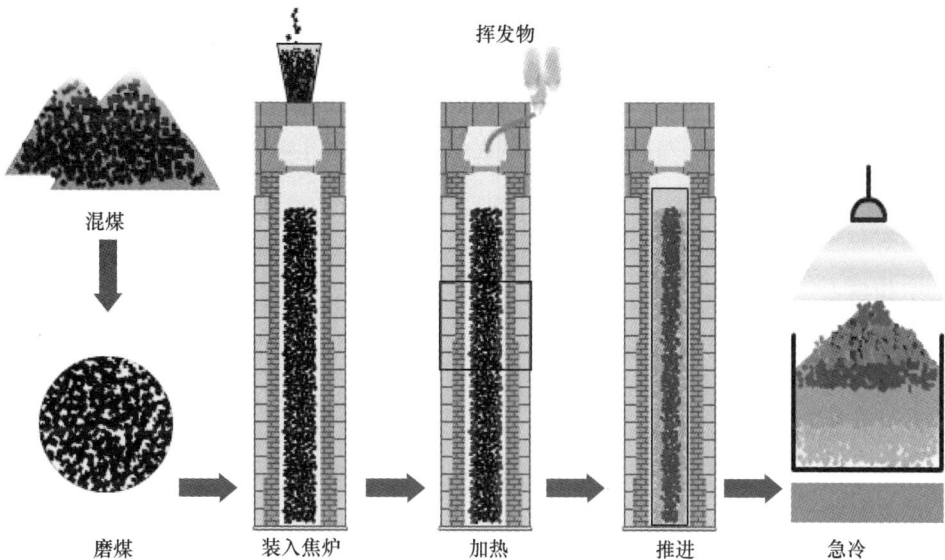

图 4.1 炼焦过程

焦过程中挥发分的裂解所需要吸收的热量，以及由此产生的煤气量及
其所携带的显热。

图 4.1 彩图

在炼焦工艺的节能降碳领域，全球的研究者已经投入了巨大的努力。邵菡等
人[1]通过因果推断法深入分析了原燃料、动力介质的消耗量以及产品产量对能
耗的具体影响，特别指出了成焦率在这些因素中的显著因果关联。刘泽森等
人[2]进一步探讨了煤调湿终态水含量和红焦冷却温度对焦化工序能耗的影响，
揭示了其内在规律。近年来，众多学者从工艺机理的角度出发，致力于研究以降
低能耗为目标的优化决策策略。例如，LIU 等人[3]以最小化烟损为优化目标，构
建了一个结合物质平衡和能量平衡的炼焦工艺优化模型，并对煤的成分、煤气消
耗比例以及推焦温度等因素如何影响能耗进行了深入分析。此外，一些研究
者[4-7]对炼焦工序的节能技术应用现状和潜在节能途径进行了总结，并强调了加
强余热余能资源利用的重要性。随着钢铁企业产业的转型升级，数字孪生、智能
决策等先进技术开始在铁前工序中得到应用，智能制造的理念也逐渐融入到生产
过程中[8-10]。

4.1.1 炼焦工序功能解析

从整个钢铁制造的全流程来看，炼焦过程是一个关键的能源转换环节，它根

据铁素物质流的需求，相应地进行碳素流的转化，目的是高炉冶炼提供所需的优质焦炭。由于焦炭在高炉炼铁工艺中具有不可替代性，以及炼焦工序与钢铁能源系统的紧密联系，炼焦已成为钢铁长流程（从高炉到转炉）中不可或缺的一部分。从钢铁制造流程的角度来分析，炼焦工序的功能可以归纳为以下关键方面。

4.1.1.1　高质量焦炭的生产功能

炼焦不仅是钢铁生产的起点，也是整个生产流程的基础。焦炭在高炉冶炼过程中扮演着多重角色：

（1）为高炉提供所需的大部分热量；

（2）提供高炉冶炼过程中必需的还原剂；

（3）构成高炉料柱的骨架，保证料柱的透气性；

（4）在生铁形成过程中，作为渗碳过程的关键碳源。

众所周知，焦炭在高炉内料柱中的"骨架"作用是不可替代的。此外，焦炭的强度、灰分以及磷、硫含量等指标，对高炉冶炼的资源消耗、能源效率以及技术经济指标都有着深远的影响。因此，稳定且高质量的焦炭是高炉冶炼强化的基础，而炼焦炉作为生产高质量冶金焦的关键设备，其重要性不言而喻。

4.1.1.2　能源的二次转换功能

如前所述，炼焦过程是一个精细的工艺，它始于将不同种类的精煤或低灰分原煤按照精确的比例混合，形成粒度适宜、质量均匀的洗精煤原料，这些原料必须满足炼焦的特定要求。洗精煤随后从煤塔反应器输送至装煤车，再被送入各个炭化室进行装炉操作。在这一过程中，洗精煤经历高温干馏，不仅转化为高炉冶炼所需的焦炭，还产生焦炉煤气、焦油等有价值的副产品。焦炉煤气作为钢铁厂重要的二次能源，具有多种利用途径。

焦炉煤气利用方式多样，包括但不限于为钢铁厂内部用户提供热源、发电、制氢、高炉喷吹或用于直接还原铁的生产等。不同利用方式对钢铁厂的能源系统和能源网络产生显著影响，有时甚至能够改变现有的生产模式和提高生产效率。

此外，由于从焦炉推出的焦炭温度极高，大约 1050 ℃，携带大量显热。目前，干熄焦技术被广泛采用，能够回收约 80% 的红焦显热，产生的蒸汽不仅可以供钢铁厂内部使用，还可以用于发电。这种技术显著提高了能源转换效率，降低了炼焦过程的能耗。由此可见，炼焦工序不仅是钢铁生产中不可或缺的一环，也是钢铁厂最重要的能源转换工序之一。通过优化炼焦工艺和提高能源回收效率，钢铁企业能够实现能源的高效利用。

4.1.1.3　废弃物消纳处理功能

利用炼焦工艺处理废塑料的技术是一种创新的结合，它将传统的煤炼焦技术与现代废塑料加工处理和热解油回收技术融合在一起[11]。这种技术通过预处理工艺，将废塑料转化为小团块，并与洗精煤混合装入焦炉。在焦炉中，废塑料在1100~1200 ℃的高温和无氧环境中进行炭化和热分解，生成焦炭（约占20%）、焦油/轻油（约占40%）和焦炉煤气（约占40%）。

这一过程中产生的副产品具有重要的利用价值：焦炭可以直接用于高炉冶炼或其他工业用途；焦油和轻油可以作为化工原料或燃料使用；焦炉煤气则是一种清洁的能源，可用于发电、供暖或作为化工原料。这些副产品的回收和利用不仅提高了资源的循环利用率，还有助于减少环境污染。通过这种技术，废塑料得到了有效的处理和转化，同时也为炼焦工艺带来了新的原料来源和产品产出，实现了废物的资源化利用和环境的可持续发展。

4.1.2　炼焦工序能效分析

炼焦过程中的物质流主要是洗精煤在配煤、粉碎、装炉、结焦和熄焦等过程的转换和耗散。为实现煤转焦的能量转换，炼焦过程中需要消耗一定的能量，主要用于焦炉本体的加热以及相应的动力消耗，具体表现形式为：

（1）炭化室煤料加热消耗的煤气（焦炉煤气或高炉煤气或两者的混合煤气）；

（2）各种机车和提升设备的电力消耗等。

加热煤气的热量最终转化为高温焦炭显热，焦炉煤气、化学产品和焦炉烟道废气的显热和潜热，并伴随一定的热损失。因此，炼焦过程本身的能源消耗主要是加热炭化室及结焦过程所用的煤气消耗，以及出炉红焦的显热回收利用问题。炼焦工序转化示意图与能量的输入输出如图4.2和图4.3所示。

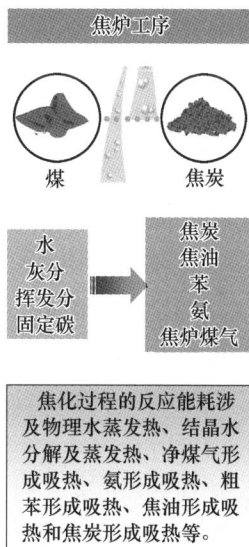

焦炉工序

煤　焦炭

水 灰分 挥发分 固定碳 → 焦炭 焦油 苯 氨 焦炉煤气

焦化过程的反应能耗涉及物理水蒸发热、结晶水分解及蒸发热、净煤气形成吸热、氨形成吸热、粗苯形成吸热、焦油形成吸热和焦炭形成吸热等。

图4.2　炼焦工序转化示意图

图4.2彩图

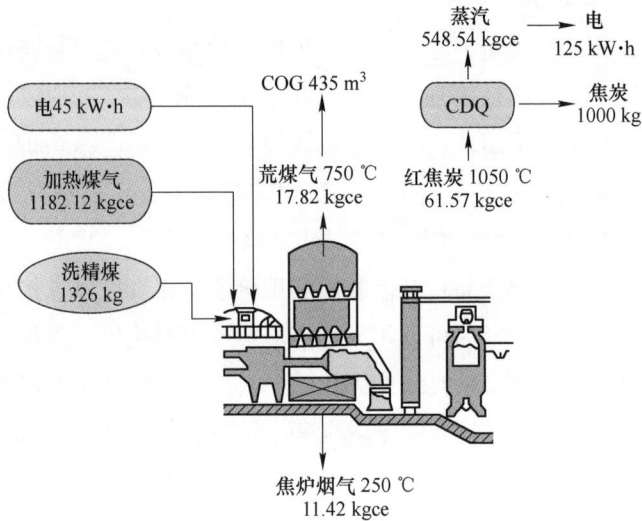

图 4.3   某企业炼焦工序吨焦能量输入输出示意图

输入端：干基洗精煤（约 1326 kg/t 焦）进入焦炉炭化室；加热煤气（约 118.12 kgce/t 焦）进入燃烧室。

在高温干馏过程中，物质与能量的流动紧密交织，互为因果。煤气在燃烧室内的燃烧释放出炼焦所需的热能，这些热能通过炉壁传递，间接加热炭化室内的洗精煤。洗精煤在隔绝空气的环境下，经历炼焦的多个阶段：从干燥到热解的起始，再到胶质体的形成，随后是半焦的固化，最终半焦收缩并转化为焦炭。在结焦的过程中，洗精煤中的挥发分转化为含有煤焦油、粗苯等化学成分的原始焦炉煤气。这一过程不仅体现了物质转化的复杂性，也展示了能量转换的高效性。

输出端：在焦炭生产过程中，能量的转换和传递是多方面的。当焦炭在大约 1050 ℃ 的高温下从炭化室推出时，伴随着大量的物理热能释放。同时，750 ℃ 左右的焦炉煤气以及气态化学产品通过上升管排出时，携带着物理热和化学热能。此外，焦炉烟道废气在大约 250 ℃ 的温度下从烟囱排出[12]，这部分废气中蕴含着物理热能和动能。不可忽视的是，焦炉炉体表面也会向周围环境散失一部分能量。这些能量的流动不仅体现了炼焦工艺的复杂性，也突显了能源利用和热量管理的重要性。

综上所述，炼焦工序在钢铁制造流程中具有特殊性，炼焦工序不仅是焦炭产品的生产工序，更是钢铁制造流程的能源转换工序。

（1）焦炉煤气作为钢铁制造流程最重要的二次能源（热值最高），应用范围最广，是钢铁制造流程能源网络的重要组成部分。

（2）目前已有成熟技术干熄焦（Coke Dry Quenching，CDQ）可以回收利用的红焦显热也是钢铁制造流程能源网络的重要组成部分之一，流程图如图 4.4 所示。

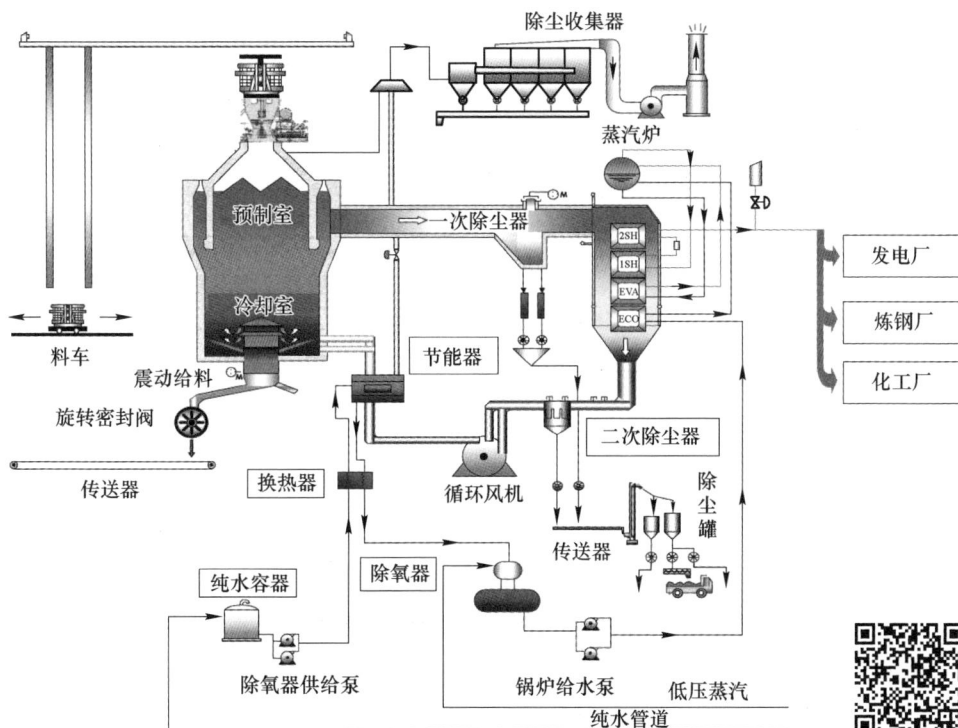

图 4.4　CDQ 余热回收流程图

图 4.4 彩图

（3）其他过程余热（荒煤气物理热、焦炉烟气物理热等）对钢铁制造流程的能源网络也会产生一定影响，应积极研发回收该部分余热节能技术。

因此，炼焦工序能效分析的核心问题是能源转换问题，即在一定工艺、原燃料条件下焦炉煤气的优化利用和焦炉加热用煤气热能的有效利用以及过程中产生的余热（红焦物理热、荒煤气物理热、废气物理热等）回收和高效利用。

4.1.3　炼焦工序理论极限能耗分析

首先，对炼焦工序能耗的统计范围进行界定。

炼焦工序能耗是指备煤车间（不包括洗煤）、焦车间和回收车间（煤气净化工段）、厂内部原料煤等的损耗，以及辅助生产系统（机修、化验、计量、环保等）和生产管理、调度指挥系统等所消耗能源量，扣除自身回收利用和外供的能源量，不包括精制，不包含煤气精制和为生产服务的附属生产系统的食堂、浴池、保健站、休息室的能源消耗，如图4.5所示。

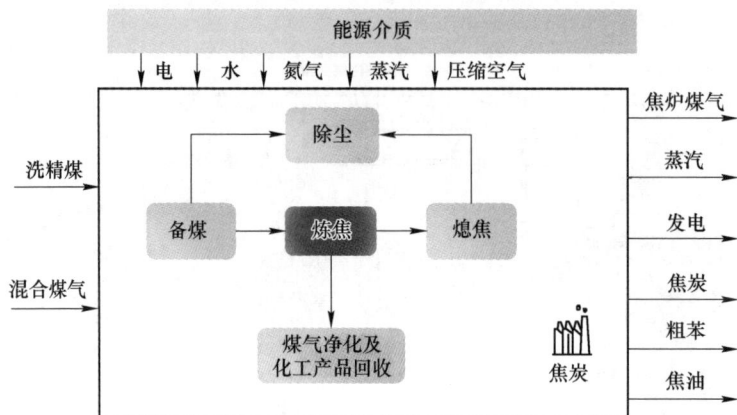

图 4.5　炼焦工序数据采集边界图

图 4.5 彩图

（备煤车间包括贮煤、粉碎、配煤及其除尘、煤调湿等；炼焦车间包括炼焦、熄焦、筛运焦、装煤除尘、出焦除尘和筛运焦除尘等；回收车间包括冷凝鼓风、氨回收、苯回收、脱硫、脱氰、脱紫等工序和酚污水处理；干熄焦产出只计到蒸汽，不含发电装置）

焦炉在生产焦炭过程中的热收入项和热支出项，见表4.1。

表 4.1　生产焦炭过程中的热收入项和热支出项

热收入项	加热煤气燃烧热；加热煤气带入显热；漏入燃烧系统的荒煤气燃烧热；助燃空气显热；入炉干煤带入显热；入炉煤中水分带入显热
热支出项	焦炭带出热量属于高温产品显热，红焦出炉温度高达 1050 ℃，其带出的热量是钢铁生产过程中余热余能回收的重点；净煤气带出热量属于中温气体（750 ℃）显热，具备余热回收的条件；废烟气带出热量虽然温度不高，但废气量很大，因此所载的能量也很可观，同样具备余热回收的条件，可以对其进行余热回收；焦油带走的热量、粗苯带出热量和氨带出热量没有直接应用于钢铁实际生产过程，所以认为依附于焦油、粗苯和氨的热量是耗散于工艺之中；水分带出热量则是随着水蒸气的蒸发耗散向外部环境；不完全燃烧带出的热量是耗散于工艺本身之中，炉体表面散热及其他损失则是由炉体耗散向环境

以某钢厂为例，炼焦工序能耗，若不考虑回收部分，燃料消耗约占 70.79%，蒸汽消耗约占 18.03%，电力消耗约占 9.64%，其他动力介质约占 1.54%，如图4.6所示。可见，其他动力介质消耗占比较小，在计算炼焦工序极限能耗时可不予考虑。

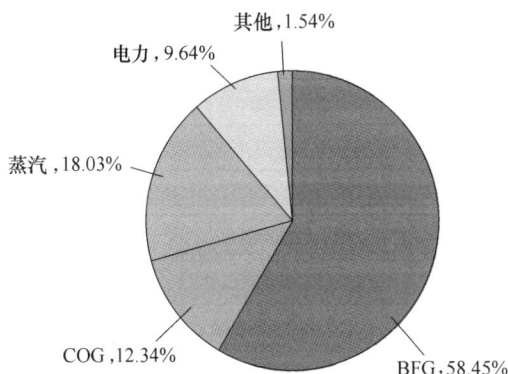

图 4.6　炼焦工序能耗构成　　　　图 4.6 彩图

　　若以换热效率 100%，回收效率 100%，炼焦过程以典型炼焦煤（碳+灰分+挥发分）为原料，以焦炭、焦炉煤气为输出产品的炼焦工序理论极限能耗，经核算为 31.545 kgce/t 焦，当然在实际生产中是不可能实现的。

　　郦秀萍等人对实际极限能耗进行了研究[13]，其研究的原始条件为入炉煤干基挥发分含量为 26.5%；红焦炭温度为 1050 ℃；焦炭和焦炉煤气的比热容分别为 1.4 kJ/（kg·℃）和 1.65 kJ/（m³·℃）。在界定的炼焦工序能耗统计范围内，理想工况条件下，炼焦工序实际极限能耗为 69.54 kgce/t 焦。

4.1.3.1　计算边界

　　炼焦工序能耗统计边界范围，如图 4.7 所示。将煤场运出的单种煤经皮带送到指定煤斗，经系统自动配煤后，将煤斗中的煤送到粉碎机粉碎，最终得到符合质量要求的配合煤。之后利用皮带将配合煤送到煤塔，经储存一段时间后，再进行捣固装煤；配合煤在炭化室内进行干馏炼焦，焦炭成熟后利用推焦车将煤推出炭化室。最后将红焦送进熄焦塔熄火降温，通过与惰性气体进行换热回收红焦余热。

4.1.3.2　基准能耗

　　炼焦工序基准能耗是指某一企业焦炉生产 1 t 合格焦炭所消耗的能源量，作为本节讨论其理论极限能耗的基准能耗。通常，炼焦工序能耗的计算是由四部分组成，分别是投入、产出、其他消耗和回收，见表 4.2。在炼焦生产中以煤为能源和加工原料的生产，产生物料的质量损失有些是工艺性损耗，有些是技术与管理性损耗，一般学者认为损耗应在 3%~4%，折合标准煤 10~30 kgce/t 焦。

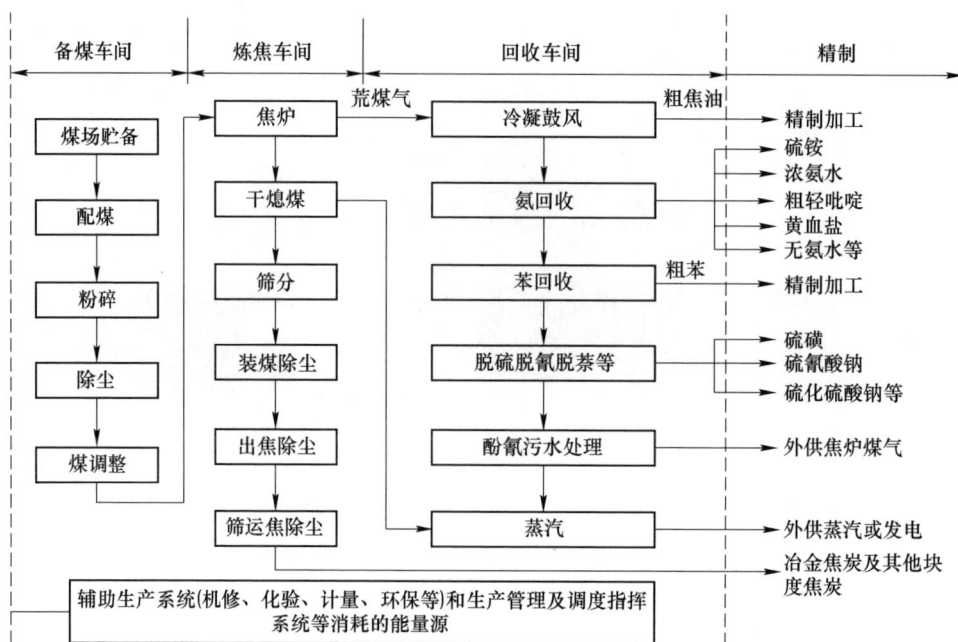

图 4.7 炼焦工序能耗统计边界范围

表 4.2 某企业炼焦工序能耗计算表

项 目	实物量单位	单 耗	折算系数	单位能耗
		单位/t 焦	kgce/单位	kgce/t 焦
投 入				
洗精煤	kg	1326	1.0143	1344.96
小 计				1344.96
产 出				
焦炭	kg	1000	0.9714	971.40
COG	m³	428.69	0.6	257.21
焦油	kg	54.57	1.1429	62.37
粗苯	kg	15.82	1.4286	22.60
小 计				1313.58
能源转换差				31.38

项 目	实物量单位	单 耗	折算系数	单位能耗
		单位/t 焦	kgce/单位	kgce/t 焦
其 他 消 耗				
BFG	m³	613.91	0.1286	378.95
COG	m³	75.12	0.6	45.07
电力	kW·h	2.19	0.404	17.04
蒸汽	kg	248.7	0.1286	31.98
水	t	0.93	0.0857	0.08
氮气	m³	7.54	0.4	3.02
压缩空气	m³	12.80	0.04	3.51
小 计				176.66
回 收				
CDQ 回收蒸汽	kg	500	0.1286	64.30
小 计				64.30
工序能耗				143.74

分析炼焦三个车间的能源消耗可知:备煤车间主要能耗为电耗和少量蒸汽消耗;炼焦车间主要能耗为煤气消耗和电耗,是炼焦工序能耗的主体;而煤气回收车间主要消耗蒸汽、电力等介质。如前所述,在炼焦工序能耗中,若不考虑回收部分,主要能源消耗为燃料、蒸汽以及电力,三者合计占比98.36%,其他动力介质大致占比1.54%。因此,其他动力介质消耗在计算炼焦工序极限能耗时可不予考虑。炼焦工序的极限能耗消费端将主要考虑燃料消耗量(炼焦耗热量)、蒸汽及电力的消耗;而回收端将主要考虑焦炭和 COG 的显热量(目前尚无成熟技术回收 COG 全部显热)。

4.1.3.3 极限能耗

炼焦工序极限能耗是指在理想工况条件下,焦炉生产1 t 合格焦炭所需要的最小能源量。

A 理想工况条件假设

理想工况条件假设如下:

（1）进入焦炉的煤，其挥发分全部进入 COG，其余碳全部干馏成焦炭；

（2）焦炉无空气、荒煤气等混入，荒煤气全部转换为净煤气及化工产品，上升管煤气的显热全部回收；

（3）烟道废气显热全部回收，且无热损失；

（4）熄焦方式为干熄焦，焦炭显热 100% 被回收为蒸汽发电，无热损失；

（5）BFG、COG、电力、工业水、蒸汽、氮气等辅助能源介质消耗最小；

（6）燃烧室热传导效率为 100%。

本节对理想的工况条件假设认为其散热为 0 的工况条件下的工序极限能耗分别进行分析。

B　模型构建

在理想工况条件下，散热为 0 时，其能源转换差也将为 0，也就是说煤全部转换为焦炭、COG 及其他化工产品，从而这一部分物质的潜热在极限能耗中将不用再考虑，只考虑这部分物质对应的显热。

根据表 4.3 结合理想工况，在计算极限能耗时，热收入主要考虑加热煤气的燃烧热（即炼焦耗热量 H_{sup}^{CV}），热支出在理想工况下炉体表面散热不计；而废气带出的热量已回收用于煤调湿（Coal Moisture Control，CMC），属于内部消耗，均可以不再考虑；而粗苯、焦油氨带出的显热大致为 5 kgce/t 焦，此部分与热收入的显热相互抵消；同时，假设水分带出的热量由于 CMC 的作用入炉煤水分降到 6%，则其带出的热量 $H_{H_2O}^{CV}$ 大致为 17 kgce/t 焦；焦炭带出的显热 H_{coke}^{CV} 大致为 52 kgce/t 焦；净 COG 带出的显热 H_{COG}^{CV} 大致为 20 kgce/t 焦。因此，回收项中假设焦炭、净 COG、水分所带出的显热均能回收，在计算极限能耗时要扣除 H_{coke}^{CV}、H_{COG}^{CV}、$H_{H_2O}^{CV}$。因此，在理想工况条件下，炼焦工序的极限能耗消费端，主要考虑燃料消耗量（炼焦耗热量）、蒸汽及电力的消耗；而回收端则主要考虑焦炭、净 COG 和水汽的显热量，可通过下式进行计算：

$$H^{CV} = H_{sup}^{CV} + H_{steam}^{CV} + H_E^{CV} - H_{coke}^{CV} - H_{COG}^{CV} - H_{H_2O}^{CV}$$

式中　　　　　H_{sup}^{CV}——加热煤气燃烧热；

　　　　　　　H_{steam}^{CV}——蒸汽消耗量，kgce/t 焦；

　　　　　　　H_E^{CV}——电力消耗，kgce/t 焦；

　　H_{coke}^{CV}，H_{COG}^{CV}，$H_{H_2O}^{CV}$——分别为焦炭显热、净煤气显热和水汽显热，

　　　　　　　　　　kgce/t 焦。

表 4.3 焦炉热平衡表

热 收 入			热 支 出		
项 目	数 值		项 目	数 值	
	kJ/t	%		kJ/t	%
加热煤气燃烧热	3522255	84.83	焦炭带出热量	1519643	36.60
加热煤气带入显热	9385	0.23	焦油带出热量	112520	2.71
漏入的荒煤气燃烧热	509165	12.26	粗苯带出热量	27819	0.67
助燃空气显热	65974	1.59	氨带出热量	6643	0.16
干煤带入显热	30614	0.74	净煤气带出热量	578793	13.94
入炉煤中水分显热	14638	0.35	水分带出热量	842862	20.30
			废气带出热量	711658	17.14
			炉体表面总散热量	496168	11.95
			差值	−144075	−3.47
合计	4152031		合计	4152031	

（1）加热煤气燃烧热 H_{sup}^{CV} 及 COG 和 BFG 的使用量 V_{COGf}^{CV}、V_{BFG}^{CV}。假设焦炭和 COG 的产量是固定不变的，则吨焦耗干煤量和吨焦 COG 发生量是与焦炭的产率（成焦率，W_{coke}^{CV}）成比例相关的。产生的 COG 有一部分返回燃烧室作燃料。燃烧室中的燃料为 BFG 和 COG，两者通过调整一定的配比，保持稳定的热工条件。此外，假设生产每吨焦炭所需的热量在任何条件下是固定不变的。从而，每吨焦炭生产所需加热煤气燃烧热 H_{sup}^{CV} 和其成焦率 W_{coke}^{CV} 也是成比例相关的。

$$H_{sup}^{CV} = Q_{COG} \times V_{COGf}^{CV} + Q_{BFG} \times V_{BFG}^{CV}$$
$$= (Q_{COG}^{0} \times V_{COGf}^{CV0} + Q_{BFG}^{0} \times V_{BFG}^{CV0}) \times W_{coke}^{CV}/W_{coke}^{CV0}$$

式中　　　　H_{sup}^{CV}——加热煤气燃烧热；

Q_{COG}，Q_{COG}^{0}——分别为 COG 的理想工况条件和基准条件下的热值；

V_{COGf}^{CV}，V_{COGf}^{CV0}——分别为理想工况条件和基准条件下 COG 的用量；

Q_{BFG}，Q_{BFG}^{0}——分别为 BFG 的理想工况条件和基准条件下的热值；

V_{BFG}^{CV}，V_{BFG}^{CV0}——分别为理想工况条件和基准条件下 BFG 的用量；

W_{coke}^{CV}，W_{coke}^{CV0}——分别为理想工况条件和基准条件下干基成焦率。

此外，假设 COG 的组分不变，则：$Q_{COG} = Q_{COG}^{0}$。

为了保证燃烧室燃烧条件的稳定，需要调整 COG 和 BFG 的混合燃料的配比，稳定热值（Q_{COG}），同时保证空气比不变。

$$Q_{fuel}{}^{CV} = (Q_{COG} \times V_{COGf}{}^{CV} + Q_{BFG} \times V_{BFG}{}^{CV})/(V_{COGf}{}^{CV} + V_{BFG}{}^{CV})$$

$$= (Q_{COG}{}^0 \times V_{COGf}{}^{CV0} + Q_{BFG}{}^0 \times V_{BFG}{}^{CV0})/(V_{COGf}{}^{CV0} + V_{BFG}{}^{CV0})$$

从而可以得到 COG 和 BFG 的使用量：

$$V_{COGf}{}^{CV} = [(Q_{fuel}{}^{CV} - Q_{BFG}) \times H_{sup}{}^{CV}]/[(Q_{COG} - Q_{BFG}) \times Q_{fuel}{}^{CV}]$$

$$V_{BFG}{}^{CV} = [(Q_{COG} - Q_{fuel}{}^{CV}) \times H_{sup}{}^{CV}]/[(Q_{COG} - Q_{BFG}) \times Q_{fuel}{}^{CV}]$$

只有当 BFG 的热值大于基准条件下的混合燃料的热值时，才不需要加 COG，此时，BFG 的使用量可由下式得到：

$$V_{BFG}{}^{CV} = H_{sup}{}^{CV}/Q_{BFG}$$

（2）成焦率 $W_{coke}{}^{CV}$。成焦率（$W_{coke}{}^{CV}$）是装炉煤（干）经高温干馏转变为焦炭（干）的百分率。成焦率主要取决于煤质，也受炼焦条件和炉型的影响。

$$W_{coke}{}^{CV} = (103.17 - 0.75 \times V^g - 0.0067 \times t_J) \quad \%$$

式中 V^g——入炉煤干基挥发分含量，%；

t_J——推焦前 15 min 测定的焦饼中心的温度，℃。

（3）蒸汽消耗 $H_{steam}{}^{CV}$。蒸汽主要是消耗在化工产品的生产上，不同企业其蒸汽消耗水平差异大，大致从 0~0.25 t 蒸汽/t 焦，通过调研的 14 家企业的化工产品蒸汽消耗的平均值为 0.128 t 蒸汽/t 焦，折合标准煤 16.46 kgce/t 焦。

（4）电力消耗 $H_E{}^{CV}$。电力消耗主要是设备的运行，通过统计数据分析得到。调研 14 家企业进行统计分析，吨焦电耗在 20~50 kW·h，暂取 14 家企业的平均值 40 kW·h，折合标准煤 14 kgce（电力等价值条件）。

（5）焦炭显热量 $H_{coke}{}^{CV}$。焦炭显热量（$H_{coke}{}^{CV}$）是热量支出中最主要的一项，该热量与主要变量焦饼中心温度（t_J）和焦炭的比热（C_{coke}）有关。

$$H_{coke}{}^{CV} = 1000 C_{coke} t_J$$

（6）净煤气的显热量 $H_{COG}{}^{CV}$。净煤气显热主要与净煤气温度有关。

$$H_{COG}{}^{CV} = C_{COG} V_{COG}{}^{CV} t_{COG}$$

$$t_{COG} = 0.4066 t_J + 329.51$$

由入炉煤挥发分含量可估算煤气产率（%）：

$$K_{mq}{}^g = K \sqrt{V^g}$$

式中 K——比例系数，其数值大小与入炉煤的性质等因素有关。气煤 $K = 3.0$，

焦煤 $K = 3.3$，对一般配合煤 $K = 3.1$。

吨焦产净煤气质量（kg/t）：

$$G_{COG}^{CV} = 1000 / W_{COG}^{CV} \times (K_{mq}^{g} / 100)$$

因此，吨焦净煤气量（m³/t）：

$$V_{COG}^{CV} = G_{COG}^{CV} / \rho_{omq}$$

式中，ρ_{omq} 为标准状态下净煤气密度，kg/m³，一般可按下式计算：

$$\rho_{omq} = (44CO_2 + 28CO + 16CH_4 + 2H_2 + 32O_2 +$$
$$32.6C_mH_n + 28N_2) / (22.4 \times 100)$$

式中，CO_2、CO、CH_4、H_2、O_2、C_mH_n、N_2 分别为净煤气中相应组成的体积含量，%；n 为入炉煤量的有效系数（考虑装煤时的损耗），一般取 $0.98 \sim 1.0$，本节取 0.99。

（7）水汽的显热量 $H_{H_2O}^{CV}$。$H_{H_2O}^{CV}$ 取值 17 kgce/t 焦。

C　极 限 能 耗 分 析

初始条件：$V^g = 26.5\%$，$t_J = 1050\ ℃$，$W_{coke}^{CV0} = 76.73\%$，$C_{coke} = 1.4\ kJ/(kg \cdot ℃)$，$C_{COG} = 1.485\ kJ/(m^3 \cdot ℃)$。其中，COG 成分见表 4.4。

表 4.4　COG 成分表　　　　　　　　　（%）

成分	H_2	CH_4	CO	C_mH_n	CO_2	N_2	O_2
焦炉煤气	58	25	6	3	2.5	5	0.5

（1）成焦率 W_{coke}^{CV}。

$$W_{coke}^{CV} = (103.17 - 0.75V^g - 0.0067t_J) = 76.26\%$$

（2）加热煤气燃烧热 H_{sup}^{CV}。

$$H_{sup}^{CV} = Q_{COG} \times V_{COGf}^{CV} + Q_{BFG} \times V_{BFG}^{CV}$$
$$= (Q_{COG}^0 \times V_{COGf}^{CV0} + Q_{BFG}^0 \times V_{BFG}^{CV0}) \times W_{coke}^{CV} / W_{coke}^{CV0}$$
$$= 123.41\ kgce/t\ 焦$$

（3）蒸汽消耗 H_{steam}^{CV}。

$$H_{steam}^{CV} = 16.46\ kgce/t\ 焦$$

（4）电力消耗 H_E^{CV}。电力等价值条件下：

$$H_E{}^{CV} = 14 \text{ kgce/t 焦}$$

（5）焦炭显热量 $H_{coke}{}^{CV}$。

$$H_{coke}{}^{CV} = 1000 C_{coke} t_J = 50.19 \text{ kgce/t 焦}$$

（6）净煤气的显热量 $H_{COG}{}^{CV}$。

$$\rho_{omq} = (44CO_2 + 28CO + 16CH_4 + 2H_2 + 32O_2 +$$
$$32.6C_m H_n + 28N_2)/(22.4 \times 100) = 0.4678 \text{ kg/m}^3$$

$$K_{mq}{}^g = K\sqrt{V^g} = 15.97\%$$

$$G_{COG}{}^{CV} = 1000/W_{COG}{}^{CV} \times (K_{mq}{}^g/100) = 209.09 \text{ kg/t 焦}$$

$$V_{COG}{}^{CV} = G_{COG}{}^{CV}/\rho_{omq} = 447 \text{ m}^3/t$$

$$t_{COG} = 0.4066 t_J + 329.51 = 756.44 \text{ ℃}$$

$$H_{COG}{}^{CV} = C_{COG} V_{COG}{}^{CV} t_{COG} = 17.14 \text{ kgce/t 焦}$$

（7）水汽的显热量 $H_{H_2O}{}^{CV}$。

$$H_{H_2O}{}^{CV} = 17 \text{ kgce/t 焦}$$

炼焦工序极限能耗：

$$H^{CV} = H_{sup}{}^{CV} + H_{steam}{}^{CV} + H_E{}^{CV} - H_{coke}{}^{CV} - H_{COG}{}^{CV} - H_{H_2O}{}^{CV}$$
$$= 123.41 + 16.46 + 14 - 50.19 - 17.14 - 17 = 69.54 \text{ kgce/t 焦}$$

炼焦工序理论极限能耗计算表见表 4.5。由此可以得出，理想工况条件下，界定的统计范围内，炼焦工序理论极限能耗为 69.54 kgce/t 焦。

表 4.5　炼焦工序理论极限能耗计算表

项　　目		每吨焦单位能耗/kgce
投入-产出（能源转换差）		0
消耗	加热煤气燃烧热	123.41
	电力消耗	14.00
	蒸汽消耗	16.46
回收	焦炭显热量	50.19
	净煤气显热量	17.14
	水汽的显热量	17.00
合　计		69.54

4.1.4　炼焦工序能效分析结果

通过对炼焦工序的功能解析和能效分析，可以得出以下结果：

（1）炼焦工序的能效分析是钢铁制造流程的能源网络重要组成部分，能效分析的核心问题是能源转换问题，即在一定工艺、原燃料条件下焦炉煤气的优化利用和焦炉加热用煤气热能的有效利用以及过程中产生的余热（红焦物理热、荒煤气物理热、废气物理热等）回收和高效利用。

（2）理想工况条件下，在界定的炼焦工序能耗统计范围内，炼焦工序的理论极限能耗为 69.54 kgce/t 焦。

（3）炼焦过程能效分析结果表明：焦炉加热使用的煤气消耗是炼焦过程的主要能源消耗；（高温）红焦物理热和荒煤气物理热是炼焦过程的主要热支出，虽然红焦物理热已有 CDQ 技术进行回收利用，但应注意深入研究提高其回收效果，另外应积极研发回收荒煤气物理热的节能技术，进而提高能源利用效率，降低炼焦工序能耗，优化钢铁制造流程的能源网络。

4.2 高炉工序

高炉炼铁生产是一个复杂而精细的过程，它涉及将烧结矿等富含铁的物料与焦炭等燃料从炉顶送入高炉。在高炉内部，通过风口鼓入空气（同时喷入其他燃料）进行燃烧，并发生升温和还原反应。这一过程最终产生液态的过还原含碳生铁和炉渣，同时释放出含有 CO_2、CO 等成分的高炉煤气，如图 4.8 所示。炼铁生产的核心目标是以经济高效的方式，从铁矿石中提炼出温度和成分都符合特定要求的液态生铁。高炉冶炼过程包含两个关键方面：首先是矿石中金属元素与氧元素的化学分离，即还原过程；其次是已被还原的金属与脉石的机械分离，这涉及熔化和造渣过程。在整个冶炼过程中，精确控制温度以及液态渣铁之间的交互作用至关重要，以确保最终得到的铁水在温度和化学成分上都符合工业标准。

4.2.1 高炉工序功能解析

高炉冶炼是一个高效且节能的过程，其核心在于在尽可能减少能量消耗的前提下，通过精确控制炉料和煤气流的逆向运动，高效地完成还原、造渣、传热以及渣铁反应等一系列关键步骤。这一过程的目标是生产出化学成分和温度都符合理想标准的液态金属产品。高炉冶炼过程是碳素能源流在满足铁素物质流的转变过程所需的最基本还原剂、热量和焦炭作为料柱骨架的支撑作用下，充分回收高炉煤气的化学能和动能（余压）等二次能源，从而达到碳素能源流耗散最小化，

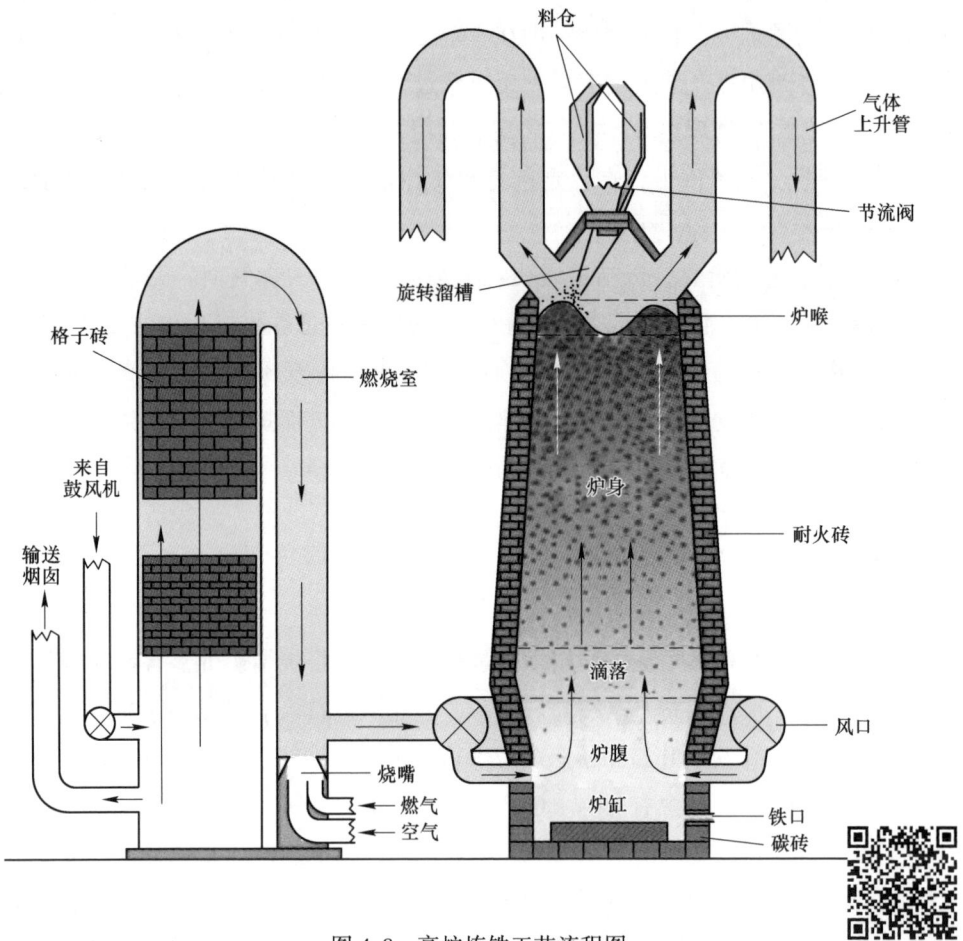

图 4.8　高炉炼铁工艺流程图

即其核心问题是满足铁素物质流转变过程的碳素能源流耗散最小化和剩余能量的高效回收利用[14]。

经过长时间的发展，高炉其功能不断完善，主要具备金属氧化物还原和渗碳功能、连续生产和供应高温液态铁水功能、能源二次转换功能以及铁水质量调控功能等[15]。具体功能如下。

4.2.1.1　金属氧化物还原和渗碳功能

随着技术的不断发展（如原料处理技术的不断进步、炼焦技术和喷吹煤粉技术的发展、热风系统的不断改进、无料钟炉顶（高压操作）和新一代上料系统的不断开发和应用，以及高炉大型化技术和新一代炉役寿命的提升），不同容积高炉的利用系数目前已可稳定在 $2\sim4\ t/(m^3\cdot d)$ 范围内，换言之，高炉可以说是迄今为止金属氧化物还原效率最高的工业生产装置。由于焦炭料柱的不可取代性及其高温过程顺行的要求，高炉冶炼过程中的氧化物还原过程总是伴随着不同程度的铁水渗碳作用。

4.2.1.2 连续生产和供应高温液态铁水功能

高炉是以金属氧化物为铁素源，生产流程中生产出液态金属的第一个工序环节，也是后续转炉炼钢工序赖以存在的基础。尽管高炉冶炼过程是缓慢的移动床方式，但其还原后产生的高温铁水的方式却是连续的。尤其是在一代炉役寿命延长（可达 12~20 年）以及大型高炉多出铁口技术的不断开发的支撑下，使高炉连续供应高温铁水的功能得以充分展现。

4.2.1.3 能源二次转换功能

高炉炼铁过程是一个能源密集型的转换过程，其显著特点在于将化学能源（如焦炭和煤粉）转化为高载能产出物，这些产出物包括高温铁水、高温炉渣以及富含物理显热和化学能的高炉煤气等。在这些高炉产物中，高炉煤气的载能量是最大的。以某钢厂的 3200 m^3 高炉为例，生产 1 t 铁水大约会产生 2.3 t 的高炉煤气。随着高炉炉顶煤气余压发电技术（TRT）的发展和应用，以及余热、余能回收利用技术的不断实施，高炉的能源二次转换功能日益受到重视，如图 4.9 所示。

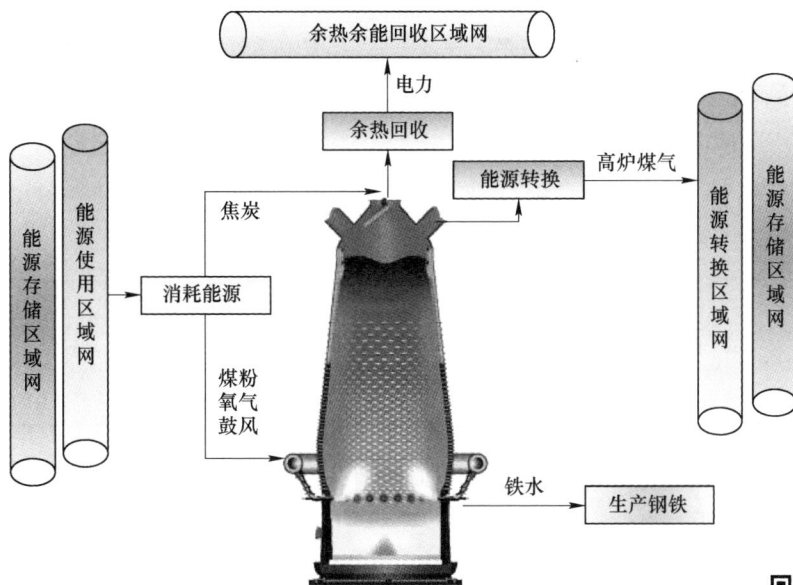

图 4.9　高炉能源二次转换功能示意图

图 4.9 彩图

4.2.1.4 铁水质量调控功能

高炉炼铁过程中，对主要产品——高温铁水的质量把控是至关重要的环节。它主要体现在对铁水中硫（S）和硅（Si）含量的精细调控，以及铁水温度的精确管理。这些关键因素直接关系到钢铁产品最终的冶金性能和质量。鉴于不同钢铁产品对硫含量有着不同的标准要求，各企业在确保经济效益的同时，已经逐步确立了铁水硫含量和硅含量的最优控制范围，并能够进行有效的调节。这种控制标准的明确化和调节的灵活性，为钢铁生产提供了必要的适应性和动态响应能力。铁水的温度对于后续的铁水预处理和输送过程同样具有深远的影响。特别是对于那些需要经历"脱硫—脱硅—脱磷"等复杂处理工艺的产品，铁水温度的精确控制对于保证产品质量至关重要。适当的铁水温度不仅能够提升预处理工艺的效率，还能确保最终产品达到预期的冶金标准。因此，高炉铁水的质量控制是整个钢铁产品冶金质量的基石。

4.2.2 高炉工序能效分析

高炉炼铁作为钢铁联合企业中能源消耗的关键环节，其能源利用的效率和方式对整个生产流程具有深远的影响。

输入能源介质涉及多种形态，主要包括：

（1）焦炭：作为还原剂和热量来源，对高炉内部的化学反应和热量传递起着至关重要的作用。

（2）煤粉：通过喷吹的方式进入高炉，提供额外的化学能和还原能力。

（3）电力：用于驱动高炉及相关辅助设备，保证生产的连续性和稳定性。

输出能量则表现为多种形式的能源流，主要包括：

（1）热铁水：携带大量的显热和潜热，是高炉产出的主要能量载体。

（2）高炉渣：除了自身的显热和潜热外，也是冶炼过程中不可或缺的副产品。

（3）高炉煤气：含有可观的潜热和显热，是高炉过程中重要的二次能源。

（4）喷吹煤的分解热：煤粉在高炉中的分解释放出的热量，对提高炉温有积极作用。

（5）水分分解热：原料中的水分在高温下分解产生的热量，虽小但不可忽视。

（6）冷却水带走的热量：维持高炉设备正常运行的冷却系统所吸收的热量。

（7）炉体散热：高炉在运行过程中不可避免的热损失。

以某企业 3200 m³ 高炉工序为例，其工序输入—输出的能量如图 4.10 和图 4.11 所示[16]。

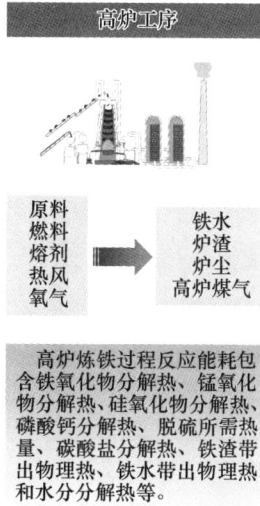

图 4.10 高炉工序转化示意图

图 4.10 彩图

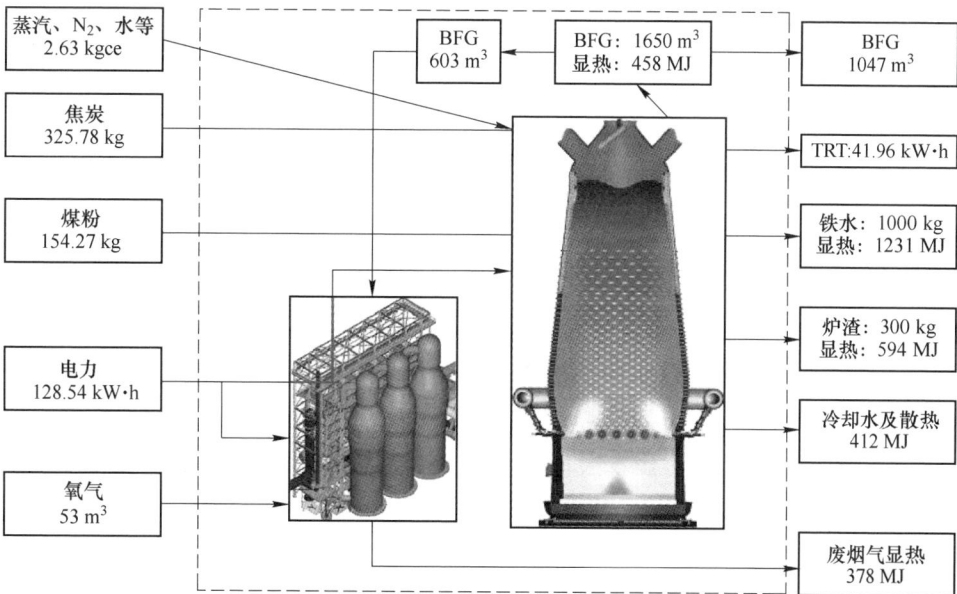

图 4.11 高炉吨铁能量输入—输出示意图

图 4.11 彩图

　　因高炉工序提供的能源主要是化石能源，所以碳素能源流是炼铁过程能源流的主要表现形式，如图 4.12 所示。某企业高炉炼铁工序能耗中，燃料比（焦炭、喷吹煤）消耗占 95.31%，高炉煤气属于二次能源，不计入其中。

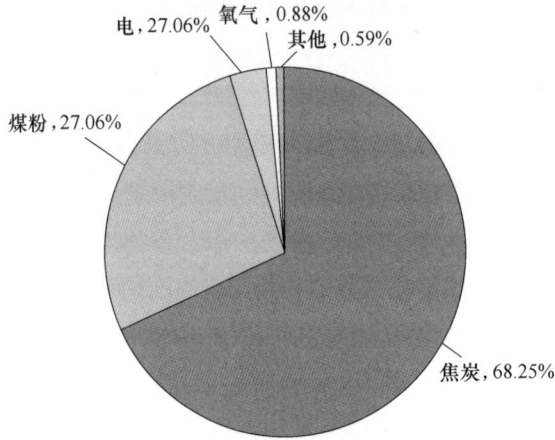

图 4.12　高炉工序能源消耗构成图　　　　图 4.12 彩图

4.2.2.1　碳足迹的物理化学变化

作为主要热源的碳素在炼铁过程中主要有四种作用：

（1）提供高炉冶炼所需要的大部分热量，70% ~ 80% 的热量来自碳素的燃烧。

（2）提供高炉冶炼需要的还原剂。

（3）焦炭（碳素的主要来源）作为高炉料柱的骨架。

（4）为铁水提供渗碳源。

　　在高炉内部，碳素主要以燃烧反应的形式存在，主要通过焦炭和喷吹煤粉中的碳转化为一氧化碳（CO）和二氧化碳（CO_2）。在特定的条件下，也会发生少量的析碳反应。此外，由于铁氧化物还原生成的海绵铁具有较高的反应活性，加之铁水在滴落过程中穿过焦炭层时，具备了良好的渗碳条件，因此，会有部分碳通过渗碳反应溶解进入铁水中。

A　碳气化反应

碳的气化反应主要在高炉的风口回旋区的燃烧带发生，这一区域的气化碳量占整个高炉气化碳总量的 65% ~ 75%。在燃烧带之外，碳的气化过程还包括炉缸内碳与渣液中的铁及其他少量元素的氧化物之间的反应，以及在脱硫过程中发生的反应。此外，在高温条件下，碳还会与二氧化碳（CO_2）和水蒸气（H_2O）发生溶损反应，进一步参与气化。这些气化反应的最终产物是氢气（H_2）和一氧化碳（CO）。

$$C + H_2O \Longrightarrow H_2 + CO$$

B 水煤气转换反应

在高炉内 CO、H_2、CO_2、H_2O 四种气体共处于一个反应器内，使得还原反应也受到水煤气转换反应的影响。

$$CO + H_2O \Longrightarrow H_2 + CO_2$$

C 析碳反应

高炉上部温度区间属于低温区（400~800 ℃），由于低温区间还原生成新相、金属铁、FeO 以及 H 等催化剂的作用下，将有一定数量的析碳反应发生，是碳素溶损反应的逆反应。

$$2CO \Longrightarrow C + CO_2$$

D 间接还原与高炉内煤气成分变化

炉缸产生的高温煤气在上升过程中，与下降的炉料发生还原反应和热量交换，煤气温度和成分不断发生变化，如图 4.13 所示[17]。

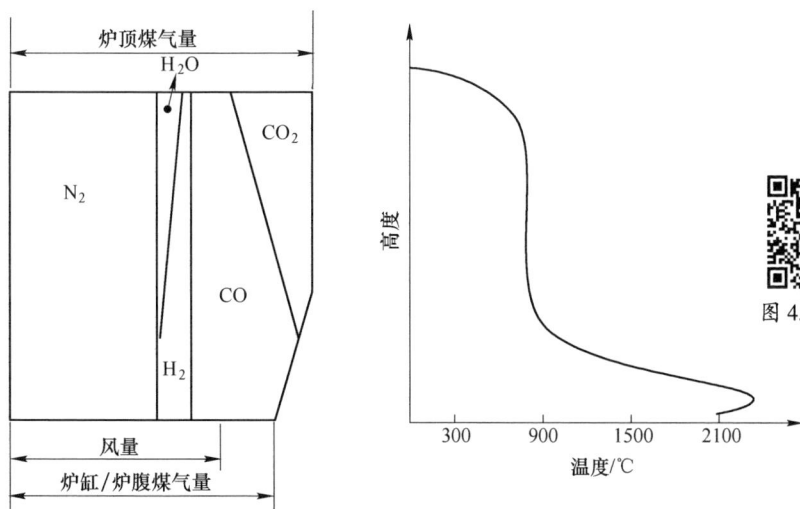

图 4.13 彩图

图 4.13 高炉内煤气成分和温度变化

（1）从风口到 1300 ℃左右的高温区内发生碳气化反应，是铁氧化物的直接还原区（包括非铁元素的直接还原），煤气中 CO 不断增加，无 CO_2 产生。

（2）在 1000~1300 ℃ 温度区域是以直接还原为主导伴有少量间接还原的铁氧化物混合还原区，CO_2 从无到有，逐渐增多，但此时 CO 仍增加很快。

（3）900~1000 ℃ 是以间接还原为主并有少量直接还原的铁氧化物混合还原区，到 1000 ℃ 时 CO 开始减少，CO_2 继续增加，直至 900 ℃ 左右，CO、CO_2 才变化缓慢。

E　渗碳

在块状带内还原出的金属铁呈多孔的海绵状，有较强的活性，能促进碳反应的进行。碳析出在海绵铁上形成了 Fe_3C，属于固态的渗碳过程，可用下列方程式来表示。

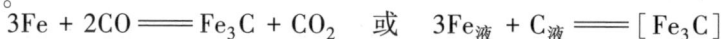

$$3Fe + 2CO \Longrightarrow Fe_3C + CO_2 \quad 或 \quad 3Fe_液 + C_液 \Longrightarrow [Fe_3C]$$

固态渗碳过程会促使金属铁的熔点降低，在炉料下移过程中更易于转变为液态。已渗碳的固态铁，由于熔点降低，逐渐熔化变成液体，易于黏附于焦炭表面，促使渗碳大量进行。

4.2.2.2　碳足迹物质流变化分析

炼铁过程中碳素主要来源于焦炭和喷吹燃料（煤粉），少部分来自烧结矿残碳；若添加石灰石等熔剂，则有少量来自碳酸盐分解产生的 CO_2。碳素在炉内发生复杂的物理化学变化后，最终转化为 CO、CO_2 进入到炉顶煤气中；还有部分溶解于生铁中，少量进入煤气粉尘中，随煤气逸出炉外。以国内某企业 3200 m^3 高炉炼铁过程为例，其碳足迹如图 4.14 所示。

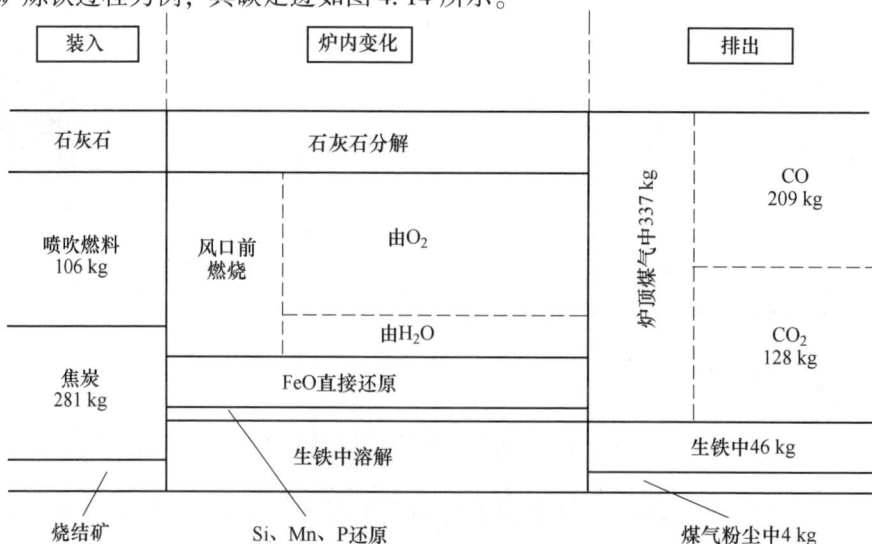

图 4.14　炼铁过程水碳素流足迹（单位：kg/t 铁）

4.2.2.3 铁-碳相互作用及最低碳耗

铁氧化物在高炉内通过两种方式被还原成金属铁。

（1）直接通过固体碳还原生成 Fe 和 CO，称为直接还原。由于直接还原是不可逆反应，不需要过量的还原剂保证，但该反应是强吸热反应，需要燃烧大量的 C 燃料放出热量以保证该反应的进行。

（2）通过 CO 还原生成 Fe 和 CO_2，称为间接还原。间接还原则是直接消耗 CO 的反应，因此需要过量的还原剂保证反应的顺利进行。

根据热力学分析，我们可以了解到，在高炉内铁氧化物的还原过程中，高价铁氧化物还原至 FeO 的转变完全是通过间接还原来实现的。然而，当 FeO 进一步还原为铁（Fe）时，这个过程既包括间接还原，也包括直接还原。因此，在高炉的冶炼过程中，这两种还原反应是同时发生的。为了评估直接还原反应在冶炼过程中的发展程度，我们通常使用一个指标，即铁的直接还原度，记作 r_d。其定义是：通过直接还原途径从 FeO 中还原得到的铁量与总还原铁量之间的比率[18]。

高炉碳耗既要保证还原剂的需要，也要保证热量的需求。理论碳比就是在既满足还原反应又满足热量消耗的前提下，单位生铁的最低碳素消耗量。实质上就是分析单位生铁热量消耗、直接还原度与碳素消耗量的关系。根据国内某企业 3200 m^3 高炉的实际生产数据，绘制了该高炉单位生铁热量消耗、直接还原度与碳素消耗量的关系，如图 4.15 所示。

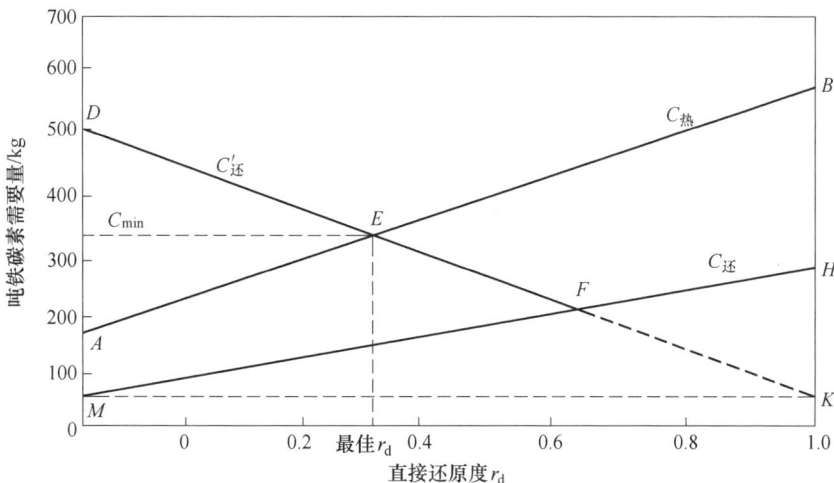

图 4.15 最低碳素消耗与铁的直接还原度

图 4.15 彩图

（1）DK 线为间接还原消耗的碳量与直接还原度的关系，MH 线为直接还原消耗的碳量与直接还原度的关系，两者相交于 F 点。

（2）折线 DFH 决定了不同直接还原度条件下还原剂的消耗量，F 点为最低还原剂消耗量，此时直接还原与间接还原消耗的碳量相等。

（3）AB 线是作为发热剂需要的碳量与直接还原度的关系，折线 DEB 为同时满足还原剂和热量消耗时碳素量与直接还原度的关系。E 点为该条件下最低碳素消耗量。

（4）DFH 是作为还原剂需要的碳量线，两条线相交处 E 点为既能满足热能需要又能满足化学能需要的最低碳比（C_{min}），对应的横坐标为最佳的直接还原度。

4.2.3　高炉工序理论极限能耗分析

首先，对高炉炼铁工序能耗的统计范围进行界定，如图 4.16 所示。高炉炼铁工序能耗为生产系统（原燃料供给、鼓风、热风炉、煤粉干燥及喷吹、高炉本体、渣铁处理等系统）和辅助生产系统（生产管理及调度指挥系统、机修、化验、计量、水处理及除尘等环保设施）消耗的能源量，扣除工序回收的能源量。不包括附属生产系统（如食堂、保健站、休息室等）消耗的能源量。

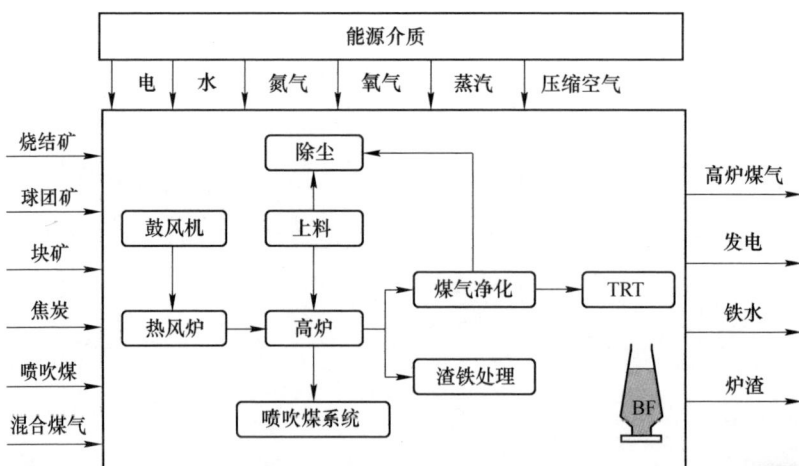

图 4.16　高炉炼铁工序数据采集边界图

图 4.16 彩图

其次，对高炉炼铁工序能源消耗进行统计与分析。以某厂4000 m³为例，其工序能耗组成如图4.17所示。由能效分析结果可知，高炉铁工序能源结构中，含碳能源消耗占94.00%~95.31%，其他能源介质消耗为4.69%~6.0%。由此可见，若要降低炼铁工序能耗必须降低含碳能源消耗，并回收过程中产生的余热及余压能。

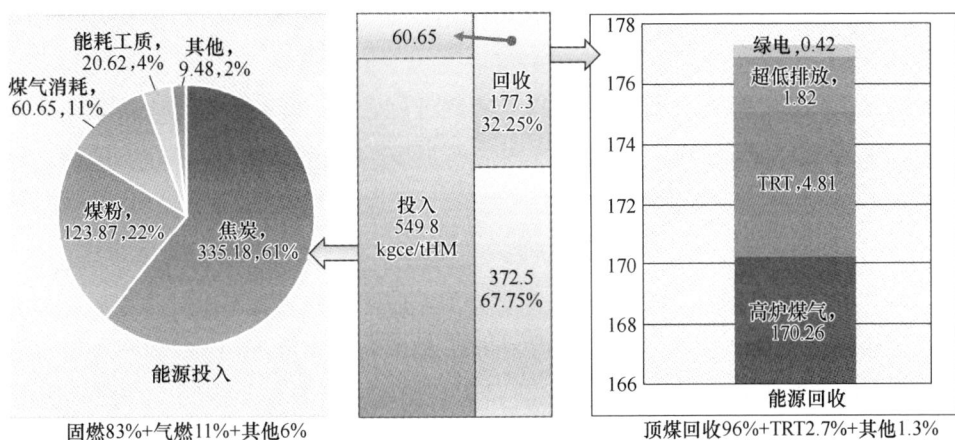

图4.17　某高炉炼铁工序能流现场实绩分析

图4.17彩图

鉴于此，本书通过以下两种方法对理论极限能耗进行了分析。

方法1：结合煤气利用率指标分析的能效水平。

（1）使用的原燃料成分组成见表4.6。

表4.6　原燃料成分组成表

矿成分	质量分数/%	熔剂成分	质量分数/%	燃料成分	质量分数/%
Fe_2O_3	88.50	CO_2	41.96	C	87.00
CaO	5.00	CaO	52.00	CaO	2.00
SiO_2	3.50	SiO_2	3.00	SiO_2	7.00
MgO	1.00	MgO	1.00	MgO	1.00
Al_2O_3	2.00	Al_2O_3	2.04	Al_2O_3	3.00

（2）边界条件：煤气利用率为50%，铁水温度为1450 ℃，铁水含C量为4.50%，铁水含Si量为0.50%，顶煤气温度为150 ℃，鼓风温度为1200 ℃，富氧率为4.0%，炉渣二元碱度为1.15。

计算结果表明,上述工况条件下高炉理论吨铁最低碳耗为 384.60 kg,折算标煤为 430.334 kg,吨铁热风耗煤气折算标煤为 43 kg,回收煤气折算标煤为 136.62 kg,若以 5% 予以折算其他介质能源消耗,其吨铁消耗值为 24.90 kgce,炼铁工序能耗按照消耗减去回收则为 (430.334 + 43 + 24.90) − 136.62 = 361.56 kgce。需要说明的是,上述计算过程中并未包含炉渣的显热回收和余压发电的回收,若以 7.0 kgce 计算余压发电吨铁回收量,则吨铁工序能耗最终值为 354.56 kgce。

方法 2:郦秀萍等人[13]对理论极限能耗进行计算,其中假定理想工况包括:

(1) 直接还原度为理论最低碳比对应的直接还原度;

(2) 高炉散热损失为 0;

(3) 热风炉烟气余热全部回收;

(4) 炉顶煤气显热和余压能全部回收。

原始条件:炉料中由 Fe_2O_3,带入的铁量为吨铁 874.66 kg;炉料中 MnO、含量为 0;生铁含碳量为 4.62%,硅含量为 0.55%。计算结果表明,理想工况条件下高炉最佳直接还原度为 0.37,理论最低碳比为吨铁 313.3 kg。高炉炼铁工序极限能耗为吨铁 354.38 kgce,两种算法计算结果相当。计算过程如下。

4.2.3.1 计算边界

高炉炼铁工序能耗为生产系统(原燃料供给、鼓风、热风炉、煤粉干燥及喷吹、高炉本体、渣铁处理等系统)和辅助生产系统(生产管理及调度指挥系统、机修、化验、计量、水处理及除尘等环保设施)消耗的能源量,扣除工序回收的能源量。不包括附属生产系统(如食堂、保健站、休息室等)消耗的能源量。高炉炼铁工序能耗统计范围如图 4.18 所示。

4.2.3.2 基准能耗

炼铁工序基准能耗是指某一企业高炉生产 1 t 合格生铁所消耗的能源量,作为本节讨论其理论极限能耗的基准能耗。2022 年中国钢铁工业协会统计炼铁工序指标的企业有 98 家。2022 年中国钢铁工业协会会员单位的炼铁工序能耗为 387.91 kgce/t,比上年下降 0.12%。据统计,有 32 家企业的炼铁工序能耗出现下降,有 43 家企业的炼铁工序能耗升高,但炼铁工序能耗最高的企业达到 547.40 kgce/t。

由图 4.19 和表 4.7 可知,高炉炼铁工序的能源结构中,含碳能源消耗占 95.31%,其他能源介质消耗不到 5%。在高炉炼铁生产过程中消耗大量能源的同时产生大量的二次能源，但是目前的技术条件下仅回收了高炉煤气和以 TRT 发电的方式回收了部分炉顶煤气余压能。因此，讨论炼铁工序能耗主要从降低燃料消耗（主要是降低焦比）和提高能源回收水平（回收高炉煤气和炉顶余压）两个方面出发。

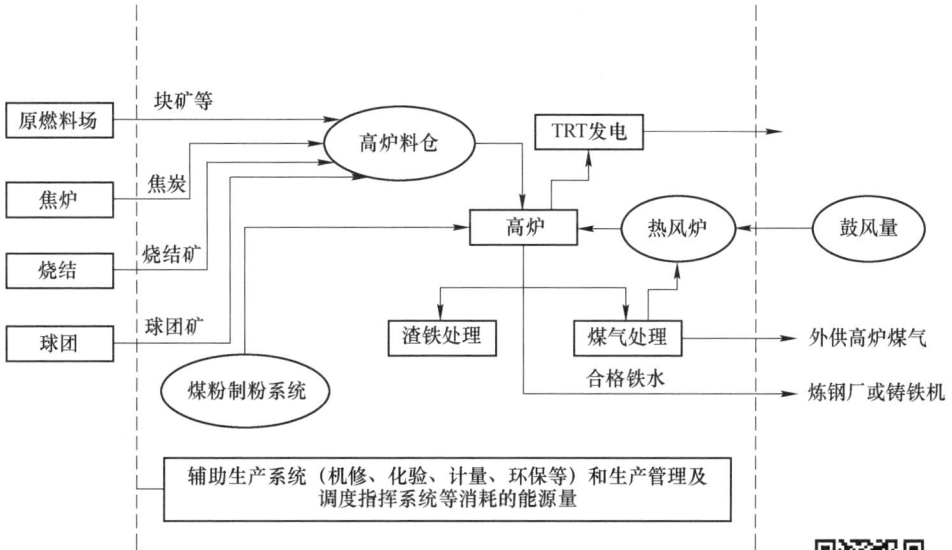

图 4.18　高炉炼铁工序能耗统计范围

图 4.18 彩图

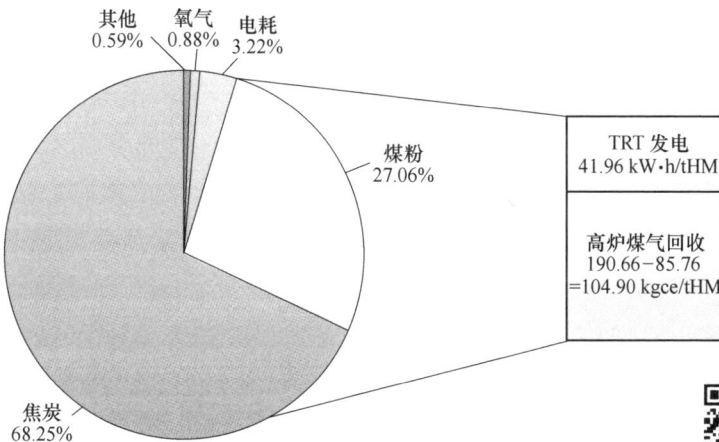

图 4.19　某企业炼铁工序能耗构成

图 4.19 彩图

表 4.7 某企业高炉炼铁工序能耗表

项 目		1 实物量	2 折标系数	3 折标准煤/kgce·t^{-1}
消耗	焦炭/kg·t^{-1}	363.72	0.9600	349.17
	喷吹煤/kg·t^{-1}	191.58	0.7228	138.46
	电/kW·h·t^{-1}	133.88	0.1229	16.45
	水/t·t^{-1}	0.50	0.0400	0.02
	蒸汽/kg·t^{-1}	15.40	0.1292	1.99
	氧气/m^3·t^{-1}	48.15	0.0930	4.48
	氮气/m^3·t^{-1}	39.63	0.0121	0.48
	压缩空气/m^3·t^{-1}	46.43	0.0125	0.58
	耗煤气/m^3·t^{-1}	816.42	0.1050	85.76
回收	TRT 发电/kW·h·t^{-1}	−41.96	0.1229	−5.16
	煤气回收/m^3·t^{-1}	1815.80	0.1051	−190.66
工序能耗/kgce·t^{-1}		401.58		

4.2.3.3 极限能耗

通过对某高炉炼铁工序的热平衡分析，得到了热量输入及利用分布情况，并挖掘可减少热量利用的部位及可以回收的余热资源量。某企业分析结果见表 4.8。

表 4.8 某企业高炉热平衡分析

热 收 入				热 支 出			
序号	名 称	数量/MJ	占比/%	序号	名 称	数量/MJ	占比/%
1	碳氧化放热	8088.17	77.46	1	氧化物分解及脱硫	7072.91	67.74
2	鼓风带入热量	1903.46	18.23	2	水分分解热	173.66	1.66
3	H$_2$氧化放热	213.85	2.05	3	炉顶打水带走热量	0	0
4	成渣热	162.66	1.56	4	游离水蒸发热	34.89	0.33
5	炉料物理热	73.12	0.70	5	喷吹燃料分解热	169.33	1.62
ΣQ	热收入总量	10441.26	100	6	铁水显热	1231.00	11.80
				7	炉渣显热	594.00	5.69
				8	煤气带走的热量	733.61	7.04
				9	冷却水及散热	412.26	3.96
				10	差值	19.61	0.19
				ΣQ′	热支出总量	10441.26	100

由高炉的热平衡分析可知，热量消耗最大的为氧化物的分解耗热，这部分耗热为高炉生产工艺所必需的，为不可逆热量消耗。另外，喷吹煤的分解耗热也为反应器内不可逆的热量消耗。高炉的不可逆热消耗与高炉的原燃料条件和选取的操作工艺有关。对于高炉工序极限能耗的探讨主要侧重两个方面，其一，高炉实际焦比与理论焦比的差距，计算焦比可以降低的空间；其二，高炉炼铁工序二次能源的回收利用量与二次能源理论产生量的差距，以寻求二次能源的回收潜力。

A 理论最低碳比的计算

此处理论最低配碳比是指高炉冶炼单位生铁所需要的最低碳量，主要包括用于为高炉反应提供热量和矿石还原所需要的碳量，并存在一个适宜的直接还原度。

该计算是在物料平衡和热平衡的基础上进行的，具体计算过程如下。

（1）氢还原 FeO 的还原度。

$$r_{H_2} = \frac{56}{22.4} \times \frac{b_{H_2} \times \sum m(H_2) \times \eta_{H_2}}{m(Fe_{还})} = \frac{56}{22.4} \times \frac{0.95 \times 62.03 \times 38.5\%}{945} = 0.06$$

式中　b_{H_2}——与 FeO 反应的 H_2 量占 $\sum m(H_2)$ 的比率，此值为 0.85~1.0，取 0.95；

$m(Fe_{还})$——还原得到的 Fe 量；

$\sum m(H_2)$——炉料带入的氢总量，包括焦炭、煤粉及热风中的氢含量。

（2）作为发热剂需要的碳量的计算。根据热平衡可导出被鼓风和炉料中氧所氧化（即作为发热剂）的单位生铁所需要的碳量，有两种计算方法，一是以每千克碳氧化成 CO 为基础计算；二是以每千克碳被氧化及其鼓风的总热量为基础计算。这里采用第一种计算方法，具体计算过程如下：

$$C_{氧} = \frac{Q_C - 23614 \times \left[\frac{12}{56} \times m(Fe_{还}) \times (1 - r_{H_2} - r_d) + \frac{12}{112} \times m(Fe_{Fe_2O_3}) + \frac{12}{55} \times m(Mn_{MnO_2})\right]}{9797}$$

式中　Q_C——入炉碳被鼓风和炉料中氧所氧化而放出的热量，即热平衡碳氧化放热项 Q_1，kJ；

r_d——适宜的直接还原度；

$m(Fe_{Fe_2O_3})$——每吨生铁炉料中 Fe_2O_3 带入的铁量，kg；

$m(Mn_{MnO_2})$——每吨生铁炉料中 MnO_2 带入的锰量，kg。

通过热平衡计算可得：$Q_C = 8088174.95$ kJ；$m(Fe_{Fe_2O_3}) = 874.66$ kg；$m(Mn_{MnO_2}) = 0$。

代入上式得：

$$C_{\text{氧}} = \dfrac{8088174.95 - 23614 \times \left[\dfrac{12}{56} \times 945 \times (1 - 0.06 - r_{\text{d}}) + \dfrac{12}{112} \times 874.66 + \dfrac{12}{55} \times 0 \right]}{9797}$$

$$= 140.9 + 337.48 \times r_{\text{d}}$$

从热能利用的角度来说，吨铁需要的碳量为：

$$C_{\text{热}} = C_{\text{氧}} + C_{\text{铁水}} = 140.9 + 337.48 \times r_{\text{d}} + 46.22 = 187.12 + 337.48 \times r_{\text{d}}$$

式中　$C_{\text{铁水}}$——铁水中的碳量，kg。

因此，当 $r_{\text{d}} = 0$ 时，$C_{\text{热}} = 187.12$ kg；当 $r_{\text{d}} = 0.94$ 时，$C_{\text{热}} = 645.93$ kg。

（3）作为还原剂需要的碳量计算。

1）直接还原剂所需碳量的计算。由 FeO 直接还原反应 FeO+C══Fe+CO 可得：

$$C_{\text{d}} = \frac{12}{56} \times m(\text{Fe}_{\text{还}}) \times r_{\text{d}} + C_{\text{Si}} + C_{\text{P}}$$

吨铁还原需要的碳量为：

$$C_{\text{还}} = C_{\text{d}} + C_{\text{铁水}} = \frac{12}{56} \times m(\text{Fe}_{\text{还}}) \times r_{\text{d}} + C_{\text{Si}} + C_{\text{P}} + C_{\text{铁水}}$$

当 $r_{\text{d}} = 0$ 时，

$$C_{\text{还}} = C_{\text{d}} + C_{\text{铁水}}$$

$$= \frac{12}{56} \times m(\text{Fe}_{\text{还}}) \times r_{\text{d}} + C_{\text{Si}} + C_{\text{P}} + C_{\text{铁水}}$$

$$= 4.2 + 46.22 = 50.42 \text{ kg}$$

当 $r_{\text{d}} = 0.94$ 时，

$$C_{\text{还}} = C_{\text{d}} + C_{\text{铁水}} = \frac{12}{56} \times m(\text{Fe}_{\text{还}}) \times r_{\text{d}} + C_{\text{Si}} + C_{\text{P}} + C_{\text{铁水}}$$

$$= \frac{12}{56} \times 945 \times 0.94 + 4.2 + 46.22 = 240.77 \text{ kg}$$

2）间接还原剂所需碳量的计算。从化学能的角度来说，间接还原是决定碳比的关键因素。由 FeO 的间接还原反应 FeO + nC══Fe + CO$_2$ + (n - 1)CO 可得。

间接还原的最低 n 值为 2.33，则：

$$C_{\text{CO}} = \frac{12}{56} \times n \times m(\text{Fe}_{\text{还}}) \times (1 - r_{\text{H}_2} - r_{\text{d}}) = \frac{12}{56} \times 2.33 \times 945 \times (1 - 0.06 - r_{\text{d}})$$

吨铁间接还原需要的碳量为：

$$C'_{还} = C_{CO} + C_{铁水} = \frac{12}{56} \times 2.33 \times 945 \times (1 - 0.06 - r_d) + 46.22$$

当 $r_d = 0$ 时，$C'_{还} = 489.73$ kg；当 $r_d = 0.94$ 时，$C'_{还} = 46.22$ kg。

（4）理论最低碳比和适宜的直接还原度。绘制碳的需要量与适宜的直接还原度的关系图，如图 4.20 所示。图中 AB 线为发热剂需要的碳量线，DFH 为还原剂需要的碳量线，两条线相交处为既能满足热能需要又能满足化学能需要的最低碳比，对应的横坐标为适宜的直接还原度。

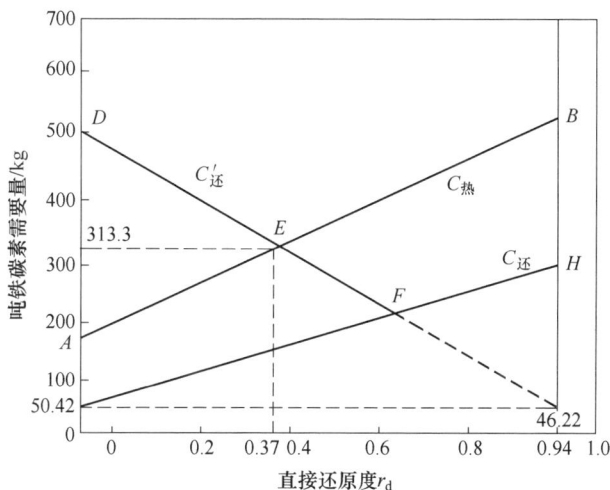

图 4.20 彩图

图 4.20　理论碳比与 r_d 的关系图（一）

由图 4.20 可见，当 $C_{热} = C'_{还}$ 时对应的纵坐标为最低的碳比，由以上计算可得：

$$187.12 + 337.48 \times r_d = 489.73 - 471.83 \times r_d$$

计算得适宜的直接还原度：$r_d = 0.37$，对应的理论最低碳比：$C_{min} = 313.3$ kg。

实际的碳量：$C_{实际} = K \times C_x + M_{煤} \times C_{煤} = 325 \times 85.68\% + 154.27 \times 66.83\% = 381.56$ kg。

可见，此算例下高炉降低碳耗的潜力为 68.24 kg/tHM，即在喷煤比 154.27 kg/tHM 不变的情况下，降焦比还有 79.65 kg/tHM（68.24/85.68%＝79.65 kg/tHM）的潜力，即理论上最低焦比可达到 245.35 kg/tHM（325−79.65＝245.35 kg/tHM）。

上述过程是理想状态下，最低碳耗的过程，但在实际生产过程中，其对应的

直接还原度并不能达到理想状态值, 实际值对应的计算过程如下:

$$r_{d实际} = 1 - \frac{56}{22.4} \times \frac{\left(\eta_{CO} + k_1 \times \dfrac{\eta_{H_2}}{1 - \eta_{H_2}}\right) \times V_2 - V_3}{1000w[Fe]}$$

式中　V_2——炉顶煤气中碳氧化物总量, m^3;

　　　V_3——高价氧化物还原和炉料带入的 CO_2 之和, m^3。

其中在高炉热平衡计算过程中已经计算了 V_2, 其值为 796.29 m^3, V_3 计算过程如下:

$$V_3 = \frac{22.4}{160} \times m(Fe_2O_{3还}) + \frac{22.4}{87} \times m(MnO_{2还}) + V_3'$$

$$= \frac{22.4}{160} \times 1249.52 + \frac{22.4}{87} \times 0 + 0.614 = 175.55 \ m^3$$

将值代入 $r_{d实际}$ 计算式可得到该高炉的实际直接还原度:

$$r_{d实际} = 1 - \frac{56}{22.4} \times \frac{\left(47.82\% + 0.0336 \times \dfrac{38.5\%}{1 - 38.5\%}\right) \times 796.29 - 175.55}{1000 \times 94.5\%} = 0.413$$

由图 4.21 可见, 氧化铁的实际直接还原度大于适宜的直接还原度。另外, 由作为发热剂的碳的消耗线 (AB 线), 可知当 AB 线下移时, 高炉冶炼时需要的碳量下降。

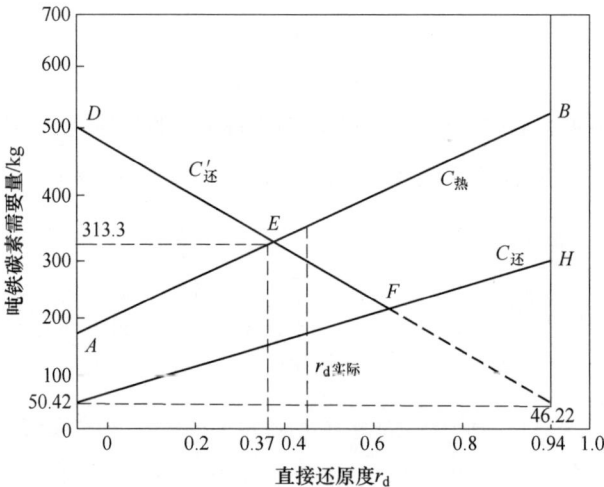

图 4.21　理论碳比与 r_d 的关系图 (二)

因此,降低高炉碳比有两种方法:其一,降低铁的直接还原度,使铁的实际直接还原度尽可能接近适宜的直接还原度;其二,减少高炉的总热耗。

B 二次能源回收潜力分析

在计算高炉炼铁工序的余热余能产生量之前,结合某高炉的生产实际,确定了计算参数,具体参数如下:

(1)高炉渣产量为 300 kg/tHM;

(2)液态炉渣温度为 1600 ℃;

(3)高炉煤气发生量为 1650 m³/tHM,高炉煤气热值为 3338 kJ/m³;

(4)炉顶压力 235 kPa;

(5)炉顶煤气温度为 147 ℃;

(6)热风炉烟气温度为 300 ℃。

基于以上计算参数,根据调研获得的数据,对某企业铁前系统的余热余能资源量及回收利用情况进行了计算分析,结果见表4.9。

表 4.9 某企业高炉炼铁工序二次能源产生量及回收量

种　　类	吨铁资源量/MJ	吨铁可回收量/MJ	吨铁回收量/MJ	回收率/%
炉渣显热	594	0	0	0
炉顶余压	519.25	207.70	151.14	72.77
BFG 显热	733.61	—	—	—
BFG 化学能	5507.55	5507.55	5417.23	99.5
热风炉烟气显热	5.73	5.73	1.61	28.10
合计	7360.14	5720.98	5569.98	97.36

由表4.9可见,上述条件计算结果表明,该高炉炼铁工序二次能源理论产生量为7360.14 MJ/t,其中高炉煤气化学能为5507.55 MJ/t,占二次能源产生量的74.83%。如果不计高炉煤气化学能,则二次能源的理论产生量为1852.59 MJ/t,其中高炉渣显热为594 MJ/t,占二次能源总量的比例为32.06%;炉顶压力能为519.25 MJ/t,占二次能源总量的比例为28.03%;热风炉烟气显热为5.73 MJ/t,占二次能源总量的比例为0.3%;高炉煤气显热为733.61 MJ/t,占二次能源总量的比例为39.60%。

高炉煤气显热和炉顶压力通过 TRT 装置进行回收,该项技术已非常成熟,并已在行业内推广应用。该高炉采用 25 MW 的 TRT 装置进行回收这部分能量,吨铁回收量为 41.96 kW·h,在行业内处于领先水平。但是,TRT 回收的余压能仅占可回收量的 72.77%，如果提高 TRT 的作业率和发电机的效率，还有提高的潜力，理论提高量为 56.56 MJ/t。假设高炉煤气为理想气体，则高炉炉顶余压能的计算过程如下：

$$E_{\max} = c_p \times T_1 \times \left[1 - \left(\frac{p_1}{p_2} \right)^{\frac{k-1}{k}} \right]$$

$$= 1.3567 \times (147 + 273) \times \left[1 - \left(\frac{13}{235} \right)^{\frac{1.384-1}{1.384}} \right]$$

$$= 314.69 \text{ kJ/m}^3$$

式中 c_p——高炉煤气的定压热容，kJ/(m² · K)；

　　　　T_1——透平进口煤气的热力学温度，K；

　　p_1，p_2——分别为透平进口和出口煤气的压力，kPa；

　　　　k——气体的定熵指数，取 1.384。

吨铁煤气发生量按 1650 m³/t 计算，则吨铁余压能为：

$E = 1650 \times E_{\max} = 1650 \times 314.69 = 519245.25 \text{ kJ/t} = 519.25 \text{ MJ/t}$

热风炉烟气显热则可以通过余热锅炉、换热器或者送至喷煤车间用于干燥煤粉的方式回收。该企业高炉热风炉烟气则是通过两种方式进行回收，一部分烟气被送往喷煤车间用于干燥煤粉；另一部分用于预热热风炉的助燃空气。其热风炉烟气回收量为 1.61 MJ/t，仅占理论产生量的 28.10%。因此，热风炉烟气显热回收还有 4.12 MJ/t 的潜力。但是，高炉渣显热目前尚无有效的回收利用技术。在目前的技术水平条件下，炉顶压力能和热风炉烟气余热则是高炉炼铁工序二次能源回收的重点，依靠现有的节能技术理论可回收量可达 213.43 MJ/t。

C 极限能耗分析

在计算高炉炼铁工序极限能耗时，应考虑极限焦比对高炉煤气产生量的影响。经过计算，在当前原燃料条件、铁水及煤气成分条件下，焦比为 245.35 kg/tHM，喷煤比为 154.27 kg/tHM，高炉煤气的发生量为 907 m³/tHM。

通过以上分析可以得出，在生铁含碳量为 4.62%、硅含量为 0.55%、喷煤比为 154.27 kg/tHM、焦炭的固定碳含量为 85.68% 的条件下，该高炉的理论最低焦比为 245.35 kg/tHM；二次能源理论可回收量为 213.43 MJ/t（不含高炉煤气化学能），还有 60.68 MJ/t 的潜力。

通过以上分析，可得出该高炉炼铁工序的极限能耗为 354.38 kgce/t，其理论极限能耗组成与基准能耗组成见表 4.10。

表 4.10 某企业高炉工序能耗组成

项 目	基准能耗		理论极限		折标系数
	实物量	折标准煤/kgce·t⁻¹	实物量	折标准煤/kgce·t⁻¹	
焦炭/kg·t⁻¹	363.72	349.17	245.35	235.54	0.9600
喷吹煤/kg·t⁻¹	191.58	138.46	154.27	111.50	0.7228
电/kW·h·t⁻¹	133.88	16.45	133.88	16.45	0.1229
水/t·t⁻¹	0.50	0.02	0.50	0.02	0.0400
蒸汽/kg·t⁻¹	15.40	1.99	15.40	1.99	0.1292
氧气/m³·t⁻¹	48.15	4.48	48.15	4.48	0.0930
氮气/m³·t⁻¹	39.63	0.48	39.63	0.48	0.0121
压缩空气/m³·t⁻¹	46.43	0.58	46.43	0.58	0.0125
耗煤气/m³·t⁻¹	816.42	85.76	816.42	85.76	0.1050
TRT 发电/kW·h·t⁻¹	−41.96	−5.16	−57.69	−7.09	0.1229
煤气回收/m³·t⁻¹	1815.80	−190.66	−907.00	−95.29	0.1051
工序能耗/kgce·t⁻¹		401.58		354.38	

4.2.4 高炉工序能效分析结果

高炉炼铁过程作为整个钢铁制造流程一个重要的中间环节和基础环节，其必须在考虑减少本工序的碳素流消耗的同时，为后续工序（炼钢）提供足够的剩余能量（包括高温铁水的物理能、铁水渗碳的化学能），从而保证后续工序环节的顺利进行。通过对高炉炼铁工序功能解析和能效分析，可以得出以下结论：

（1）高炉是一个复杂的逆流床反应器，冷态的含铁炉料从高炉顶部加入，在下降过程中不断被煤气加热和还原，从而高效率地完成还原、造渣、传热及渣铁反应等，最终得到化学成分和温度较为理想的液态金属产品的过程。从钢铁制造流程总体考虑，其能效分析的核心问题是在满足钢铁制造流程整体对铁水物理、化学性质要求的条件下，兼顾碳素能源流耗散最小化和剩余能量的高效回收和利用。

（2）在理想工况条件和设定的计算条件下，高炉最佳直接还原度为 0.37，理论最低碳耗为 313.3 kg/tHM。高炉炼铁工序理论极限能耗为 354.38 kgce/tHM。

（3）高炉的最大宗产物不是铁水而是高炉煤气，每生产 1 t 铁水将产生 2.3 t 左右的高炉煤气。传统高炉作为造气炉的功能没有得到充分重视，到目前为止重点企业还有大约5%的高炉煤气被放散，这不仅浪费了宝贵的二次能源，增加了高炉炼铁成本，还造成了环境污染。

（4）由于高炉煤气是钢厂重要的二次能源，在能源平衡中起重要作用。因此，在一定条件下，无需一味追求碳素流消耗的最小化（降低高炉燃料比），而以企业内总的能源平衡和总的经济效益最佳的原则作为出发点，通过流程整体的煤气优化，并与自发电相结合，适当提高副产高炉煤气的产量和质量，充分、合理地发挥高炉的能源转换功能。

4.3 转炉工序

转炉是指可以倾动的圆筒状吹氧炼钢容器。转炉按炉衬的耐火材料性质分为碱性和酸性转炉；按气体吹入炉内的部位分为底吹、顶吹和侧吹转炉；按吹炼采用的气体分为空气转炉和氧气转炉。转炉炼钢工艺，根据配料要求，先把废钢等装入炉内，然后倒入铁水，并加入适量的造渣材料（如生石灰等）。加料后，把氧气喷枪从炉顶插入炉内，吹入氧气（纯度大于99%的高压氧气流），使它直接与高温的铁水发生氧化反应，除去杂质。在除去碳、硅、磷、硫等杂质元素后，当钢水的成分和温度都达到要求时，即停止吹炼，提升喷枪，准备出钢。出钢时使炉体倾斜，钢水从出钢口注入钢水包里，同时加入脱氧剂进行脱氧和调节成分。

在炼钢过程中，转炉会产生大量含有氧化铁尘粒和高浓度一氧化碳气体的烟气。这些成分不仅对环境构成潜在威胁，也是宝贵的资源。因此，对这些烟气进行净化和回收利用至关重要，以实现环境保护和资源的最大化利用。从回收系统得到的氧化铁尘粒可以重新用于炼铁过程；一氧化碳则可作为化工原料或燃料使用；而烟气中携带的热量可以转化为水蒸气，实现能源的二次利用。转炉炼钢法以其快速的冶炼速度、多样化的钢种生产、优良的产品质量，以及快速的建厂能力和较低的投资成本等优势而著称。

转炉炼钢所需原材料可分为金属料、非金属料和气体三大类。金属料主要包括铁水、废钢和铁合金；非金属料则包括造渣料、熔剂和冷却剂；气体则涵盖了氧气、氮气、氩气和二氧化碳等。在炼钢过程中，非金属料的添加是为了去除磷、硫等杂质，并控制炼钢过程中的温度。这些非金属料主要包括造渣料（如石灰、白云石）、熔剂（如萤石、氧化铁皮）、冷却剂（如铁矿石、石灰石、废钢)、增碳剂以及燃料（如焦炭、石墨籽、煤块、重油）。这些材料的合理使用对于确保炼钢过程的顺利进行和产品质量至关重要。

4.3.1 转炉工序功能解析

在流程整体优化原则指导下，通过对钢铁生产过程中诸多工序的诸多不同功能进行解析，进而对某一或某些功能在诸多工序的实现方式、实现程度进行优化选择、分配或取代以及综合集成，炼钢工序功能随着技术进步发生明显变化，由传统的单一转炉炼钢，演变为铁水预处理—转炉—二次精炼过程。由于铁水预处理、二次冶金，特别是连铸等相关工序的发展，氧气转炉已具有以下主要功能。

4.3.1.1 快速、高效的铁水脱碳功能

对含碳量达 4% 以上的高炉铁水进行快速脱碳依然是转炉炼钢的主要任务。氧气转炉由于炉型设计、氧枪设计以及顶-底复吹工艺等技术进步，已使其供氧强度（标准状态）可达 $3.0\ m^3/(t \cdot min)$ 以上，纯吹氧时间可缩短到 $12 \sim 16\ min/$炉，是所有冶金工艺装置中脱碳速度最快的装置。如果铁水经过"三脱"预处理，可以采用"无渣（少渣）"冶炼，则即使 200 t 以上容量的转炉也可以采用 $5.0\ m^3/(t \cdot min)$ 的供氧强度（标准状态），一炉钢的纯吹氧时间可以缩短到 9 min 左右，与高拉速的板坯连铸机协调运行，可极大地提高生产效率。大型氧气转炉（120 t 以上）与真空处理装置有效地配合在一起，可以高效地生产高质量的低碳、超低碳钢以及超低硫钢，这是现代大型、高效率板带型钢厂赖以建立的基本技术之一。

4.3.1.2 快速升温功能

氧气转炉由于铁水中 C、Si、P 以及 Fe 等元素的氧化反应速度快，因此熔池升温速度也很快，一般可以保证在 $12 \sim 16\ min$ 内迅速地将熔池金属液的温度由 $1280 \sim 1350\ ℃$ 升高到 $1640 \sim 1680\ ℃$，而且还具有一定的熔化废钢的能力。

4.3.1.3 能源转换功能

氧气转炉依靠铁水的物理热和化学能，通过合理的供氧工艺和转炉煤气、蒸汽回收装置，已成为具有能量转换功能的装置，运行得好的转炉已可回收约 $100\ m^2/t$ 的转炉煤气和 70 kg/t 左右的蒸汽，使得整个转炉工序消耗的能量可以基本得到补偿，甚至还出现了所谓的"负能炼钢"。就转炉工序而言，大型氧气转炉每吨钢已可回收相当于 $5 \sim 10$ kgce 的能量。

4.3.1.4　优化的脱磷功能

由于氧气转炉独特的热力学环境和动力学条件，在转炉中适度进行脱磷是一种较为优化的低成本作业。若氧气转炉作为铁水预处理装置，当铁水 Si 含量低于 0.18% 和适当的冶炼制度下，就可以在高含碳量铁水的熔池里实现优先脱磷过程。氧气转炉还能较好地处理不同含磷量的铁水。另外，也比较适合冶炼超低磷钢。综观各类冶炼装置的脱磷指标，转炉仍不失为优化的铁水脱磷器。而脱硅、脱硫等已不应是现代氧气转炉的任务。

4.3.2　转炉工序能效分析

转炉炼钢仍是当代主要的炼钢方法，如前所述，转炉炼钢工序包含的内容已从传统意义上分解为铁水预处理、转炉炼钢和二次精炼过程。转炉炼钢是过还原状态的液态生铁，经适度氧化转变为液体钢、炉气、烟尘和钢渣。在这一过程中，经过还原的高温含碳铁液，经吹氧转化为液态钢，液态铁水中的铁素转变为钢水，部分氧化为铁氧化物，成为粉尘和进入炉渣。

转炉吹炼过程中，不仅不需要外加热源，而且还能产生一定数量的烟气显热和煤气化学能。高温铁水中的 C 在氧气的作用下，发生氧化放热反应并产生含 CO、CO_2 的烟气，该烟气既有热能（>1600 ℃），又有化学能（CO），可同时回收蒸汽和热值 8360 kJ/m^3 以上的转炉煤气。某企业转炉炼钢工序的能耗构成及其能量输入—输出示意图，如图 4.22 所示。

转炉炼钢工序数据采集边界图如图 4.23 所示。

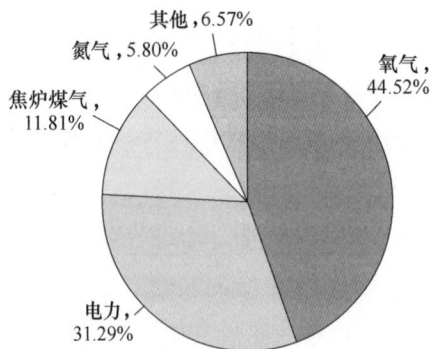

a

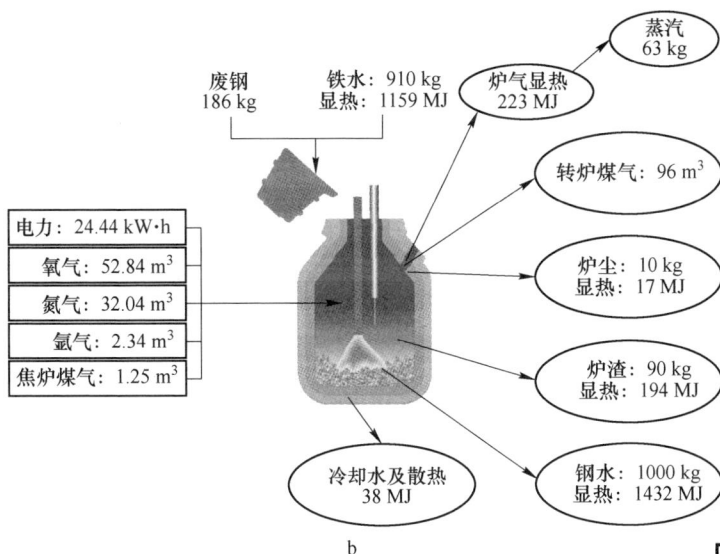

图 4.22　某企业转炉炼钢工序的能耗
构成及其能量输入—输出示意图

a—转炉工序能耗构成；b—某企业转炉吨钢能量输入—输出示意图

图 4.22 彩图

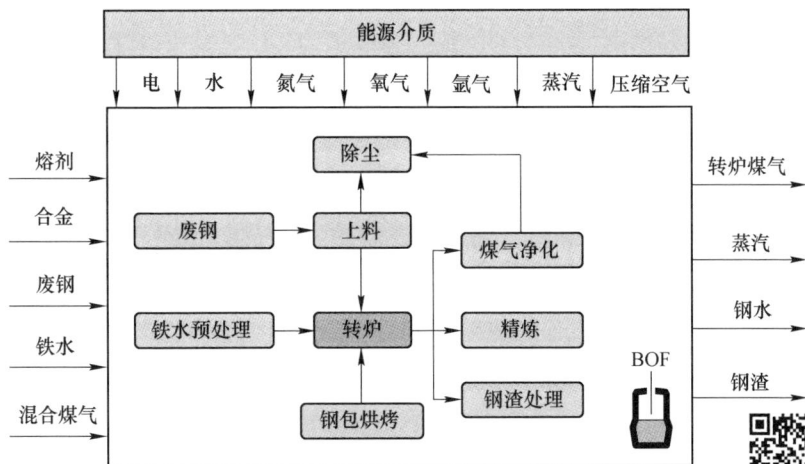

图 4.23　转炉炼钢工序数据采集边界图

图 4.23 彩图

前已述及，随着铁水预处理和二次冶金技术的发展完善，转炉炼钢的主要任务是脱碳升温（在某些情况下，还需承担脱磷任务），来自铁水的碳转变为 CO

和 CO_2 以及钢水的物理热，实现与完成脱碳升温任务。

4.3.2.1　碳素流分析

炼钢过程中，铁水中 4.0% ~ 4.5% 的 [C] 将在氧气射流的作用下快速氧化，最终钢水中仅含 [C] 约 0.08%。在整个炼钢过程的吹炼时间内，铁水中的 [C] 在吹炼过程中迅速减少，但前期和后期脱碳速度慢，中期脱碳速度快。吹炼初期，由于铁水温度低，再加上 [Si]、[Mn] 氧化要与 [C] 争夺氧，[C] 氧化速度较慢；而随铁水温度升高，吹炼中期，供入熔池中的氧几乎 100% 与 [C] 发生反应，碳氧反应剧烈，脱碳速度达到最大；吹炼后期，铁水中碳含量低，脱碳速度减小。转炉炼钢钢水脱碳速度与吹炼时间的关系如图 4.24 所示。

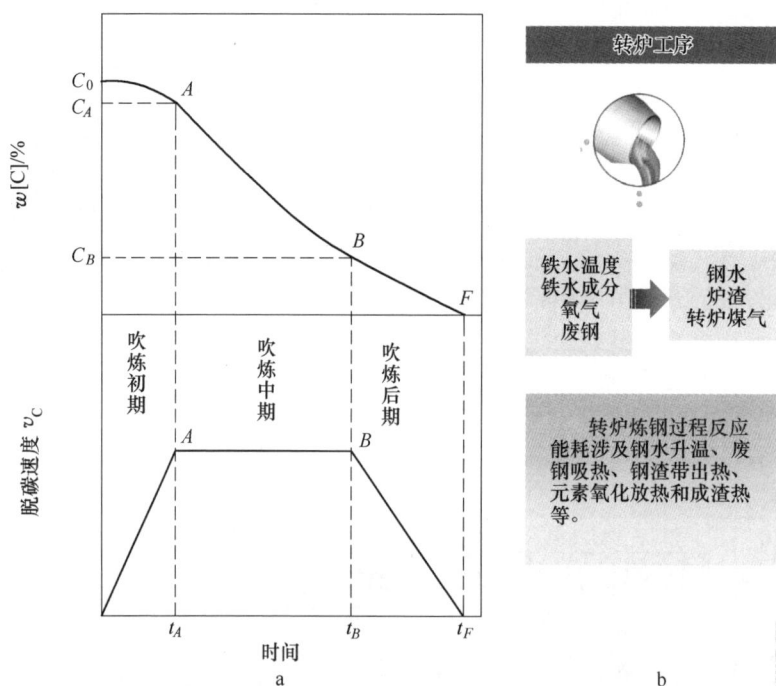

图 4.24 彩图

图 4.24　转炉炼钢钢水脱碳速度与吹炼时间的关系示意图
a—脱碳速度与吹炼时间关系图；b—转炉炼钢物质转化示意图

4.3.2.2　转炉煤气和余热蒸汽回收

根据冶金反应原理和碳素流分析可知，转炉炼钢过程中铁水中的 [C] 大部分被氧化，铁水中的 [C] 与 [O] 结合后，以 CO 和 CO_2 的形式进入炉气，根据冶炼钢种的不同，仍有少量的 [C] 留在钢水中。炉气在转炉口处吸入一定量的空气，形成烟气。根据烟气中的 CO、O_2 含量和其他条件，采取相应的技术可回收一定热值的转炉煤气（LDG）。

不同企业根据其回收设备的条件和回收技术的水平，回收的转炉煤气的量和热值又有较大差异。转炉煤气回收量不仅对转炉炼钢工序能耗具有较大影响，而且对全厂的能源网络的构成具有较大影响。因此，强化转炉煤气回收已成为降低转炉炼钢工序能耗和优化企业能源网络的最有效手段之一。

根据理论计算，转炉炼钢过程产生的二次能源中，转炉煤气潜热占 75% 左右，转炉煤气显热占 15% 左右，炉渣显热占 10% 左右。但是，并非在整个吹氧期都可以回收转炉煤气，在转炉吹炼前期、吹炼中期和吹炼后期三个时段，CO 生成量及其在烟气中的含量有所不同，如图 4.25 所示，转炉煤气是否回收，取决于烟气中 CO 和 O_2 含量[19]。一般当烟气中 CO 浓度在 10%~20% 以上、O_2 浓度在 1%~2% 以下时回收。转炉煤气回收量和蒸汽回收量的主要影响因素包括：铁水含碳量、转炉熔池中碳氧化成 CO 和 CO_2 的分配比例、空气吸入系数、转炉煤气回收 CO/O_2 控制参数等。

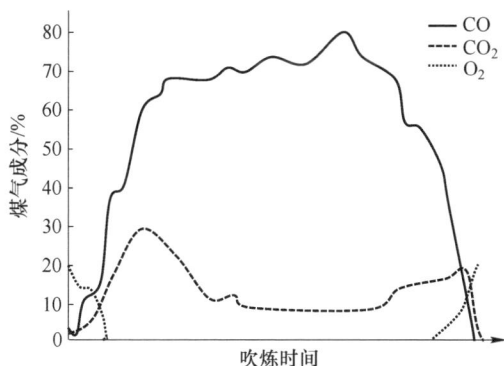

图 4.25 炼钢过程转炉煤气成分变化

图 4.25 彩图

根据转炉煤气回收量、蒸汽回收量的计算公式和对理想工况的定义[20]，碳氧化分配比和空气吸入系数对转炉煤气和蒸汽产生量的影响如图 4.26 所示。

从图 4.26 中可以得出：转炉烟气中 CO、CO_2 的比例是影响转炉煤气回收量和蒸汽回收量的共同因素。CO、CO_2 的比例受吹炼过程中碳氧化分配比和由于吸入空气发生的二次燃烧的共同影响。碳氧化分配比越大，则产生的煤气中的 CO 浓度越高，热值大；空气吸入量增加，增加了转炉煤气二次燃烧量，造成煤气热值降低，显热增加。

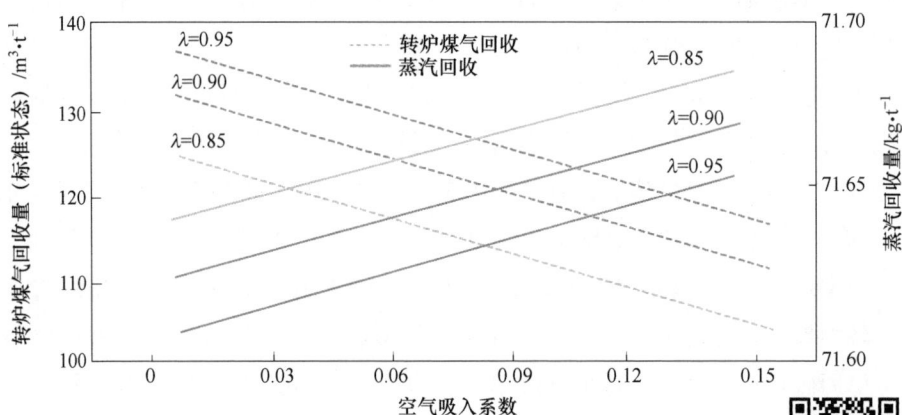

图 4.26　碳氧化分配比和空气吸入系数对转炉煤气
和蒸汽产生量的影响

图 4.26 彩图

从转炉工序能耗和能源效率考虑：碳氧化分配比大，有利于减少氧气消耗，增加煤气潜热，有利于降低转炉工序能耗；对于空气吸入系数而言空气吸入系数越小越有利于转炉煤气回收；空气吸入系数增大，有利于蒸汽回收。考虑到能源转换过程的效率和能量损失不可避免，尽量降低空气吸入量从而减少转炉煤气二次燃烧量，有利于降低转炉工序能耗，提高能源利用率。

4.3.3　转炉工序能效分析结果

转炉炼钢工序作为钢铁制造流程的核心工序，能效分析的核心是在满足钢铁制造流程整体钢水物理、化学性质要求下，加强过程中剩余能量转炉（煤气和余热蒸汽）的回收利用。通过对转炉炼钢工序的能效分析，可以得出以下结果：

（1）铁水物理热和化学热是炼钢过程的热量来源。铁水温度高低是顺利进行铁水预处理的基本条件和限制因素；转炉冶炼过程中，来自铁水的含碳化学能转换为钢水热量和转炉煤气的潜热、显热；转炉煤气潜热、显热的及时、有效回收利用是提高能源利用率、实现"负能"炼钢的有力保障，也是转炉能源转换功能的充分体现。

（2）转炉工序的余热余能主要有转炉煤气的化学热、转炉烟气的显热。转炉煤气回收量与烟气显热回收的蒸汽量是一对矛盾：转炉煤气回收量大时，蒸汽回收量减少；蒸汽回收量大时，转炉煤气回收量减少。考虑到能源转换过程的效率和能量损失不可避免，应尽量减少转炉煤气的二次燃烧，提高转炉煤气回收量，这对降低转炉工序能耗具有积极作用。

4.4　电炉工序

欧盟、美国等国家和地区的废钢比均超过50%，我国仅为21%[21]。2022年我国废钢资源量为2.63亿吨，其中钢铁行业消耗废钢2.15亿吨，机械行业铸锻用废钢约0.2亿吨（"废钢资源量"为测算值，一般大于废钢产生量和实际消耗量）；自产废钢、加工废钢、折旧废钢分别占15%、17%、68%，再生钢铁原料进口量仅为56万吨，占比不足0.5%。截至2022年底，已公告符合废钢准入条件的企业共10批707家，废钢铁加工配送工业化体系初步建成，年加工能力约1.7亿吨，占我国废钢资源总量的一半以上。废钢资源分布方面，据中国废钢铁应用协会估算，全国超八成的废钢资源分布在东北（辽宁）、华北（北京、天津、河北、山西）、华东（上海、江苏、山东、浙江）、中南（河南、湖北、广东）、西南（四川）等地。我国废钢产业具有较大的发展前景，但发展基础还有待完善，仍然面临着资源总量不足、税收政策不完善、进口标准过高、缺乏正规统计等问题。

未来，随着世界范围内低碳发展要求越来越高，以及我国关于节能环保低碳等政策实施，我国电炉炼钢将更加注重绿色低碳、高效低成本和智能化升级方面的提升，围绕产品高端化、工艺绿色化、流程智能化等方面着重研发推广绿色低碳电炉原料应用、可再生能源大比例渗透电炉流程设计、电炉绿色低成本冶炼、电炉装备高效智能、电炉生产高品质钢等技术。

电炉短流程炼钢，具有设备简单、占地小、投资少、建设周期短、原料适应性强、生产组织灵活、冶炼温度可控等优势，加之废钢供应量逐步增加、电炉大型化和超高功率化及冶炼工艺进步，并与不断发展完善的炉外精炼、连铸技术配套，电炉短流程炼钢生产效率得到大幅提升，使得电炉炼钢工艺在更多钢材品种生产中得到应用。电炉物质转化示意图如图4.27所示。

目前，电炉炼钢常用的典型技术主要包括高效低成本冶炼技术、智能化技术、流程优化技术等。受诸多因素影响，目前我国电炉短流程炼钢企业的经营效益、开工率、产能利用率等状况并不乐观。总的来看，我国电炉高质量发展主要面临5个方面问题：一是废钢及直接还原铁资源供应问题，未来美欧废钢出口量将可能减少，我国还要注重提高本土废钢资源供应能力；二是电力供应及电价成本问题，由于电能费用在电炉钢加工成本中占相当大的比例，因此探索其他低成本的能源补充十分必要；三是废钢循环过程中有害残存元素富集问题，除对冶炼工艺提出新要求外，对原料纯净性的要求也将进一步提高；四是高品质钢生产核心技术问题，解决高效去除废钢杂质元素、生产高性能钢铁材料难题；五是国内电炉制造装备水平不高，特别是150 t以上的大电炉尚缺乏实际应用验证，且相关配套设施的可行性和经济性也极大地限制了国产大型电炉的应用，很难和国外大型冶金装备竞争。

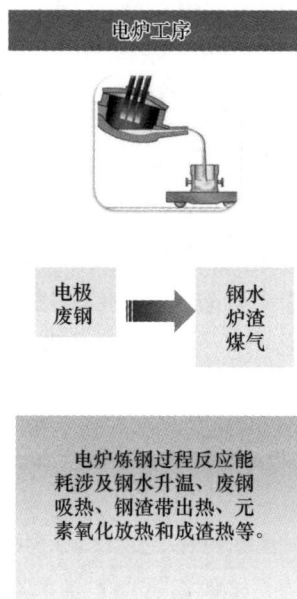

图 4.27   电炉物质转化示意图

图 4.27 彩图

4.4.1   电炉工序功能解析

炉炼钢过程主要利用电弧进行加热。冶炼过程一般分为熔化期、氧化期和还原期，在炉内不仅能造成氧化气氛，还能造成还原气氛，因此脱磷、脱硫的效率高。与传统流程相比，电炉短流程具有以下特点：

（1）投资比高炉—转炉流程减少1/2以上。如美国、日本等国的薄板坯电炉短流程，实际费用约为传统流程的1/4。

（2）生产成本低，劳动生产率高。钢铁联合企业在高炉→转炉→……→热轧板卷过程中，吨钢能耗一般为23 GJ，而以废钢为原料的电炉钢厂短流程工艺生产的产品吨钢能耗接近10 GJ，能耗降低60%左右。

（3）电炉短流程的发展对于促进环保，消化废钢，净化冶金工厂的环境起到了良好的推动作用。

4.4.2 电炉工序能效分析

首先，对电炉炼钢工序能耗的统计范围进行界定，如图4.28所示。

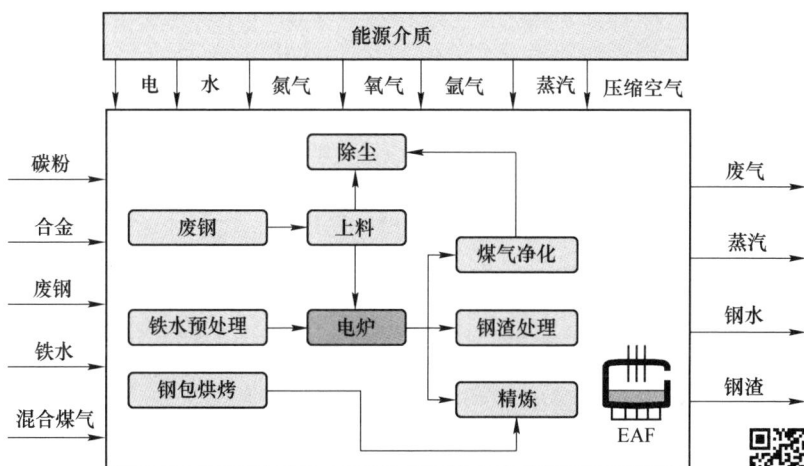

图 4.28 电炉炼钢工序数据采集边界图

图 4.28 彩图

电炉炼钢能量的主要来源由以下三部分构成。

（1）电能，计算公式为：

$$t_{出钢} = t_0 + C \times W/(P \times \Psi + P_{燃料})$$

式中 C——吨钢电耗，$kW \cdot h/t$；

W——钢水总重，t；

P——电炉变压器容量，$kV \cdot A$；

Ψ——变压器利用率；

t_0——非通电时间，min。

（2）化学能，包括元素氧化及炉气燃烧带来的化学热、输入燃料带来的化学热。化学反应热在电炉能量输入中占了相当大的比例，可达30%左右。特别是电炉使用铁水后，化学热的比例达到 40% 以上，这是现代电弧炉炼钢工艺的一个特点。化学反应中各发热元素的来源首先是炉料（废钢和生铁），其次是由碳枪喷入的碳粉或焦粉。对于普通铁水，每吹入 1 m^3 的氧气，所含各元素在 1600 ℃时反应理论发热值约为 4 kW · h。其计算方法见表 4.11。

表 4.11　化学元素化学热计算参考表

元　素	产　物	反　应　热	
		kJ/kg	kW · h/kg
Al	Al_2O_3	30.995	8.61
Si	SiO_2	32.157	8.93
Mn	MnO	6.992	1.94
Fe	FeO	4.775	1.33
C	CO	9.159	2.54
C	CO_2	32.761	9.10

（3）物理热，铁水或预热废钢带入的显热。主要是指电炉配加铁水工艺带入的铁水物理显热。若废钢预热到 600 ℃以上，也会带入部分物理显热。

4.4.3　电炉工序能效分析结果

针对电炉短流程炼钢发展中仍存在的问题，提出如下的电炉短流程炼钢发展方向及目标：

（1）提高电炉短流程炼钢占比，分阶段逐步用电炉流程替代传统高炉—转炉长流程。

（2）形成全废钢电炉流程替代中小高炉生产螺纹钢等长材、与近终形制造技术结合生产高品质钢材、利用氢还原—电炉流程生产特殊钢材 3 类电炉短流程炼钢发展模式。

（3）提升能效技术水平，逐步实现净零碳排放。

（4）大力提升电炉装备国产化水平，提高国内电炉装备企业研发能力。

（5）开发高品质直接还原铁和废钢，促进电炉钢产品转型升级。

有序推进电炉短流程炼钢高质量发展路线图分为三个阶段：

（1）第一阶段（2023—2035 年）。2035 年电炉钢产量占比达到 30% 以上，稳步提升电炉钢占比。

（2）第二阶段（2036—2050 年）。2050 年电炉钢产量占比达到 40% 以上，实现我国钢铁工业流程结构的切换。

（3）第三阶段（2051—2060 年）。2060 年电炉钢产量占比继续保持在 40% 以上，短流程电炉冶炼产品基本实现全覆盖。

与高炉—转炉长流程相比，我国电炉短流程炼钢吨钢能耗降低 50%，固废、废气、二氧化碳排放量分别减少 96%、78%、73%；颗粒物、二氧化硫、氮氧化物排放量，比即使完成超低排放改造的长流程企业也分别降低 70%、85%、75% 以上，具有显著的节能环保优势。在节能方面，据近期调研，电炉短流程炼钢平均工序能耗达到 54.1 kgce/t，吨钢综合电耗 379 kW·h，能效达到基准水平的产量占 89.9%，达到标杆水平的产量占 42.6%。

4.5　本章小结

本章以钢铁流程四个典型工序——炼焦、高炉、转炉和电炉为研究对象，解析了各工序的功能，研究了工序能量流和理论极限能耗，探讨了影响能源利用效率的关键因素并提出了降低能耗、提高能源利用效率的建议。结果表明，炼焦工序的理论极限能耗为 69.54 kgce/t 焦，高炉炼铁工序理论极限能耗为 354.38 kgce/tHM。红焦显热的高效回收、焦炉荒煤气余热深度回收，高炉煤气高质高量回收及流程优化，减少转炉煤气的二次燃烧、提高转炉煤气回收量是炼焦、高炉、转炉能效提升的关键。

参 考 文 献

[1] 邵菡，万成. 因果推断在钢铁企业能耗诊断应用中的探索 [J]. 冶金自动化，2022，46（增刊 1）：337.

[2] 刘泽淼，谢志辉，张泽龙，等. 焦化工序能耗及二氧化碳排放量计算与参数影响 [J]. 钢铁研究，2016，44（2）：1.

[3] LIU C, XIE Z, SUN F, et al. Exergy analysis and optimization of coking process [J]. Energy, 2017, 139: 694.

[4] 马芳芳，卢振兰. 钢铁企业焦化工序节能减排途径探讨 [J]. 绿色科技，2015（1）：227.

[5] 程绍良. 焦化厂炼焦工序的节能降耗 [J]. 冶金管理，2022（7）：169.

[6] 李淑英. 独立焦化企业能耗现状与节能潜力分析 [J]. 冶金能源，2020，39（4）：42.

[7] 张琦, 张薇, 王玉洁, 等. 中国钢铁工业节能减排潜力及能效提升途径 [J]. 钢铁, 2019, 54 (2): 7.

[8] 李涛, 郦秀萍, 上官方钦, 等. 中国钢铁行业数字化碳管理发展探讨 [J]. 工程科学学报, 2024, 46 (2): 209.

[9] 任艺, 谢林蓉, 杜胜, 等. 智能制造在钢铁冶金铁前工序的应用现状及展望 [J]. 烧结球团, 2023, 48 (6): 22.

[10] 王国栋, 张殿华, 孙杰. 建设数据驱动的钢铁材料创新基础设施, 加速钢铁行业的数字化转型 [J]. 冶金自动化, 2023, 47 (1): 2.

[11] 袁伟刚. 利用焦炉回收废塑料工艺的开发 [J]. 冶金管理, 2007 (3): 58-60.

[12] 郑文华, 于振东, 文相浩. 大型焦炉能量流研究 [J]. 中国冶金, 2009, 19 (11): 40-44.

[13] 郦秀萍, 上官方钦, 周继程, 等. 钢铁制造流程中碳素流运行与碳减排途径 [M]. 北京: 冶金工业出版社, 2020.

[14] 胡长庆. 物质流、能量流分析与新一代钢铁制造流程 [D]. 北京: 钢铁研究总院, 2006.

[15] 殷瑞钰. 冶金流程工程学 [M]. 北京: 冶金工业出版社, 2009.

[16] 周继程, 赵军, 张春霞, 等. 炼铁系统物质流与能量流分析 [J]. 中国冶金, 2012 (3): 50-55.

[17] 成兰伯. 高炉炼铁工艺及计算 [M]. 北京: 冶金工业出版社, 1991.

[18] 周传典. 高炉炼铁生产技术手册 [M]. 北京: 冶金工业出版社, 2008.

[19] 陈家祥. 钢铁冶金学 (炼钢部分) [M]. 北京: 冶金工业出版社, 1990.

[20] 郦秀萍. 高炉—转炉区段工艺技术界面热能工程分析 [D]. 沈阳: 东北大学, 2005.

[21] 中国钢铁工业协会电炉短流程炼钢发展研究课题组. 从资源和能源保障情况看我国电炉炼钢发展前景——我国电炉短流程炼钢发展研究报告 (下) [N]. 中国冶金报, 2023-09-13 (001).

5 钢铁能效对标数据基础

本章通过钢铁极致能效工程推进的标准体系构建、数据填报系统开发的跟踪研究，探索解决行业能效数据对标实践遇到的问题。结合三层多阶能耗模型，分析典型工序操作参数对能效的影响程度，同时研究数据质量诊断和能效评价指标群，降低因企业的生产流程、原料结构、设备状态等差异引起的企业工序能源消耗对标难度。

5.1 标准体系

中国钢铁工业协会发布了《钢铁企业重点工序能效标杆对标指南》（T/CISA 293—2022）团体标准[1]，规定了钢铁企业重点工序能效标杆对标的术语、定义和基本要求。

5.1.1 术语和定义

《钢铁企业重点工序能效标杆对标指南》（T/CISA 293—2022）团体标准依据 GB 21256、GB 21342、GB 32050 和 GB/T 36714 等国家标准进行的边界界定。

对标基准：为使能效对标公平合理，针对影响工序能耗较大的客观因素（如原料条件、产品条件、工艺装备等），根据统计分析、理论计算和现场检测，所界定的平均先进工况水平。

能效标杆：用能单位在某一时期选定的要达到或超越的能效水平。

5.1.2 基本要求

钢铁企业烧结、球团、炼焦、高炉、转炉、电弧炉工序能效标杆应满足《高耗能行业重点领域能效标杆水平和基准水平（2021 年版）》和《高耗能行业重点领域节能降碳改造升级实施指南（2022 年版）》规定的标杆要求。烧结、球团工序能效标杆应满足 GB 21256 中 1 级指标值要求。

钢铁企业重点工序单位产品实际能耗值可参照表 5.1~表 5.6 进行对标调整。鼓励绿色电力消费，重点工序单位产品实际能耗值按照企业绿电占比及国家公布的绿色电力折标系数进行等比例扣除。

表 5.1   炼焦工序能耗对标调整

影 响 因 素		对标基准	变化量（或值）	对标调整量/kgce · t⁻¹
焦炉加热燃料	顶装焦炉	焦炉煤气	混合煤气	−8.00
	捣固焦炉	焦炉煤气	混合煤气	−12.00
入炉煤挥发分 V_d	顶装焦炉	25%	26%	−2.45
			27%	−5.53
			28%	−10.16
	捣固焦炉	27%	28%	−4.96
			29%	−8.21
			30%	−11.49
入炉煤水分 M_t	顶装焦炉	10%	+1%	−3.67
	捣固焦炉	10.5%	+1%	−3.71
炉龄		焦炉炉龄≤15 年	15 年<焦炉炉龄≤25 年	−2.50
			25 年<焦炉炉龄≤40 年	−5.20

注: 1. 变化量 "+" 代表每增加，对标调整量 "−" 代表工序能耗相应减少。

2. 混合煤气是为少量焦炉煤气（或转炉煤气）掺入高炉煤气后形成的焦炉加热用低热值混合燃气。

表 5.2   烧结工序能耗对标调整

影 响 因 素	对标基准	变化量（或值）	对标调整量/kgce · t⁻¹
烧结原料中稀土矿比例	0	+1%	−0.15
烧结原料中钒钛磁铁矿比例①	0	+1%	−0.20
烧结原料中褐铁矿比例	35%	+1%	−0.10

①钒钛磁铁矿对标调整量不超过 23%。

表 5.3   球团工序能耗对标调整

影 响 因 素	对标基准	变化量（或值）	对标调整量/kgce · t⁻¹
球团原料中赤铁矿比例	0	+1%	−0.22
球团原料中稀土矿比例	0	+1%	−0.15

影 响 因 素	对标基准	变化量（或值）	对标调整量/kgce·t⁻¹
球团原料中钒钛磁铁矿比例①	0	+1%	-0.20
球团原料中消石灰比例	0	+1%	-0.05

①钒钛磁铁矿对标调整量不超过 8%。

表 5.4 高炉工序能耗对标调整

影 响 因 素	对标基准	变化量（或值）	对标调整量/kgce·t⁻¹
入炉矿品位	62%	61%	-3.61
		60%	-7.22
		59%	-10.83
		58%	-14.44
		57%	-18.05
入炉原料钒钛磁铁矿比例	0	+1%	0.45
焦炭 M40	85%	-1%	-2.71
焦炭 M10	6%	+1%	-3.61
焦炭灰分	12%	+1%	-2.71

注：变化量"＋""－"代表每增加、减少，对标调整量"－"代表工序能耗相应减少。

表 5.5 转炉工序能耗对标调整

影 响 因 素	对标基准	变化量（或值）	对标调整量/kgce·t⁻¹
转炉装料废钢比	15%	+1%	-0.23
钢水终点含碳量	0.1%	+0.1%	-0.88
钢种	以普碳钢为主	以优质碳素结构钢为主	-0.80
		以优质轴承钢、齿轮钢、硬线钢及工具钢等为主	-1.20
		以深冲钢、超深冲钢、管线钢等为主	-1.50

注：变化量"＋"代表每增加，对标调整量"－"代表工序能耗相应减少。

表 5.6 电弧炉工序能耗对标调整

影响因素	对标基准	变化量（或值）	对标调整量/kgce·t⁻¹
铁水加入量	0	+1%	+0.80
直接还原铁加入量	0	+1%	-0.15

影响因素	对标基准	变化量（或值）	对标调整量/kgce·t⁻¹
钢水终点含碳量	0.1%	+0.1%	−0.88
钢种	以普碳钢为主	以优质碳素结构钢为主	−8.00
		以深冲钢、超深冲钢、管线钢等为主	−15.00

注：变化量"+"代表每增加，工序能耗修正量"+""−"代表工序能耗可相应增加、减少。

5.2 能效对标数据填报系统开发

5.2.1 系统简介

就钢铁极致能效工程与能效标杆三年行动，中国钢铁工业协会在征求培育企业意见和建议时，行业专家认为若要更好地推进"双碳最佳实践能效标杆示范厂"培育，确保钢铁行业重点工序能耗数据的真实性、准确性、统一性、可比性是前提条件和基础。为此，中国钢铁工业协会组织开发了"钢铁企业重点工序能效对标数据填报系统"，构建钢铁行业能源数据基础体系，推进钢铁企业重点工序能效达标杆，助力钢铁行业高质量发展和"双碳"目标实现。

该系统于 2022 年下半年开始计划筹备，2022 年 12 月 9 日在湛江举办的《钢铁行业能效标杆三年行动方案现场启动会》会议上正式宣布实施，由冶金工业信息中心承担开发工作。2023 年 6 月 30 日，在马鞍山召开了发布会，正式宣布系统上线；8 月 3 日，召开培育企业座谈会，讨论分析第一批数据情况；8 月 15 日，发正式通知，开始二季度数据填报。此后，参与"双碳最佳实践能效标杆示范厂"培育企业按季度填报重点工序能效对标数据。

5.2.2 开发目的

重点工序能效对标数据填报系统开发不仅是服务平台的构建，更是《钢铁企业重点工序能效标杆对标指南》（T/CISA 293—2022）团体标准对数据统计要求的信息系统实现，并期待以此系统为起步，对钢铁能源系统对标数据基础再提升，表现在以下几个方面。

（1）数据填报系统是对钢铁能源对标难点的分析与改进。由于各类因素，钢铁企业能源系统存在企业对外报数不一致、企业间无法合理对标等历史难题，这种难题是难以依靠单个企业自发或区域行政手段去解决的。中国钢铁工业协会在国家深入推进"能耗达标杆 2025 目标"和企业节能降耗实现"高质量转型发展"的大背景下，利用"推荐值转实测值"和"团标调整科学化"的有利契机，在"双碳最佳实践能效标杆示范厂"培育企业等行业头部企业的信任下，推出了企业认可的数据系统，为钢铁行业能源系统数据标准化提供了最接近成功的可能。

（2）数据填报系统是基于企业生产实际的数据整合。系统开发过程中实地调研了 10 余家钢铁企业，通过多次会议与第一批培育企业进行深度交流，征求了行业专家及专业公司的意见建议，最终在企业能源平衡表的基础上，结合团标和企业实际，开发推出的赢得企业共识的对标系统。

（3）数据填报系统是开展"双碳最佳实践能效标杆示范厂"培育的基础，也是助力。数据系统的开发过程得到行业的重点关注，截至 2024 年初，培育企业申报数量达到 58 家，其中第二批 37 家，远超第一批 21 家，而且在第二批申报通知中已经明确"参与数据填报"是通过培育评估的前提，因此申请数量的大幅增加是企业对数据系统高度认可的印证。

（4）数据填报系统是标杆验收方案制定的重要参考。标杆的验收最主要就是对数据的验收。通过数据填报系统对各企业数据的收集和计算，实现了对各工序能耗及子项影响因素的精确分析，对验收方案的制定以及验收过程数据验证提供基础依据。

5.2.3 系统功能

本系统由数据统计、数据计算、对标分析三个模块组成。系统一期涉及高炉、转炉、电弧炉、焦炉四个工序。

数据统计模块。每个工序的数据统计模块分两个部分，企业分别填写"能耗计算表"和"能耗调整表"。"能耗计算表"的设计基础为企业能源平衡表和《粗钢生产主要工序单位产品能源消耗限额》（GB 21256—2013）、《电弧炉冶炼单位产品能源消耗限额》（GB 32050—2015），企业填报"能耗计算表"中实物量和折标系数两个选项。"能耗调整表"的设计基础为团标《钢铁企业重点工序能效标杆对标指南》（T/CISA 293—2022），企业填报修正项数值，系统自动计算出对应的对标调整量。同时，"能耗调整表"自动获取相同设备"能耗计算表"里的"工序能耗"数值，结合对标调整量，计算出最终可用于对标的工序能耗值。

数据计算模块。该模块通过内嵌公式，实现对统计模块获取的企业填报数据的计算。其中，能耗计算的逻辑为通过计算生产单位合格产品过程中输入和回收的能量差值计算工序能耗，在"能耗计算表"中表现为通过内嵌的公式计算出该工序的单耗折标煤量和工序能耗。能耗调整的逻辑为通过计算生产单位合格产品过程中外在原料或其他影响因素的差异计算调整修正量，在"能耗调整表"中表现为通过内嵌公式计算去除特殊因素影响，得出可用于对标的工序能耗。

对标分析模块。为减轻企业数据统计、上报工作量，企业仅需上报每个周期各个指标的当期数值，系统会自动计算出该周期内工序能耗值，并可通过数据积累，计算出不同周期的累计值。通过当期能耗和累计能耗的分析，可实现：

（1）对企业单个设备不同时期工序能耗的纵向对比；

（2）对企业该工序包含多个设备时不同时期综合能耗的纵向对比；

（3）对企业内或行业内同类型设备工序能耗的横向对比；

（4）对不同企业该工序综合能耗的横向对比。

同时可以基于"能耗计算表"和"能耗调整表"的计算子项，分析出对单体设备中各子项的影响大小，更好地指导企业开展针对性的能效提升措施。

应中国钢铁工业协会与中国机械冶金建材工会共同组织开展的"全国重点大型钢铁生产设备节能降耗对标竞赛"需要，2024年，该系统二期将拓展开发烧结工序，用于高炉、焦炉、烧结、转炉、电弧炉的全国重点大型钢铁生产设备节能降耗对标竞赛。2024年6月24日，钢铁行业"双碳最佳实践能效标杆示范厂"验收评审正式启动，本次现场验收进一步验证了《钢铁企业重点工序能效标杆评估规范》（T/CISA 416—2024）团体标准[2]的客观、专业、科学，该标准已于2024年7月19日正式颁发实施。

5.3　典型工序能效影响因素分析

5.3.1　炼焦工序

炼焦过程以典型炼焦煤（碳+灰分+挥发分）为原料，以焦炭、焦炉煤气为输出产品的炼焦工序对应的极限能耗模型进行了模型编制，界面如图 5.1 所示，并以此为基础进行参数分析。对炼焦工序进行简单的机理分析，根据产品温度、产品挥发分含量的不同研究其参数变化对能耗的影响程度分析。根据计算结果显示，影响因子敏感性依次是焦炭温度、挥发分含量。下面的计算结果均是建立在产品终点温度等于煤气温度的基础之上的。

焦炭终点温度与能耗之间的关系如图 5.2 所示。

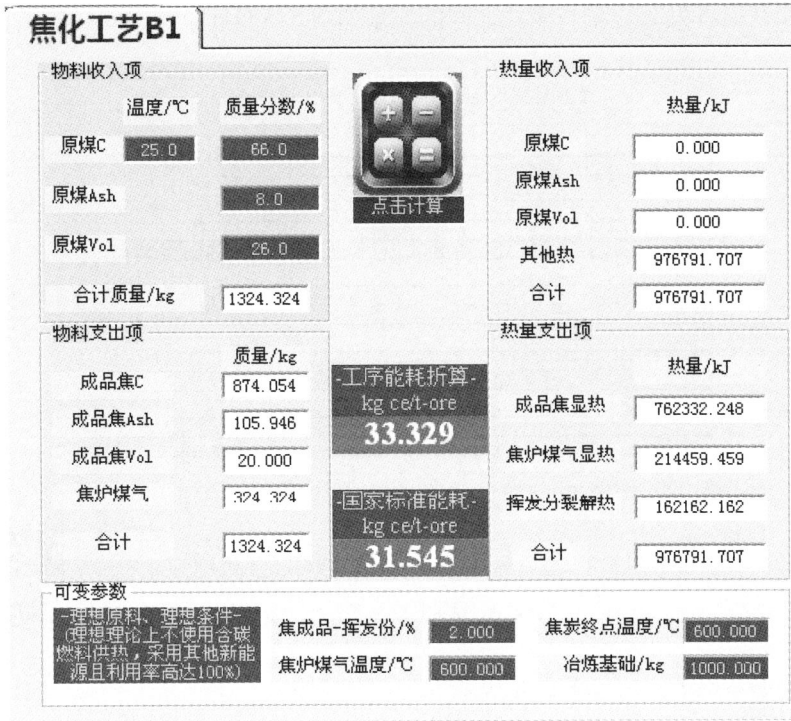

图 5.1 炼焦工序计算分析界面

图 5.1 彩图

图 5.2 彩图

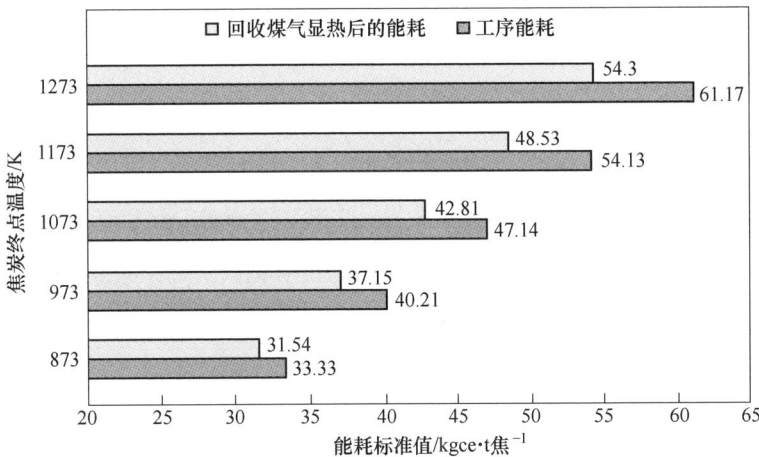

图 5.2 焦炭终点温度与能耗之间的关系

（条件：焦炭终点挥发分含量为2%）

焦炭终点挥发分含量与能耗之间的关系如图 5.3 所示。

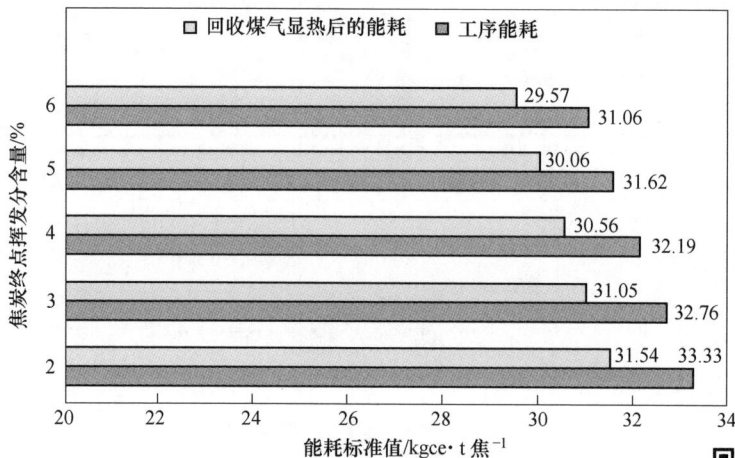

图 5.3 焦炭终点挥发分含量与能耗之间的关系

（条件：焦炭终点温度为 873K）

图 5.3 彩图

炼焦参数与能耗之间的关系见表 5.7。

表 5.7 炼焦参数与能耗之间的关系

参 数 变 化	能耗变化/kgce·t 焦$^{-1}$
产品终点温度增加 100 ℃	+7.0
产品终点挥发分含量增加 1%	+0.6

5.3.2 高炉工序

对高炉的影响因素进行了分析，模拟结果列于表 5.8 中。

表 5.8 高炉炼铁变量参数与能耗（kgce/tHM）之间的关系

计算条件	变量	碳耗/kg	其他能源	总能耗	回收后能耗
铁水温度/K	1673	204.02	97.17	325.4496	298.60
$T_{气}=473$ K	1723	204.02	99.62	327.8996	301.10
$w[C]=5.0\%$	1773	204.02	101.82	330.0996	303.26
$w[Si]=0.5\%$	1823	204.02	103.56	331.8396	305.00
$R=1.05$	1873	204.02	105.56	333.8396	307.00
气体温度/K	373	204.02	97.27	325.5496	301.10

续表 5.8

计算条件	变量	碳耗/kg	其他能源	总能耗	回收后能耗
$T_{铁水}=1723$ K	423	204.02	98.46	326.7396	301.10
$w[C]=5.0\%$	473	204.02	99.66	327.9396	301.10
$w[Si]=0.5\%$	523	204.02	100.86	329.1396	301.10
$R=1.05$	573	204.02	102.07	330.3496	301.10
铁水碳含量/%	3.5	191.43	100.00	314.1925	288.81
$T_{气}=473$ K	4.0	195.63	99.89	318.7819	292.90
$T_{铁水}=1723$ K	4.5	199.82	99.78	323.3601	297.00
$w[Si]=0.5\%$	5.0	204.02	99.66	327.9396	301.10
$R=1.05$	5.5	208.21	99.55	332.5178	305.20
铁水硅含量/%	0.2	203.21	102.05	329.4232	302.70
$T_{气}=473$ K	0.3	203.48	101.26	328.9353	302.16
$T_{铁水}=1723$ K	0.4	203.75	100.46	328.4374	301.63
$w[C]=5.0\%$	0.5	204.02	99.66	327.9396	301.20
$R=1.05$	0.6	204.29	98.87	327.4517	300.56
炉渣二元碱度/-	0.85	204.02	98.40	326.6796	299.84
$T_{气}=473$ K	0.95	204.02	99.03	327.3096	300.47
$T_{铁水}=1723$ K	1.05	204.02	99.66	327.9396	301.10
$w[C]=5.0\%$	1.15	204.02	100.29	328.5696	301.73
$w[Si]=0.5\%$	1.25	204.02	100.92	329.1996	302.36

高炉炼铁参数与能耗之间的关系见表 5.9。

表 5.9 高炉炼铁参数与能耗之间的关系

参 数 变 化	总能耗变化/kgce·tHM^{-1}
铁水温度增加 100 ℃	+4.6
高炉出口气体温度增加 100 ℃	+2.4
铁水碳含量增加 1%	+9.2
铁水硅含量增加 1%	-1.0
炉渣碱度增加 0.1	+0.65

5.3.3 转炉工序

以下是在铁水温度为 1350 ℃（1623 K）、铁水含碳量为 4.5%、铁水含硅量为 0.40%、铁水含磷量为 0.03% 的条件下计算的数据。钢水的基准条件为钢水温度为 1550 ℃（1823 K）、钢水含碳量为 2.0%、钢水含硅量为 0.10%、钢水含磷量为 0.005%。能耗分为两种计算：一种是只回收烟气显热，回收率为 100%，另一种是回收转炉烟气的显热以及化学热，回收效率为 100%，以出钢温度、气体出口温度及 CO 成分、钢水含碳量、硅含量以及磷含量为研究变量，获得了各参数对两种能耗的影响程度，计算结果见表 5.10。

表 5.10 转炉炼钢变量参数与能耗之间的关系

计 算 条 件	变量	100%回收气体显热 总能耗/kgce·t 钢$^{-1}$	100%回收气体显热与化学热 总能耗/kgce·t 钢$^{-1}$
出钢温度/K	1673	−22.9	−33.49
$T_{气\text{-}出口}=1073$ K	1723	−21.19	−31.78
$w[CO]=50\%$	1773	−19.57	−30.16
$w[C]=2.0\%$	1823	−18.39	−28.98
$w[Si]=0.1\%$ $w[P]=0.01\%$	1873	−16.94	−27.53
气体出口温度/K	973	−18.39	−28.99
出钢温度=1823 K	1023	−18.39	−28.99
$w[CO]=50\%$	1073	−18.39	28.98
$w[C]=2.0\%$	1123	−18.39	−28.98
$w[Si]=0.1\%$ $w[P]=0.01\%$	1173	−18.39	−28.98
CO 比例/%	50	−18.39	28.98
$T_{气\text{-}出口}=1073$ K	60	−16.27	−28.98
出钢温度=1823 K	70	−14.15	−28.98
$w[C]=2.0\%$	80	−12.03	−28.98
$w[Si]=0.1\%$ $w[P]=0.01\%$	90	−9.91	−28.98
碳含量/%	1.0	−26.81	−41.62
$w[CO]=50\%$	1.5	−22.6	−35.3
$T_{气\text{-}出口}=1073$ K	2.0	−18.39	28.98
出钢温度=1823 K	2.5	−14.18	−22.67
$w[Si]=0.1\%$ $w[P]=0.01\%$	3.0	−9.97	−16.35
硅含量/%	0.05	−19	−29.61
$w[CO]=50\%$	0.10	−18.39	28.98
$T_{气\text{-}出口}=1073$ K	0.15	−17.78	−28.36
出钢温度=1823 K	0.20	−17.16	−27.74
$w[C]=2.0\%$ $w[P]=0.01\%$	0.25	−16.55	−27.12

计 算 条 件	变量	100%回收气体显热 总能耗/kgce·t 钢$^{-1}$	100%回收气体显热与化学热 总能耗/kgce·t 钢$^{-1}$
磷含量/%	0.005	−18.43	−29.03
$w[CO]=50\%$	0.01	−18.39	28.98
$T_{气\text{-}出口}=1073\ K$	0.015	−18.35	−28.94
出钢温度 = 1823 K	0.02	−18.31	−28.9
$w[C]=2.0\%\ w[Si]=0.1\%$	0.025	−18.27	−28.86

注：负号代表负能炼钢。

依据表 5.10 的数据，对各影响因素进行了敏感性分析（针对 100%仅回收转炉煤气显热的能耗的情况），分析结果列于表 5.11 之中。由此可知，钢水成分是影响转炉能耗的主要因素，同理，铁水的初始成分也是决定转炉能耗的重要因素。

表 5.11　转炉炼钢参数与能耗之间的关系

参 数 变 化	总能耗变化/kgce·t 钢$^{-1}$
出钢温度增加 100 ℃	+2.98
出口气体温度增加 100 ℃	+0.00
出口气体 CO 比例增加 10%	+2.12
出钢钢水 C 含量增加 1%	+8.42
出钢钢水 Si 含量增加 1%	+24.50
出钢钢水 P 含量增加 1%	+8.00

5.3.4　电炉工序

以下计算均以废钢初始温度为 25 ℃，初始碳含量为 0.1% 为计算标准。电炉炼钢变量参数与能耗之间的关系见表 5.12。

表 5.12　电炉炼钢变量参数与能耗之间的关系

计 算 条 件	变量	总能耗/kgce·t 钢$^{-1}$
出钢温度/℃ $w[C]=0.1\%$	1400	39.1304
	1450	40.7336
	1500	42.3045
	1550	43.4277
	1600	44.8311

电炉炼钢参数与能耗之间的关系见表 5.13。

表 5.13   电炉炼钢参数与能耗之间的关系

参 数 变 化	总能耗变化/kgce·t 钢$^{-1}$
出钢温度增加 100 ℃	+2.6

5.4   数据质量诊断方法与能效评价指标群的思考

5.4.1   数据质量诊断方法

当前填报数据质量可能存在两种情况，一是填报数据均为真实数据，钢铁行业可直接通过对填报数据指标进行对标挖潜，利用最优指标对应的技术进行全行业推广，进而大幅降低行业能耗与碳排放；二是填报数据不完全准确，可信度不高，对行业来讲，将会带来严重的负面效应。基于上述背景，研究数据质量诊断方法是钢铁工序能效对标的尝试，希望通过能效数据质量诊断方法的研究，增加填报系统数据的可靠性、完整性和准确性。

5.4.1.1   元素守恒法

质量守恒定律是自然界普遍存在的基本定律之一。对于钢铁生产过程来讲，同样遵循着物质质量守恒定律。以高炉为例进行说明，高炉内主要存在的五大基本元素是铁—碳—氧—氢—氮（Fe—C—O—H—N），填报系统中高炉工序采集的边界条件列于表 5.14 中。

表 5.14   高炉工序填报系统数据采集边界

类 型	填 报 参 数
能源输入	煤粉类型（原煤、干洗精煤、无烟煤、动力煤、烟煤）； 焦炭类型（自产焦炭、外购焦炭、焦粉、焦丁）； 气体消耗（焦炉煤气、高炉煤气、转炉煤气、天然气）； 工质消耗（氧气、氮气、压缩空气、高炉鼓风、电力、中压蒸汽、低压蒸汽、新水、中水）
能源回收	焦粉、焦丁、高炉煤气、TRT/BPRT 能源回收； 炉渣显热（蒸汽）、炉渣显热（热量）、废烟气显热回收

在计算高炉工序能耗时，收集的数据主要包括了原燃料和煤气的消耗情况，如图 5.4 所示，可利用 C—N 元素平衡关系，对数据的输入与输出进行计算，对

存在偏差的企业依据偏差比例进行数据质量等级评分。

入炉形式	炉内碳素的状态转变				排出形式	
石灰石	碳酸盐分解					CO_2
煤粉					高炉煤气 BFG	
焦炭	风口前燃烧	与O_2	CO	45%间接还原CO_2		CO_2
		与H_2O		55%保持不变CO		CO
	$FeO/SiO_2/MnO/P_2O_5$等直接还原					
	铁水渗碳				铁水	$[C]_{HM}$
烧结矿残碳	炉尘				炉尘	C

图 5.4　高炉内碳素流信息图

图 5.4 彩图

在上述诊断过程中，与数据采集位置和状态高度相关，对部分数据进行说明。

（1）高炉顶煤气回收量：距脱湿处理后最近的采集点，即干基炉顶煤气量。

（2）鼓风量：热风干基空气量，不包含富氧量。

（3）焦比：入炉焦炭量（包含焦丁），干基质量。

（4）煤比：喷吹煤粉量，干基质量。

另外，对基准条件给予说明。

（1）干基炉顶煤气量中的 H_2 百分比按照 2% 处理。

（2）铁水碳含量 4.6%，焦炭含碳量 87%，煤粉含碳量 80%。

依据输入与输出的碳素关系可对数据的质量进行诊断。

为了保证数据的准确性，在企业提交验收申报表后，企业需要提前填报补充数据表，用于验收之前的数据验证。对此，本项目团队成员参与了《钢铁行业能效降碳绿色智能平台》国家小型基建项目，并参与制定了相应的补充数据表结构，以高炉为例，企业需补充填报的数据项详见表 5.15。

表 5.15　高炉工序验收前数据补充填报数据项

参 数 名 称	单位	参 数 名 称	单位
吨铁鼓风量（入炉冷风）（标态）	$m^3 \cdot t^{-1}$	其他燃料，如 CDQ 粉	$kg \cdot t^{-1}$

参　数　名　称	单位	参　数　名　称	单位
入炉热风湿度（标态）	$g \cdot m^{-3}$	喷煤比	$kg \cdot t^{-1}$
吨铁富氧量（标态）	$m^3 \cdot t^{-1}$	焦炭固定碳量	%
吨铁喷煤 N_2 载气量（标态）	$m^3 \cdot t^{-1}$	混合煤固定碳含量	%
炉顶煤气产生量（干基）（标态）	$m^3 \cdot t^{-1}$	混合煤挥发分含量	%
炉顶煤气含 H_2	%	吨铁熔剂量	$kg \cdot t^{-1}$
炉顶煤气含 CO	%	熔剂中含 CO_2 量	%
炉顶煤气含 CO_2	%	铁水含碳量	%
炉顶煤气含 N_2	%	吨铁炉尘量	$kg \cdot t^{-1}$
全焦比（焦炭与焦丁）	$kg \cdot t^{-1}$	炉尘含碳量	%

基于企业上报的数据采用 C-N 平衡、理论燃烧热值等计算，对所填报数据中的原燃料消耗量、炉顶煤气量、煤气折标系数进行合理性研判，确保项目验收过程数据的准确性。

5.4.1.2　置信区间法

置信区间是一种常用的区间估计方法，所谓置信区间就是分别以统计量的置信上限和置信下限为上下界构成的区间[3]。对于不同工序来讲，结合中国钢铁工业协会掌握的技术清单、行业权威专家的调研走访以及理论计算等方法，基本确定不同工序下各参数消耗量的范围，且此区间可依据掌握的技术以及使用的设备进行动态调整，如不同容积高炉下不同富氧率下对应的冶炼强度、燃料比（焦炭类型燃料与煤粉类型燃料的综合）、煤气回收量（与燃料比和煤气利用率存在较大的关联性）。通过理论计算和专家经验确定了各工序重要参数的置信区间，以此对填报系统进行数据质量诊断。

5.4.2　高炉工序评价指标群的思考

高炉炼铁工艺指采用高炉冶炼设备将含铁物料（烧结矿、球团矿、块矿），造渣熔剂（石灰石等），以及还原剂（焦炭）从高炉炉顶加入高炉内，同时向高炉内喷入燃料（煤粉）并由高炉风口吹入助燃热风，通过高温冶炼得到液态生铁、炉渣、高炉荒煤气的生产方法与技术。该工艺涉及清洁生产以及能源消耗问题，为了便于各个企业对其指标的统一理解，对下列指标进行了规定，详见表 5.16。

表 5.16 高炉炼铁工序指标群涉及的术语

指标名称/术语	定　义
高炉煤气干法除尘配置脱酸系统	高炉煤气净化采用干法除尘的，配置去除煤气中氯化氢等酸性气体，用于防止后续煤气管道以及包括 TRT（高炉煤气余压透平发电装置）等附属设备出现腐蚀的系统
高炉炉顶煤气余压利用（TRT 或 BPRT）装置	高炉炉顶煤气余压利用装置包括高炉炉顶煤气余压回收透平发电装置和煤气透平与电动机同轴驱动的高炉鼓风机组两种。 高炉炉顶煤气余压回收透平发电（Top Gas Pressure Recovery Turbine，简称 TRT），是利用高炉炉顶煤气的压力能，经透平膨胀做功来驱动发电机发电。 煤气透平与电动机同轴驱动的高炉鼓风机组（Blast Furnace Power Recovery Turbine，简称 BPRT），是煤气透平与电机同轴驱动的高炉鼓风能量回收成套机组。该机组中的高炉煤气透平回收能量不是用来发电，而是直接同轴驱动鼓风机，没有发电机的机械能转变为电能和电能转变为机械能的二次能量转换的损失，回收效率更高
平均热风温度	指高炉在一定时间内实际使用的平均热风温度
高炉环境除尘设施	指出铁口、主沟、渣铁分离器、渣沟、铁沟、沟嘴、高炉上料卸料点等部位的捕集净化设施
燃料比	指高炉冶炼每吨合格生铁所消耗的燃料量。燃料量指入炉的干焦、干焦丁、煤粉、重油总量
入炉焦比	指高炉冶炼每吨合格生铁所消耗的干焦炭量
高炉喷煤比	指高炉冶炼每吨合格生铁所消耗的煤粉量
生产取水量	指高炉冶炼每吨合格生铁需要的取水量
水重复利用率	指高炉炼铁工序重复利用水量与总用水量的百分比
渣铁比（干基）	指高炉冶炼每吨合格生铁所产生的炉渣量（干基）
炼铁工序能耗	$$E_{铁} = (E_{铁,消耗} - E_{铁,回收})/P_{合格}$$ 式中　$E_{铁}$——炼铁工序能耗，kgce/t； 　$E_{铁,消耗}$——年高炉炼铁工序消耗的各种能源的折标准煤量总和，kgce； 　$E_{铁,回收}$——年高炉炼铁工序回收的能源量折标准煤量，kgce； 　$P_{合格}$——年合格生铁产出量，t。 其中：电力折标系数采用 0.1229 kgce/(kW·h)
入炉铁矿品位	$$F_{品位} = Q_{入炉铁矿,含铁}/Q_{入炉铁矿,实物}$$ 式中　$F_{品位}$——入炉铁矿品位，%； $Q_{入炉铁矿,含铁}$——入炉铁矿（人造块铁矿和天然铁矿石）含铁总量，t； $Q_{入炉铁矿,实物}$——入炉铁矿（人造块铁矿和天然铁矿石）实物总量，t

指标名称/术语	定　义
炼铁金属收得率	$N_{收得率} = P_{合格} \times R_{生铁含铁} / (Q_{人造块矿,实耗量} \times F_{人造块矿品位} + Q_{天然矿石,实耗量} \times F_{天然矿石品位})$ 式中　$N_{收得率}$——炼铁金属收得率,%; 　　　$P_{合格}$——年生铁合格产出量,t/a; 　　　$R_{生铁含铁}$——生铁含铁量,%; 　　$Q_{人造块矿,实耗量}$——年实耗人造块矿量,t/a; 　　　$F_{人造块矿品位}$——人造块矿含铁品位,%; 　　$Q_{天然矿石,实耗量}$——年实耗天然矿石量,t/a; 　　　$F_{天然矿石品位}$——天然矿石含铁品位,%

　　鉴于目前采用折标系数进行工序能耗计算存在不合理、不统一的情况,在未完成折标系数统一合理的规范化换算之前,本文提出一种高炉能效指标群的方法来实现高炉工序的对标挖潜以及能效分析。高炉炼铁其过程参数耦合性极高,作者对高炉的参数进行了归类分析,基于物料平衡和热平衡模型,确定了影响高炉能效的指标群,列于表 5.17 中。指标群重点涵盖了决定冶炼过程的关键原料参数、操作参数以及过程参数,行业人员可通过对比原料参数和操作参数的差异横向对标其过程参数的变化,进而通过改善原料结构、提升操作水平实现指标优化。与此同时,通过建立的高炉能耗分析模型,还可以分析不同技术对应的参数变化,实现不同技术节能潜力预测分析。

表 5. 17　高炉工序能效指标群

参数类型	指　标　群
原料参数	入炉原料结构(熟料比以及混合矿品位) 燃料性能结构(焦比、M40、M10、焦炭碳含量)
操作参数	鼓风温度与湿度、氧气流量(或富氧率)、喷煤量及煤粉碳含量
过程参数	直接还原度、炉顶煤气温度、热值、回收率及 CO 利用率、渣量、炉尘量及其含碳量、干法除尘下的余压发电 TRT、热负荷(或热损失)

5.5　本章小结

　　本章探讨了钢铁行业能效对标数据体系的构建,旨在推动行业节能降碳。首先介绍了中国钢铁工业协会发布的能效标杆对标指南,其次阐述了数据填报系统的开发目的和功能,强调其对数据标准化和数据评价的重要作用,随后分析了炼焦、高炉、转炉、电炉等典型工序的能效影响因素，提供能效对标改善理论指导，最后提出了元素守恒法、置信区间法等数据质量诊断方法，并建议建立高炉工序能效指标群，为能效对标和提升提供更全面的评估工具。

参 考 文 献

［1］冶金工业信息标准研究院，中国宝武钢铁集团有限公司，中冶赛迪工程技术股份有限公司，等．T/CISA 293—2022 钢铁企业重点工序能效标杆对标指南［S］．北京：冶金工业出版社，2022.

［2］冶金工业规划研究院，首钢股份有限公司，中国宝武钢铁集团有限公司，等．T/CISA 416—2024 钢铁企业重点工序能效标杆评估规范［S］．北京：冶金工业出版社，2024.

［3］罗洪群，王青华．统计学［M］．北京：清华大学出版社，2018.

6 先进成熟技术应用与共性难题技术研发

碳减排背景下，科技迅猛发展使得技术应用的不确定性增加，技术与经济之间的关系愈加交错，很多国家开展产业及行业技术预见性研究，以期把握产业发展的技术机遇，解决产业发展中的问题，提升本国产业、企业竞争力。钢铁推进极致能效，关键在于推动先进成熟技术快速推广应用及共性难题技术协同研发创新。

6.1 钢铁极致能效技术供给与应用

6.1.1 技术全球化

技术是人们在生产活动中知识和经验的积累，是研究、发明、开发和创新的集合，是企业的核心竞争力。先进、成熟、适用技术，对企业经营、发展及做强做优做大至关重要。推进钢铁极致能效，行业专家、钢铁企业家及相关从业者将目光瞄向技术供给和技术应用存在的短板与不足并采取积极行动。通常，企业技术源的获取方式，即企业技术创新模式大致可分为以下几种：技术引进、专利购买、科学研究与试验发展合同（R&D 合同）、技术许可证、技术合作、企业内部自主研究开发等[1]。而基于创新来源也可将技术创新分为封闭式创新模式（企业内部自主研究开发等）和开放式创新模式（技术引进、技术合作等）[2]。

技术全球化背景下，技术的研发与应用呈现出新的形式。技术全球化的核心内容包含 3 个方面：

（1）技术研究与开发的全球资源配置，按照比较优势原则在全球范围内优化开发方向，承认任何单一技术的合理性及对全社会的节能降碳贡献，鼓励技术的多样化、多元化发展，实现技术开发产出的最大化和符合区域特性的最优化选择。

（2）技术活动的全球化管理，即研究开发的组织形式面向全球开放，且在统一的制度框架和标准下，按照共同的国际规则进行技术成果交易及知识产权保护。

（3）技术成果的全球共享，在科学合理的规则和条件下，实现技术成果的全球共享，但当前情况下，技术知识的溢出和扩散成为全球化下的一个重要现象。

6.1.2 共性技术供给失灵

共性技术第一次被明确定义是在 1988 年美国先进技术计划（Advanced Technology Program，ATP）上：一种有可能应用到大范围的产品或工艺中的概念、部件、或工艺、或科学现象的深入研究[3]。清华大学李纪珍指出，产业共性技术是指在很多领域内已经或未来可能被普遍应用，其研发成果可共享并对整个产业或多个产业产生深度影响的一类技术[4-5]。产业共性技术一般等同于共性技术，国外多称共性技术，国内多称产业共性技术。由于共性技术的广阔应用前景、服务多用户的基本属性，以及使能和竞争前的技术特征，使得共性技术在很多产业都出现供给不足、扩散成本高、组织管理效率低下、政府作用不明确的现象，即出现"市场失灵"和"组织失灵"[4-5]。

产业共性技术的"市场失灵"，是指共性技术的外部性导致纯市场机制的共性技术供给不足[4]。即由于复杂的网络外部性等技术特性，技术的产权很难清楚界定，并因包含了技术的学习成本等而造成交易成本高昂，单个企业不能保证技术的收益全部归属于自身，最终出现共性技术的市场失灵[4]。此外，李纪珍在其研究中提到共性技术市场失灵存在供给"市场失灵"及扩散"市场失灵"[4-5]。李纪珍将共性技术划分为基础性共性技术、竞争前共性技术和应用类共性技术[4]。对于应用类共性技术，单个企业因为不能保证获得技术全部收益或多数收益，而不愿意进行产业共性技术研发，出现供应"市场失灵"；对于基础性共性技术，研发和创新需要基础理论的长期积累，技术承接方在进行成果转化过程中需进行二次开发，且技术本身不确定性较大、价值不明显，技术转让、技术许可等市场下的扩散被限制，出现扩散"市场失灵"。

共性技术的"组织失灵"，指单个个体由于个体能力的有限，不能满足共性技术研究开发的要求，共性技术的研究开发需要多个个体的合作，而在共性技术开发成功后，又难以扩散并低成本实现社会资源配置的帕累托最优[4]。简单而言，即单个个体由于能力所限难以实现共性技术供给，而合作又难以实现的表现。

应对产业共性技术的双重失灵，政府在共性技术的供给及扩散中有着独特作用。共性技术的双重失灵是政府干预共性技术的研发和推广的理论依据，政府在共性技术的研发与推广中主要有以下职能：（1）同时解决共性技术双重失灵问题，一方面促进共性技术的创新研发，另一方面推动关键共性技术的推广应用；（2）合理选择共性技术的组织模式并确定共性技术的共享层次；（3）建立健全法律法规、制度，创造公平竞争环境，提供共性技术开发所需的部分资金，其他诸如对参与经济主体的约束、激励、协调等[4,6-7]。

6.1.3 技术推广应用与协同研发创新

钢铁工业在支撑国民经济发展中发挥着不可替代的脊梁作用，科技创新自立自强是打造钢铁强国的基础，技术贡献度是体现钢铁强国的关键要素之一，需以共性技术协同研发和成熟技术推广应用为着力点，推进行业技术进步，增强企业发展内生动力和抗风险能力。在这方面，需要强化企业对绿色创新技术分层次的开发、示范和规模推广应用。绿色创新技术分层次的应用，一是加强成熟绿色技术的采纳和应用，促进原有产品设计和生产的高质量变革，实现绿色转型；二是加大共性绿色技术的研发投入，结合具体场景进行应用拓展，构建支持绿色产业发展的技术体系；三是加快前沿绿色技术的重点突破与布局，解决"高能效、低碳绿色、智能化"领域的关键战略性技术挑战，鼓励具备自主研发优势的制造业企业构建产业前沿技术创新平台和实验室，开展前沿技术研究。

20世纪90年代，钢铁行业推广六项关键共性技术，即高炉高效率长寿综合技术、高炉高效喷煤技术、高效连铸技术、转炉溅渣复吹长寿技术、棒线材高速连轧技术、行业综合系统节能技术[8]。2017年，为进一步落实《中国制造2025》，工业和信息化部在广泛征求意见基础上，提出《产业关键共性技术发展指南》[9]。2022年9月28日，中国钢铁工业协会在上海召开部分领先钢铁企业研究院院长座谈会，联合签署并共同发布《中国钢铁企业研究院院长上海共识》，合力共举，致力行业科技进步，共同推进钢铁工业高质量发展，为全面建设社会主义现代化强国、实现第二个百年奋斗目标贡献力量。这是中国钢铁行业致力于产业共性技术供给的一个重要举措。2023年12月1日经国家发展和改革委员会第6次委务会议审议通过，国家发展和改革委员会同有关部门对《产业结构调整指导目录（2019年本）》进行了修订，形成了《产业结构调整指导目录

（2024 年本）》[10]。钢铁产业共性技术从市场层面看，一方面由于钢铁行业历史悠久、体量大、品种多、工艺技术路线复杂、研究机构齐全等特点，新技术不断涌现仍有大量潜力；另一方面，某些行业共性难题长期得不到突破与攻克，技术供给市场缺失，技术创新与扩散需要加强。

2022 年，中国钢铁工业协会推进钢铁极致能效工程与能效标杆三年行动方案，中国钢铁工业协会面向全社会征集钢铁行业重点工序节能降碳技术和能效降碳技术合作伙伴，形成技术清单和能力清单。技术清单方面，重点聚焦焦炉、烧结、高炉、转炉、电炉及能源公辅等工序，经会员单位及社会各界推荐，共计筛选 118 项节能降碳技术，经专家评审选定 50 项技术，并纳入"钢铁双碳最佳实践能效标杆示范厂"的培育目录和验收参考清单。能力清单方面，中国钢铁工业协会同中国冶金报、世界金属导报开展两轮征集，涉及 139 项节能降碳技术。经投票、函评、专家评审（行业内 77 位专家参与），形成极致能效工程能力清单，包括 50 家企业、93 项技术及 300 余项应用实绩。2023 年，中国钢铁工业协会组织开展电炉、压缩空气、高炉和焦炉、低温余热与数智赋能、转炉等若干场极致能效技术专题推进会。这是中国钢铁工业协会推进成熟技术推广应用的典型举措。

2022 年，中国钢铁工业协会在全球低碳冶金创新论坛暨第八届宝钢学术年会上表示，为有效推动中国钢铁工业低碳技术开发，提出了"世界前沿低碳共性技术开发支持计划"，列出了需要重点发展和支持的前沿低碳共性技术清单，包括富氢或全氢气基直接还原技术、富氢碳循环高炉技术、氢基熔融还原技术、近零碳排电炉流程技术、钢铁近终形制造技术、高废钢比高效转炉技术、冶金渣显热回收及高效化资源化利用技术等。2023 年初，中国钢铁工业协会组织钢铁行业推进"高炉煤气精脱硫技术"协同创新并征集意愿参加单位，下半年，11 家优秀攻关团队携方案参加此次评选会，形成了多团队"赛马"机制。这也是行业共性技术协同创新的一次尝试，旨在探索凝聚行业智慧力量、整合创新资源、多种路径推动共性技术协同研发的新机制、新举措，以此加速科技创新、抢占绿色低碳发展先机。

6.2　先进成熟技术应用

中国钢铁一直坚持节能降碳，2011—2020 年 10 年间通过优化能量流的运行行为和能量流网络以及提高全流程的综合能效，吨钢综合能耗进一步降低了 0.05 tce/t[11-13]，但节能增效降碳工作也逐步进入深水区。"双碳"目标提出以来，国家、行业、企业进一步关注行业节能降碳，国家层面发布《国家工业和信息化领域节能技术装备推荐目录（2022 年版）》《国家工业节能技术装备推荐目录（2021）》等[14-15]，中国钢铁工业协会层面发布极致能效工程技术清单（T50）、能力清单，企业将"能效降碳"作为当下最主要、最优先的工作。快速推广应用先进成熟节能技术可显著推进行业节能降碳。作者结合工作经验及企业技术交流，按工序疏理了行业部分典型、成熟先进节能技术供读者参考，疏理中难免存在偏颇与遗漏，请读者批评指正。

6.2.1 炼焦工序

（1）高温高压干熄焦技术。在循环风机的作用下，惰性气体在干熄焦系统内不断循环，将焦炭的温度从 1000 ℃ 冷却到 250 ℃ 以下，并回收余热生产蒸汽或发电。相比传统中温中压干熄焦技术，减少工序能耗 5 kgce/t 焦。

（2）焦炉上升管荒煤气余热高效回收技术。焦炉上升管替换为上升管换热器，约 800 ℃ 的荒煤气流过上升管换热器将热量传递给强制循环的传热媒介，实现荒煤气余热回收。吨焦产蒸汽量达 70 kg 以上，工序能耗降低 7 kgce/t 焦以上。

（3）焦炉用关键功能耐火材料集成技术。包括"表面复合陶瓷成型技术、高导热硅质材料制备技术及窑炉热修补技术"等系列技术。应用高导热硅砖材料，炼焦效率提高 5%；应用表面致密光滑大型结构功能化耐火材料，炉门温度降低 40~50 ℃。

（4）焦炉循环氨水余热回收。通过溴化锂制冷机组以水为制冷剂，溴化锂水溶液为吸收剂，利用水在高真空条件下低沸点汽化特征，回收循环氨水的热量实现制冷，降低工序能耗 0.5~1.0 kgce/t 焦。

（5）焦炉炭化室压力自动调节技术。根据每孔炭化室煤气发生量变化，实时调节桥管水封阀盘的开度，实现整个结焦周期内炭化室压力调节，工序能耗下降 2~4 kgce/t 焦。

（6）焦炉用节能型炉盖。内设空气隔热层的新型炉盖降低了炉盖导热系数，可以减少炉盖部位的热损失，减少工序能耗 0.5~1.0 kgce/t 焦。

（7）焦炉自动加热控制技术。通过炼焦过程智能测温、焦炉立火道热工控制、炼焦终温反馈调节及焦炉源头减氮控制技术，实现焦饼中心温度远程自动准确测量控制，减少工序能耗约 6 kgce/t 焦。

（8）焦化废水回用与零排放技术。焦化高浓盐废水经除氟后依次经过软化除硅、超滤、离子交换、纳滤、COD 分离、反渗透、分盐蒸发结晶等处理工序，最终实现废水零排放。

（9）热回收焦炉高效余热发电。一种基于母管制带再热系统的余热发电系统，利用母管制将多台容量较小的再热式锅炉和非再热式锅炉通过同一母管并联起来，拖动一台容量较大的汽轮发电机组，从而充分利用热回收焦炉工艺中产生的高温烟气进行发电的一种节能技术。

（10）蒸汽法负压粗苯蒸馏技术。改造脱苯设备结构形成负压环境，以降低溶液中各组分的沸点，从而达到降低蒸馏温度、减少热源消耗的目的，同时采用蒸汽加热富油代替管式炉加热富油，减少煤气消耗。

（11）节能热泵蒸氨技术。采用第二类吸收式热泵机组替代常规蒸氨分缩器，回收蒸氨塔塔顶氨蒸汽的潜热，并进行温度提质后加热循环热水，用于加热塔底废水作为部分热源给蒸氨塔供热，减少蒸汽消耗。相比常规焦化蒸氨节约蒸汽量 20% 以上。

（12）横管式煤气初冷器余热回收。横管式煤气初冷器顶部设有余热回收段，从焦炉来的荒煤气首先与脱硫单元来的脱硫液换热得到冷却，既降低了煤气冷却的循环水和低温水的用量，又替代了再生单元所需热源蒸汽的消耗，工序能耗可下降 0.5~1 kgce /t 焦。

（13）炼焦煤调湿技术。煤调湿采用蒸汽多管回转式干燥机，以蒸汽作热源，焦炉烟气作载气，煤料水分由 11% 降至 8% 左右。工序能耗可下降 5~8 kgce/t 焦。

6.2.2 烧结（球团）工序

（1）烧结混合料预热技术。优化制粒工艺提高生石灰粉消化放热功效，控制烧结混合料温度保持在 60 ℃以上，烧结矿固体燃料消耗降低约 1.1 kg/t 矿。

（2）超厚料层烧结技术。超厚料层烧结可充分发挥料层自动蓄热功能，改善烧结生产过程，固体燃料消耗降低约 2.99 kg/t 矿。

（3）烧结烟气余热回收利用技术。应用烧结大烟道余热锅炉和环冷机双压余热锅炉，回收利用烧结大烟道尾部风箱中高温排烟余热及环冷机中高温段废气余热，节能约 12.5 kgce/t 矿。

（4）烧结环冷废气低温余热利用（ORC 发电+热水）技术。利用环冷机三、四段产生的 100~220 ℃的热废气生产热水或用于 ORC 机组发电，工序能耗可下降约 0.1 kgce/t 矿。

（5）烧结废气余热循环利用工艺技术。烧结低温废气自烧结支管风箱/环冷机排出后，再次被引入烧结料层，余热利用的同时减少废气排放，工序能耗下降约 0.2 kgce/t 矿。

（6）烧结环冷机液密封技术。包括两相动平衡密封技术、高效传热技术、气流均衡处理综合技术、复合静密封技术以及高温烟气循环区液体防汽化技术，减少环冷机漏风率，降低鼓风机电耗，增加环冷蒸汽产量。

（7）分层供热低碳富氢烧结技术。依靠点火深度调节上层供热、保温强度调节上中层供热、燃气喷加补热调节中层供热、蒸汽喷加助燃调节下层供热的合理偏析补热均热烧结方法，优化烧结料层供热方式，降低烧结工序能耗 3% 以上。

（8）高温固体散料余热直接回收技术。高温固体散料由固-固换热锅炉顶部物料入口进入，利用自身重力向下缓慢流动，通过移动填充床固体换热方式，锅炉受热面管束将高温颗粒降温过程中释放的热量直接吸收转变成过热蒸汽。热回收效率达到 80% 以上。

（9）新型聚氨酯 HPM 筛板。聚氨酯筛板是一种以聚氨酯为原料生产的网状制品。其最大的特征是筛面的自洁性能，不堵孔、筛分效率高。因聚氨酯的渗水性强，筛孔锥角大（140°），故能够有效地防止潮湿细粒物料的黏附，因此适合于潮湿细粒物料的筛分分级。

（10）烧结微负压点火。在烧结点火段设置微负压控制装置，改善煤气消耗。煤气消耗减少约 0.3 m^3/t 矿。

（11）烧结与球团低温余热水电联产。利用部分烧结/球团产生低温余热替代热法低温多效蒸馏技术（MED-TVC）海水淡化用蒸汽（0.6 MPa，250 ℃），并新增热水闪蒸配套低温多效蒸馏技术（F-MED）海水淡化装置。

（12）烧结矿亚铁监测技术。烧结矿 FeO 含量在线检测系统，实时监控整个烧结过程数据，极大地缩短了混合料配碳调整周期，为及时调整混合料配碳，稳定烧结矿 FeO 含量提供了基础。

（13）低碳高效智慧烧结技术。利用人工智能、工业物联网、机器人和深度学习等技术，实施技术开发应用实现烧结过程智能检测、协同优化和智能控制，具体包括：关键工艺参数智能监测、多目标多约束条件下烧结生产调度优化、设备智能化作业及无人化技术、生产作业远程控制技术等。工序能耗低至 40 kgce/t 矿，烧结成品率可达 81%。

6.2.3　高炉工序

（1）高炉炉顶均压煤气回收技术。基于料罐内与煤气管网压差连续回收炉顶均压煤气，可根据生产需要实现煤气回收和常规放散两种操作模式的在线切换。煤气回收量达 3.90 m^3/t 铁（标态）以上。

（2）高炉热风炉自动燃烧和热均压技术。结合优秀操作者经验数据，以设备安全为前提，以降低煤气量和稳定风温为目标，以模糊控制为手段，制定热风炉自动燃烧模型，分阶段（点火、烧拱顶、烧烟道）调整煤气量和空燃比。热风炉煤气消耗减少 1.5% 以上。

（3）高炉煤气放散塔新型点火伴烧技术。通过催化燃烧技术实现高炉煤气的自主、稳定燃烧，高炉煤气伴烧替代传统城市燃气或焦炉煤气长明火伴烧，高压电弧作用下从持续燃烧转变为周期性燃烧，在有煤气放散时燃烧，实现节能降耗。

（4）高炉淬渣余热高效回收技术。包括高炉冲渣水真空相变取热技术、淬渣蒸汽余热回收技术等。真空相变换热技术利用水在真空状态下沸点降低的特性，真空环境下蒸发出干净的热蒸汽再实现余热回收；淬渣蒸汽余热回收装置由多组形式各异的换热设备经多级串并联使用组成，达到淬渣余热高效回收。

（5）热风炉富氧烧炉技术。通过提高助燃空气的含氧量，减少助燃空气使用量，在满足高炉所需高风温的同时，节约能源，降低生产成本。工序能耗降低约 1.4 kgce/t 铁。

（6）热风炉空/煤气双预热技术。使用板式、管式或热管换热装置，热风炉烟气经过换热器与烧炉煤气和助燃空气进行热交换，预热煤气和助燃空气，从而将烟气余热加以利用，降低热风炉煤气消耗。

（7）高辐射覆层节能低碳技术。高辐射覆层材料具有高辐射、高吸收的特性，将其涂覆在复杂结构的高炉热风炉蓄热体表面与焦炉燃烧室内壁，可以提高蓄热体和燃烧室立火道表面的发射率，强化高温环境下固体表面与气体间的辐射传热，提升能源利用效率，降低燃料消耗。

（8）高炉鼓风定湿技术。通过冲渣水制冷脱湿、冷冻机脱湿等工艺实现鼓风脱湿或者定湿，控制鼓风湿度在 10 g/m^3，可保证较好的高炉炉况，保证炉内温度稳定。鼓风湿度减少 1 g/m³，焦比降低 0.6~0.8 kg/t 铁。

（9）高炉浓相喷煤技术。结合煤粉性能，进行专业化分析输出合适的浓相输送参数；应用先进的煤粉分配器、高效长寿的喷枪，改善喷枪检测控制水平，优化浓相输送控制水平，减少载气消耗。

（10）高炉富氧技术。高炉富氧鼓风可以提高风口理论燃烧温度、促进煤粉的充分燃烧，高炉鼓风富氧增加 1%，焦比下降 0.5%。常见富氧技术有分子筛、变压吸附、膜法等。

（11）冷却壁智能检漏技术。在高炉循环冷却水系统中设置智能检漏系统，通过高精度仪表检测和显示，自动检查发现水系统中局部破损发生漏水的问题，并发出警报，提示及时应对处理，可有效降低燃料消耗，防止设备故障问题进一步扩大。

（12）高炉原燃料高效振动筛分技术。高炉焦炭和矿石槽下振动筛分系统筛网由圆孔型式改成棒条型式，可提高原燃料筛分效率，优化高炉入炉料粒级分布，确保高炉入炉料质量，有利于高炉炉况顺行和技术经济指标提升。

6.2.4　转炉（电炉）工序

（1）钢包包壁砖替代打结料降低烘烤煤气消耗技术。钢包包壁砖替代原先打结料包壁，确保在钢包烘烤器数量不增加的情况下，降低钢包烘烤时间，节约炼钢烘烤煤气消耗，烘烤耗能降低约 0.07 GJ/t 钢。

（2）转炉烟气余热回收技术。转炉烟道式余热锅炉系统，回收利用转炉高温烟气热量，包括：烟道汽包、低压强制循环系统中的烟罩部分、中压强制循环系统、自然循环系统。转炉蒸汽回收量达到 85 kg/t 钢以上。

（3）转炉底吹二氧化碳炼钢技术。CO_2 具有弱氧化性，在钢液中能与 [C]、[Si]、[Mn]、[Fe] 等发生氧化反应，CO_2 与钢中 [C] 反应生成 CO。CO_2 用于转炉底吹，生成 CO 的同时强化熔池搅拌。

（4）炼钢蒸汽平衡及调控技术。包括蒸汽生产和使用的预测控制模型，以及蓄热器压力调节平台，通过控制现场设备，实现炼钢低压蒸汽外送量和中压蒸汽补入量自动调节，通过计算机智慧计算和模型控制，实现炼钢蒸汽系统自平衡，减少输送及空耗损失。

（5）转炉除尘风机节能控制技术。基于大数据分析和智能控制理论，通过研究不同工艺条件下电机和负载匹配关系、控制策略优化等，实现电机系统用能最优化，除尘风机节电率达到 10% 以上。

（6）烘烤器富氧燃烧技术。铁包/钢包烘烤器采用带烟气回流的煤气-氧气分级卷吸燃烧技术，氧气和煤气经由不同喷嘴以不同的速度进入钢包内，在反应前分别与烟气发生卷吸、弥散混合后燃烧，燃料节约率达到 50%。

（7）铁钢界面铁水智能调度系统。通过工业网络改造或新增，实现与企业已有信息化系统互联互通，实现铁水调度相关生产数据、设备运行数据和其他重要数据的自动采集；应用 RFID 技术、GPS 技术及 3D 仿真建模等智能化手段，实现机车、铁水罐准确定位跟踪、铁水信息的智能识别，将炼铁—炼钢工序紧密衔接，铁钢界面铁水调运预判及时、组织有序；再根据企业实际需求，开发集监控预警、调度指令、生产实绩、生产计划、数据分析、历史信息、基础配置等功能的智能管理系统，实现对铁水运输过程的规范化、精细化、智能化管理，减少铁水运输过程温降；节能约 2.2 kgce/t 铁。

（8）RH 工艺干式（机械）抽真空技术。罗茨泵与螺杆泵结合，利用罗茨泵对 RH 工艺废气"增压"来满足高抽气量的要求，利用螺杆泵将工艺废气压缩至大气压以上后排出，能耗下降 0.5 kgce/t 钢。

（9）转炉煤气自动点火伴烧技术。通过催化燃烧技术实现转炉煤气的自主、稳定燃烧，转炉煤气伴烧替代传统城市燃气或焦炉煤气长明火伴烧，高压电弧作用下从持续燃烧转变为周期性燃烧，在有煤气放散时燃烧，实现节能降耗。

（10）RH 富氧烘烤技术。改变传统 RH 真空室烘烤方式，采用富氧比约 45% 的烘烤模式，降低烘烤时间约 50%。

（11）电炉废钢预热技术。利用电炉烟气和钢水预热废钢，废钢预热温度达到 600 ℃，降低冶炼电耗 120 kW·h/t 钢以上。

（12）氢氧切割。氢氧切割工艺以水为原料，通过电解产生大量的氢气来取代高耗能、高污染的传统燃气进行火焰加工作业。具有割缝小、断面平整、挂渣少的特点，成品收得率高。

（13）转炉氧枪、副枪循环冷却水按需供给技术。改造转炉氧枪、副枪的供水端管道，增加辅助管道，修改 PLC 控制程序，基于流量计信号和氧枪、副枪工况条件自动调整流量，按需匹配循环冷却水流量。降低循环冷却水消耗 40%。

（14）氧枪蒸汽密封替代氮封。对转炉用氧枪密封进行重新设计，将密封气源改为蒸汽，既可避免因使用大量氮气造成冶炼成本的上升，同时增强了氧枪口的密封效果，保证安全生产，减少烟尘外泄。

（15）中间包塞棒测温技术。塞棒连续测温技术是将塞棒的控流功能与中间包钢水温度连续测量技术相结合、基于黑体空腔辐射测温理论的一种新型测温技术，能真实、准确地反映流入结晶器的钢水温度。测温不确定度 8~10 ℃。

（16）废钢预热。现有生产条件下，受限铁水温度条件，废钢比已逼近极限。温度是提高转炉废钢比的关键，进一步提高废钢比可从废钢预热角度出发。行业统计数据表明，废钢预热至 500~700 ℃，可贡献 5%~6% 的废钢比。

（17）转炉合金在线快速预热节能技术。合金在线预热技术可在 10~15 min 内，通过高效燃烧系统装置将合金加热炉中的合金加热至 400~600 ℃，后直接通过溜槽加入钢水中，实际应用中可减少 5~15 ℃。

（18）TPC 加低碳轻薄废钢技术。TPC 空罐加废钢技术是指在 TPC 兑铁完成后，向其中加入一定量的轻薄废钢，加入量为 TPC 铁水装入量的 2%~7%。TPC 加废钢一方面回收耐材散热，另一方面降低了铁水碳浓度从而减少铁水运输过程因温降导致的碳析出。

6.2.5　轧钢工序

（1）薄带铸轧一体化技术。相对旋转的铸辊作为结晶器，使液态金属在极短的时间内凝固并热成型，直接成为金属薄带。薄带铸轧工艺总能耗约为传统热连轧工艺的 1/5 左右。

（2）轧钢棒材冷床余热回收利用技术。设备安装于冷床上方，以脱盐水为管内工质，以热空气为管外工质，通过换热器强化传热，达到对管内工质加热的目的。

（3）轧钢加热炉富氧燃烧技术。利用高浓度氧气替代空气进行的燃烧方式，采用无焰燃烧器，利用氧气与高热值燃料直接形成无焰燃烧，燃料单耗减少 10% 以上，氧化烧损降低 5% 以上。

（4）轧钢加热炉燃烧优化解决方案。基于炉膛残氧和一氧化碳闭环优化控制，采用激光燃烧分析仪检测加热炉各段炉膛内 O_2 和 CO 残余量，进而实时调整炉内各段空燃比/空气过剩系数，使得炉内各段处于最佳燃烧状态，煤气消耗减少 5% 以上，同时炉内气氛优化，显著减少钢坯烧损。

（5）轧钢加热炉蓄热式燃烧技术。蓄热式烧嘴成对工作，二者交替变换燃烧和排烟工作状态，烧嘴内的蓄热体相应变换放热和吸热状态。热回收率达 85% 以上，温度效率达 90% 以上。

（6）轧钢加热炉高效换热器技术。采用内翅片+外翅片的高效换热器或板式换热器，增加换热器的换热面积，强化换热，降低加热炉燃料消耗5%以上。

（7）智能工业加热系统。以轧钢加热炉炉群为主要应用决策对象的炉群产线，在智能设备支撑下，对炉群产线进行控制、决策、可视化等方面的全面智能化升级。智慧加热包含加热炉智能控制、设备健康管理、智能决策分析等为一体的全方位加热炉运行管理系统。

（8）微雾抑尘技术。在轧机架入口和出口处设置喷雾抑尘单元，采用高效雾化喷嘴，喷洒净环水，水雾与粉尘颗粒大小相近，发生非弹性碰撞，水雾颗粒与粉尘颗粒进行有效的吸附而聚结成团，重力沉降，从而达到抑尘、除尘的作用。除尘风机的负荷降低60%左右。

（9）全视场温度检测技术。通过光学原理对炉内板坯进行整体的测温，并能够分辨板坯与其他物体的分界面，从而精确检测板坯全长、全宽不同位置的实际温度，并与加热炉均热段头中尾控制勾连，为板坯温度的均匀性控制提供技术支撑。吨钢能耗降低约1%。

（10）步进梁液压势能回收技术。将加热炉步进梁升降油缸改成能量回收升降油缸，并在液压系统中增补蓄能器和控制阀组，由蓄能器释放和吸收液压油，减少了液压站的供油量，从而降低了主泵的开启数量，由此达到降低电耗及生产运行维护成本的目的。液压泵电耗节约20%以上。

（11）铸轧界面温度预测技术。建立从连铸切割后钢坯入库储存、保温坑、运输过程、加热等全过程的钢坯温度分布规律，形成界面各环节钢坯温度预测模型，精细化指导钢坯输运存储计划编制及装炉模型计算；结合板坯温降曲线和板坯结构特征，基于传热学原理形成板坯温度剖面结构模型，改善加热炉加热制度。

6.2.6 能源公辅

（1）全流程钢厂水系统智慧管控与零排放技术。聚焦源头节水、废水处理回用、浓缩液资源化和智慧集中管控四个维度，开展多渠道非常规水源可持续利用、水系统全流程智慧管控、废水"梯级处理—分级回收—分质利用"处理以及排海废水全量资源化利用等技术。

（2）锅炉用汽水系统电磁抑垢技术。交变电磁水处理装置用于电厂锅炉用汽水系统，利用产生的交变电磁场获得洛伦兹力，抑制注水系统中阴阳离子的结合，减少结垢。

（3）冷却塔水电双动力风机节能技术。水能机和补偿电机构成的水电双动力节能风机系统，将循环水系统富余的压力转换为动能驱动风机运转，减少电耗，系统回水余能不足时，辅助应用补偿电机驱动风机运转。

（4）高效超临界煤气发电技术。高效超临界煤气发电主蒸汽额定压力24.2MPa，主蒸汽额定温度600 ℃，全厂热效率纯凝工况下为43.5%。

（5）高速磁浮 ORC 发电技术。利用 80~350 ℃ 中低温废热以及冷媒介质低沸点特性，结合高速磁浮发电机、涡轮机、热力、机械、电力电子技术，经系统优化整合而成低温发电系统。

（6）钢铁智慧能源管理系统。与周边系统建立通信接口，实现与生产、设备、用能过程深度在线融合，进行装置级、系统级及多系统联合优化。智慧能源管理平台，实现多能源介质智能调度和精细化能源管理需求，重点分析和跟踪相关单元能源消耗、能效指标、异常因素等相关变量，提高钢铁企业能源领域的数字化、网络化、智能化。

（7）压缩空气系统集中群控智慧节能技术。通过准确掌握用户的用气规律并做出趋势预测，设定满足生产工艺需求的最低压缩空气系统总管压力，并调控空气压缩机出力，实现大部分设备运行在高效区，少量设备用作调节。

（8）电机变频（永磁）调速节能技术。增加变频器或永磁调速装置，根据拖动设备负载变化调节电机运行状态，实现能源节约和精细控制，节电率8%~25%。

（9）超一级能效智慧空压站。包括超高效空压机组、低露点多模式节能型干燥机、高效管网输配、系统智能控制、设备安康管控、智慧能源、云服务等技术。万立方压缩空气电耗可低至 1050 kW·h 以下。

（10）地下供水管线精准测漏技术。构建雷达波声波双波耦合的管道漏损定位技术，应用雷达图像数据的多属性分析技术和探地雷达时频综合分析技术，以此实现对漏损位置和规模的精准识别。

（11）CCPP 燃气轮机发电技术。应用燃气轮机替代低参数、高能耗、低效率、老化严重的低参数汽轮机，低热值高炉煤气为燃料输入的条件下，发电热效率可达到43%~48%。

（12）伺服液压节能。现代电液伺服系统采用伺服电机+定量泵系统，可以随时启停，按需供给，几乎不产生溢流，从而带来节能效果。

（13）高炉煤气锅炉低温换热岛技术。通过将高炉煤气锅炉低温烟气的余热与多种换热介质进行协同管理，将锅炉烟气各余热回收设备有机地结合起来，通过加热器的协同布置，建立独立于锅炉外的高炉煤气锅炉低温换热系统，锅炉热效率得到大幅提高。

（14）余热余能电站储热调峰技术。系统由与余热发电/煤气发电锅炉并列的储/放热系统组成。谷电时段，储热系统与锅炉耦合运行，系统储热发电；峰电时段，储热系统与锅炉耦合运行，系统放热发电。系统根据当地峰谷电价时段调整、控制储/放热工艺流程，实现热电解耦，调峰发电。

（15）蒸汽管网自动疏水阀。自动疏水阀呈现渐缩孔形式，利用离心力使得凝结水在孔上形成水封，流体呈旋涡状通过疏水阀孔，使凝结水连续顺畅排出，最终只排凝结水，不泄漏蒸汽。可匹配远程控制系统，监控各疏水阀运行情况。

6.3 共性难题技术研发

行业共性技术是指在很多领域内已经或未来可能被普遍应用，其研发成果可共享并对整个产业或多个产业产生深度影响的一类技术[4-5]。随着钢铁极致能效工作的不断深入以及研究与实践不断地逼近领域技术前沿，促使该领域的行业共性难题更加清晰，且随着技术的不断突破而动态更新。

中国钢铁技术走过引进、消化、吸收、再创新历程，生产工艺技术和现代管理水平基本达到国际先进水平，部分工艺已达到国际领先水平。但是，钢铁行业的绿色低碳高质量发展既是中国钢铁业面临的新课题，也是全球钢铁行业均需突破的大课题，例如：如何在保证钢铁产品质量和生产效率的前提下，大幅度降低能耗和碳排放；如何实现钢铁生产过程中的废物资源化利用，构建钢铁行业自身和跨产业的循环经济体系；以及如何在数智化赋能、冶金流程再电气化、新能源冶金应用、低碳冶金等重大工艺装备创新领域实现新突破。

宝钢股份中央研究院冶金能源技术团队坚持全球技术扫描，聚焦 10 项钢铁行业低碳高能效共性难题技术，分别是焦炉荒煤气显热、高炉渣显热、烧结矿显热、转炉烟气头尾放散与转炉烟气显热、铁—钢—铸—轧界面能效、数据驱动智慧能源、高效清洁燃烧、低温余热、储能与清洁能源、能源增值，利用宝钢股份科研大项目机制已开展三轮持续攻关研究。该团队在 2019 年编著出版的《钢铁低碳高能效共性难题技术研发与应用》一书中，从现有能耗指标评价体系的局限性，提出理论极限能耗、技术极限能耗与实际操作最佳能耗的三层极限能耗概念，梳理节能降碳路径，介绍了部分典型低碳高能效共性难题技术的研发和实践。

近三年，冶金能源技术创新热点持续，低碳高能效专业技术公司不断涌现，该领域的共性难题技术取得新突破，结合行业发展实践，咨询钢铁极致能效领域专家、企业家及相关从业者观点与建议，针对典型长流程钢铁企业，提出钢铁低碳高能效技术 7 个发展方向：钢铁余热余能资源极限高效回收利用，减少能源消耗、产品损耗，减少工序、工艺界面能量损失，重点用能设备及系统节能提效技术，原料、能源低碳化及二次资源循环利用，数智驱动低碳高能效，新材料应用，并例举 25 项技术内容，提供业界参考。

（1）钢铁余热余能资源极限高效回收利用。钢铁余热余能占钢铁能耗的52%左右[16]，钢铁企业中高温余热、余压资源及副产煤气基本得到了高效回收，但仍未达到有效回收利用的极限。极限高效回收例举技术如下。

1）焦炉荒煤气余热回收技术。焦炉荒煤气 500 ℃以上余热回收已有解决方案，500 ℃以下余热由于焦油析出、黏结以及腐蚀管道、恶化传热、安全保障原因，仍未实现有效回收，核心是耐腐蚀、耐黏结、高换热效率换热设备的开发。

2）竖冷炉回收烧结矿显热技术。相比烧结矿余热环冷回收方式，竖冷炉具有能耗低、漏风率低、换热效率高的优势，理论余热回收可发电 30 kW·h/t 矿以上。竖冷炉难以规模应用技术难点是布料偏析、换热气流分布不均。

3）高炉冲渣水余热回收。制约高炉冲渣水余热回收的难点是温度低（70 ℃），含有的大量杂质造成换热设备堵塞、腐蚀。可考虑应用真空相变设备、抗结垢换热设备回收冲渣水余热用于供暖、制冷等，也可用于海水淡化[17-18]。

4）熔融高炉渣生产发泡建材。研究证明高炉渣可用于生产发泡建材[19]，通过合理的工艺控制，可直接利用高炉渣的显热同时将熔融态高炉渣转化为高附加值的发泡建材。该技术可解决高炉渣干法处理余热回收效率低的问题，同时避免冷态渣料再利用时二次加热消耗能源的问题。

5）转炉煤气极限高能效回收技术。一方面转炉煤气的发生具有周期性，转炉吹炼初末期低热值煤气被放散，可采用即时回收利用方式实现燃烧利用；另一方面转炉熔池中[C]部分转化为 CO_2 减少了煤气中可燃成分，可向烟道喷吹含碳物质利用高温环境将 CO_2 转化为 CO 利用。

6）转炉烟气全温域余热回收技术。目前转炉烟气余热通过汽化冷却烟道实现 900 ℃以上显热回收，900 ℃以下余热被冷却浪费。转炉烟气中低温余热回收的关键是防爆、耐磨损、自动清灰、高效换热设备的开发。

7）中低温余热高效利用。中低温余热热源和热利用之间的不匹配问题以及较低的换热效率是制约中低温余热深度回收利用的主要障碍，中低温余热回收可用于物料烘干、热水采暖、制冷等用途。

（2）减少能源消耗、产品损耗。钢铁流程能源消耗主要集中在炼铁过程前段，轧钢工序后段，提高产品收得率则是最大的节能。例举技术如下。

1）炼焦工序烧损控制热工技术。焦炭的损耗发生在红焦运输、干熄焦过程中，由于缺少高精度的焦炭烧损检测方法，焦炭烧损未能得到有效的控制。焦炭烧损控制关键包括烧损测量检测装置开发、干熄焦循环烟气成分调控等。

2）热风炉低碳高效化。包括热风炉自动燃烧和热均压技术、富氧烧炉技术、高效格子砖、空煤气双预热技术、高辐射覆层等技术。

3）智慧加热炉及少（无）氧化加热技术。包括先端检测与燃烧调控工艺、加热炉内钢坯温度预测、加热炉数字孪生系统及人工智能（AI）技术等应用。生产数据表明，加热炉氧化烧损减少 0.1%，加热炉燃耗降低 0.03~0.05 kgce/t。

（3）减少工序、工艺界面能量损失。该技术方向的本质是减少运输过程热损失或实现散热利用，提高材料使用效率，例举技术如下。

1）铁—钢—铸—轧界面智能高效热链接技术。开发铁—钢—铸—轧界面铁水/钢水/连铸坯温降预测在线模型，提高铁水/钢水/连铸坯温降预测精度，开发跨工序、一体化在线系统，为铁水/钢水/连铸坯运输调度提供集成监控、智能化在线辅助决策平台，实现优化调度及快速响应，实现铁水过程散热再利用、降低钢水浇铸过热度及过程热损失、连铸坯温度资源高效利用。

2）蒸汽、热水等热力介质自平衡，自产蒸汽优先供给本工序使用，减少并网、外供造成的压力损失、能量损失。

（4）重点用能设备及系统节能提效技术。高效电机、变频调速、永磁调速等高效能设备逐步大规模替代应用，新的技术思路是匹配用户端工艺特征、用能特征的技术优化，主要体现在能源、公辅端。例举技术如下。

1）氧氮氩空等能介低碳高能效制备与利用。氧氮氩公辅气体通常根据需要采用分子筛、深冷空分、变压吸附制取，压缩空气采用压缩机制取，采取膜法工艺可实现氧、氮、压缩空气的一次性制备，且占地面积、能耗更低，但需考虑应用场景。

2）环保设施高效化。包括低温催化剂、高耐毒性催化剂的使用，烟气补热充分利用烟气自身热量或可燃成分，例如利用催化燃烧燃尽烧结烟气中 CO 减少脱硝补热燃料的使用。

3）设备低碳高效运维。包括基于工艺需求的氧气浓度控制，氮气压力控制，低成本氮气/压缩空气替代氩气使用，空气压缩机设备群控及动态调节技术，分质用水、梯级用水、循环供水节能技术，基于智能控制的水泵群控系统技术等。

4）工业余热低成本规模化制备钢渣超细粉。应用蒸汽动能磨设备，以蒸汽作为动力介质破碎钢渣生成超细粉可改善超细粉加工过程存在的火星、能耗、规模和稳定性的问题，可实现超细粉游离氧化钙含量不大于 1%[20]。

5）高效石灰窑技术。包括高效喷射技术、无焰燃烧技术、新型托砖圈技术、拱桥长寿技术等实现石灰窑能效改善、低热值燃气的高适应性。此外，石灰窑烟气可用于提纯应用、直接应用或钢渣固碳。

（5）原料、能源低碳高效化及二次资源高效循环利用。根据生命周期评价方法，低碳原燃料及二次能源的循环利用具有钢铁制造过程最大的减碳潜力，基于高能效、经济炉料、清洁能源及二次资源循环利用原则，例举技术如下。

1）低碳原料冶金应用。包括制造过程废钢、生命周期末废钢、气基直接还原铁的综合使用等。韶钢研究表明[21]，高炉废钢比 125 kg/t 铁时，燃料比下降 50 kg/t 铁。

2）生物质能在铁、烧、焦及炼钢领域应用。生物质能属于可再生能源，生物质及其固、气、液多元产物可用于替代钢铁煤、焦、燃气和燃油的使用。宝武集团研究了生物质水热炭用于高炉喷吹技术[22]，Arcelor Mittal 在比利时根特建设第一个大型 Torero 示范工厂，利用废木材生产生物炭，以取代现阶段投入高炉的化石燃料煤[23]。

3）冶金流程再电气化及风/光电氢、新型核能冶金应用。钢铁流程电气化包括电熔炼（电炉）、电加热（加热炉、热处理炉）、电驱动（鼓风、制气、运输）等，且钢铁企业内部具有丰富的储能前景，与国内越来越充足的风光核电具有高匹配性[24]。

4）二次资源低碳高效利用。包括炼钢铸余渣、渣钢、渣铁综合利用，含碳除尘灰回用、含铁尘泥回收利用等，副产煤气用作化产原料等。

（6）数智驱动低碳高能效。数字化、信息化、智能化手段，对企业整体能源的生产、输送、使用进行整体监控管理、调节，有助于企业及时掌控了解自身能耗水平，并持续的优化和降低能耗成本。

1）铁、烧、焦、钢、铸、轧全流程能效分析数字基础。完善设备计量系统，积极淘汰陈旧落后的计量标准设备，利用设备计量、软计量，数据传输技术、可视化技术，奠定能效分析数据基础，并做好数据的全生命周期管理。

2）数智驱动冶金能源精细化管控。能源系统具有多成分、多相态、多层次、开放性、非线性、非稳态、动态有序性等复杂表征，包括电力、蒸汽、氧、氮、氩、燃气等多种能源介质的调度，电表、水表、传感器等多类数据，涉及海量实时数据的分析、处理和离线数据的研究、优化，可借助深度学习、机器学习、人工智能提供能源的多层次管理。

3）面向新型能源体系的源网荷储一体化技术。系统理论、冶金工业流程学、分布式能源和物理信息融合理论以及智慧制造新技术与钢铁能源深度结合，构建"源—网—荷—储"为特征的多流耦合分布式能源系统。

（7）新材料应用。新材料指新近发展或已在发展中具有比传统材料更为优异性能的一类材料[25]，可用于钢铁领域的新材料包含纳米保温材料，气溶胶材料，高耐腐蚀纤维材料，耐腐蚀、耐磨损、耐高温的陶瓷材料等。

6.4 节能低碳技术库迭代开发

6.4.1 技术获取

技术是人们在生产活动中知识和经验的积累，是研究、发明、开发和创新的集合，是企业的核心竞争力。而先进、成熟、适用的技术，对企业经营、发展、做强做优做大至关重要。技术具有内部性和外部性。如前所述，企业技术源获取或技术创新模式包括：技术引进、专利购买、R&D 合同、技术许可证、技术合作、企业内部自主研究开发等，技术源特征见表 6.1[1]。而基于创新来源也可将技术创新分为封闭式创新模式（企业内部自主研究开发等）和开放式创新模式（技术引进、技术合作等）[2]。

表 6.1 企业技术源获取方式比较[1]

技术源	内部 R&D 技术	外部引进技术	通过技术合作获取技术
技术特征	（1）属于企业的核心技术或战略技术； （2）能够形成企业的独特竞争力的技术； （3）在企业内部能以较快的速度或较低的研发支出完成的技术； （4）不能或难于从外部获得的技术； （5）诀窍太多的技术； （6）可以获得较高投资回报率的技术	（1）涉及层次太多、范围太广、不容易控制的技术； （2）市场上容易购买的成熟技术、标准技术； （3）合作者研究开发能力比企业出色的技术，如更快的速度、更低的费用； （4）在企业内部开发风险太大的技术； （5）需要昂贵资源但可能出现新型替代资源使其突然贬值的技术	（1）通过合作、竞争去学习和获得各种技术； （2）创造互相接触和交流的环境，实现连续、动态的技术进步； （3）纵向（垂直）合作目的：缩短技术开发时间，减少成本； （4）横向（水平）合作目的：研发单个企业不能或不愿承担的技术； （5）合作形式：合资、研发基金、技术联盟、技术联合体
促成原因	（1）技术难以外部获得； （2）技术购买价格昂贵； （3）内部 R&D 有利于企业抢先市场，保持技术与市场领先地位	（1）市场竞争，导致产品生命周期急剧缩短； （2）取长补短、规避风险，降低成本的考虑，主动寻求外部技术； （3）投资收益最大化，后发优势实现技术能力跳跃； （4）通过技术和人才引进、企业兼并重组消除潜在的竞争对手	（1）减少研发投资费用、分散风险； （2）资源共享、能力互补、加速创新进程； （3）获取技术诀窍，加强技术能力； （4）避免无谓的过度竞争，实现"双赢"； （5）减少交易成本、创造规模经济和分工效益
不足	研发周期长、需要长期技术积累	对外部技术严重依赖，损害自身研发能力	需要选择合适的合作方

20世纪90年代以前，国际上大企业的技术获取主要依赖或偏好于内部的自主研究与开发；而90年代后，许多国际大企业开始寻求通过外部技术源获取技术。据美国 EIU（The Economics Intelligence Unit）1993 年对 50 多家世界级大企业调查后的报告，大多数企业在 20 世纪 90 年代所需的技术接近或超过一半将是来源于企业外部或与外部技术源合作的，一些世界级大公司如 GM、GE、IBM、Microsoft、Philips 等早已开展、布局并取得显著效果[1,26]。全球经济一体化新形势下，支撑企业产品竞争力的技术竞争态势日益激烈，近年来甚至流行专门为获取技术而进行的并购，即为获取其他企业的技术并消除潜在的竞争对手而将其兼并。

6.4.2 节能低碳技术库

针对钢铁生产的每一个环节，整理收集行业内各单元的最佳节能实践案例以及国内外当前先进的钢铁生产节能技术，在此基础上选择、甄别，分析技术适用条件和可推广特性，可形成行业最佳可行技术库。钢铁高能效生产最佳可行技术研究，不仅能够识别企业或行业内部当前使用的卓有成效的节能低碳技术，有助于促进企业内部或行业先进技术的快速推广和复制，大幅提升企业或行业整体竞争能力，还能在钢铁行业内形成与国际先进钢企所采用节能减排技术进行技术指标对标的工作模式。技术库，更类似于一个数据库，包含技术特征、技术原理、技术成熟度、技术经济指标、技术适用条件等诸多指标，用于支撑技术在实践中的应用。欧、美、日、韩等国际先进钢铁企业均建设有属于自己的数据库，包括但不限于钢铁前沿技术跟踪，钢铁腐蚀数据库、钢材损伤分析库等，国内如宝钢股份构建了前沿技术预判与跟踪平台、汽车板损伤类型及原因数据库等。中国钢铁工业协会发布的能力清单和技术清单本质上也属于库。这些库的建立集成了前人的经验以及数量繁多的数据基础，在遇到新的难题和攻关时，可提供快速数据支撑、经验支撑、方案支撑。

20 年前，宝钢股份跟踪国际低碳高能效最佳可适技术，较早开始节能降碳技术库建设与尝试。2018 年 9 月，宝钢股份四基地 230 个专家，开始建立"宝钢股份节能低碳技术库"，梳理 400 余项节能低碳技术，经审核筛选后确认 191 项，形成节能低碳技术库 1.0 版；2019 年，基于节能低碳技术库开展青山基地和湛江基地技术对标诊断，输出系列实施建议。

2022 年上半年，在节能低碳技术库 1.0 版本基础上新增节能低碳技术（包含新兴应用技术、示范技术和跟踪技术）62 项，形成节能低碳技术库 2.0 版本，共计 248 项。有效支撑宝钢股份四基地能效专项行动和工序能耗达标杆行动开展，逼近钢铁极致能效。2022 年，宝武集团发动体系优势，以宝钢股份节能低碳技术库为基点，收集分析宝武旗下各生产基地节能低碳技术应用情况，形成 102 项节能降碳推荐技术。

2023 年，聚焦节能低碳技术库的应用，结合上海梅山钢铁股份有限公司（以下简称梅钢）"达标杆、创领航"行动，推进节能低碳技术库在梅钢的进一步迭代完善，通过现场工艺分析、数据采集和专家领导讨论，输出百余项节能降碳技术，节能潜力 263000 tce，折算成本 65 元/t 钢，纳入梅钢厂部节能减碳工作目录，协同梅钢各厂部，从管理、科研、技改和节能环保快修维度输出可快速实施项目 70 余项，例如：转炉煤气优化回收利用、冷轧错峰用电排程优化、鱼雷罐（TPC）烘烤等。

宝钢股份建立节能低碳技术库以来，依托节能低碳技术库开展能效提升专项行动，形成能效减碳的中长期规划，如图 6.1 所示[27]。宝钢股份通过实施工序能耗达标杆、界面提效、低铁钢比、系统能力提升等措施，大力推进全流程能耗下降，挑战极致能效。持续开展对标找差，在过去的 2017—2021 年中，通过"能效提升专项行动"实现技术节能量 46 万吨标煤，如图 6.2 所示[27]。

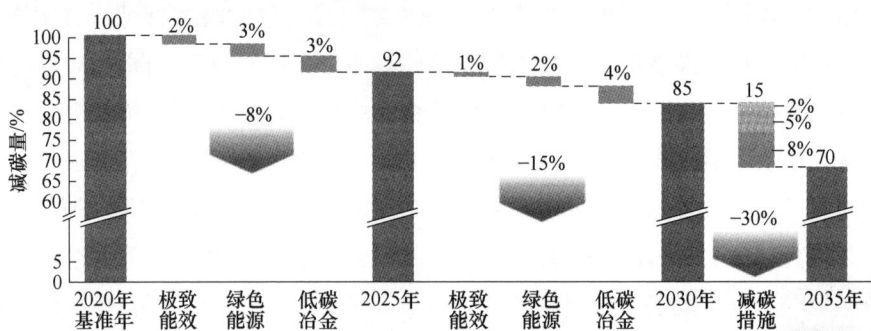

图 6.1　中长期减碳规划[27]

图 6.1 彩图

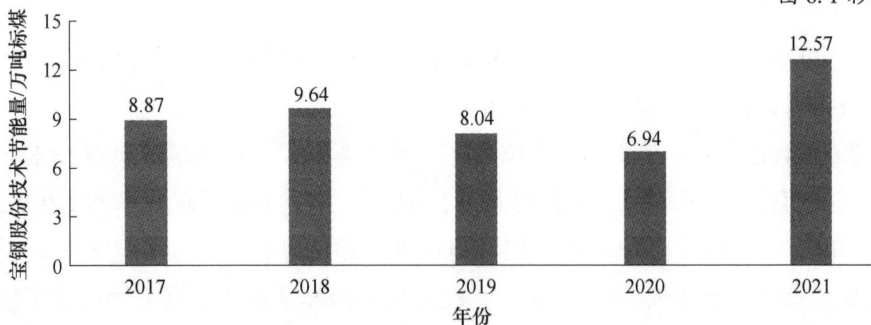

图 6.2　宝钢股份技术节能量[27]

6.4.3　节能低碳技术库迭代开发与垂直搜索引擎

节能低碳技术库的开发是逐步完善的，其完善的过程大致可分为三个阶段，如图 6.3 所示。

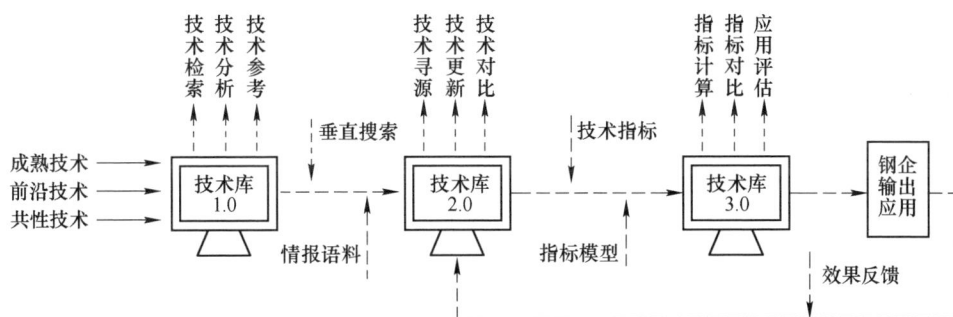

图 6.3 节能低碳技术库的迭代完善

图 6.3 彩图

在节能低碳技术库 1.0 阶段，技术库的建设重在积累，广泛检索全球范围内的成熟技术、共性技术、前沿技术，提供企业开展技术应用检索、技术对比分析和应用参考，宝钢股份在建设节能低碳技术库 1.0 版时，动员了宝钢股份四基地 230 人参与，梳理 400 余项技术并择优 191 项纳入技术库。

节能低碳技术库 2.0 阶段，丰富的情报语料、强大的搜索引擎技术引入其中，提供更广阔、更深入的技术寻源、技术更新和技术对比服务。宝钢股份建设的技术库 2.0 版没有完全脱离 1.0 阶段的范畴，在一定程度上应用搜索引擎技术和情报语料参与技术检索，但主要还是人为在决策。

节能低碳技术库 3.0 阶段，节能低碳技术库与生产单元衔接起来，技术库结合生产单元/设备的运行特性、运行数据评估不足项或潜力点，并与技术库内已有技术进行耦合分析，分析适用的技术以及可实现的效果，提供用户决策建议和参考。

节能低碳技术库 3.0 阶段的建设，需要设定合适的技术指标、匹配合适的指标模型。节能低碳技术库 3.0 阶段的实现，包含三个层次，如图 6.4 所示，其核心层是用户应用层面，一方面提供节能低碳技术管理，包括技术寻源、评估审核等，另一方面提供技术应用支撑，包括能效诊断、应用分析、决策建议等。宝钢股份正在建设的节能低碳技术库 3.0 版本考虑纳入垂直搜索引擎及人工智能模型，支撑技术的搜索寻源及评价分析，一定程度上跨过了 2.0 阶段，但又未完全达到 3.0 阶段。

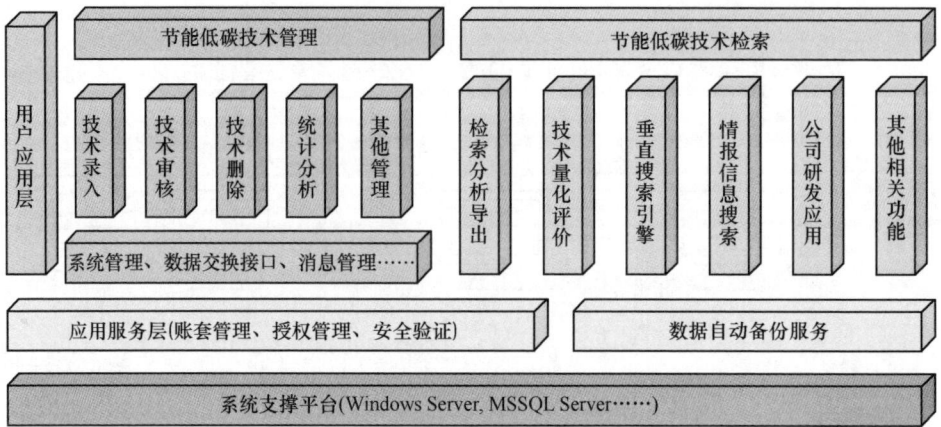

图 6.4　节能低碳技术库 3.0 阶段的结构

图 6.4 彩图

　　垂直搜索引擎[28]技术是针对某一个行业的专业搜索引擎，是搜索引擎的细分和延伸，是根据特定用户的特定搜索请求，对网站（页）库中的某类专门信息进行深度挖掘与整合后，再以某种形式将结果返回给用户。垂直搜索是相对通用搜索引擎的信息量大、查询不准确、深度不够等提出来的新的搜索引擎服务模式，通过针对某一特定领域、某一特定人群或某一特定需求提供的、有特定用途的信息和相关服务。垂直搜索引擎的数据来源有两个方面，分别是所处行业的相关站点以及自身平台，即站内搜索，来自自身平台需要平台信息量足够大。垂直搜索引擎具有专业化和可定制化特征，其能够定向采集与垂直搜索范围相关的网页，对内容相关的以及适于进一步处理的网页进行优先采集，这一点与情报服务中心功能具有相似性。由于垂直搜索引擎服务其自身的特性，相比较于水平检索，垂直搜索具有以下四大关键技术：（1）聚焦、实时和可管理的网页采集技术。垂直搜索带有专业性或行业性的需求和目标，所以只对局部来源的网页进行采集，采集的网页数量适中。但其要求采集的网页全面，必须达到更深的层级，采集动态网页的优先级也相对较高。采集技术能满足更加聚焦、纵深和可管控的需求，并且网页信息更新周期也更短，获取信息更及时。（2）从非结构化内容到结构化数据的网页解析技术。垂直搜索要求按需提供时间、来源、作者及其他元数据解析，包括对网页中特定内容的提取。（3）精、准、全的全文索引和联合检索技术。垂直搜索由于在信息的专业性和使用价值方面有更高的要求，因此能够支持全文检索和精确检索，并按需提供多种结果排序方式，另外，一些垂直搜索引擎还要求按需支持结构化和非结构化数据联合检索。（4）高度智能化的文本挖掘技术。垂直搜索技术对网页信息进行结构化抽取加工，也就是将网页的非结构化数据抽取成特定的结构化信息数据，且垂直搜索还能够按需提供智能化处理功能，如自动分类、自动聚类、自动标引、自动排重、文本挖掘等。

垂直搜索引擎技术应用包含数据采集、数据分析和数据展示。数据采集平台采用分布式架构的方式进行数据信息的采集，应具备重点站点采集、语义分析自我学习、网页结构自动分析、动态页面采集、URL去重等功能。数据分析作用是对采集系统采集的数据进行智能分析，自动过滤原始网页上包含的大量广告、图片、链接，提取网页上原始的文本信息和图片信息，通过智能语义分析和学习将重要信息自动分类、排重、分词等。数据展示是将获得的数据库数据根据专业化、个性化的需求，展示给用户。通过定制开发节能低碳技术垂直搜索引擎，适用特定站点内容采集，节能低碳技术数据索引与缓存、定制接口的数据引用，提供用户节能低碳技术的快速搜索与现场应用。

技术评价及应用评估的量化模型是支撑节能低碳技术库2.0阶段和3.0阶段建设的关键，是指基于节能量、减碳量、技术成熟度、投资回报率、适用性等多尺度的节能低碳技术评价量化模型，形成同类技术对标方法，量化模型嵌入节能低碳技术在线平台，基于已有数据计算节能低碳技术的推荐应用指数，形成技术推荐度排名，以"技术推荐应用指数"形成技术应用指南。

情报语料是节能低碳技术挖掘、跟踪和快速应用的另一个关键，情报语料的完善需基于人工智能、机器学习等技术在数据挖掘、语料学习、数据分析和信息推送层面，形成系统或体系，不断学习、完善语料库的建设。节能低碳技术在线平台连接基础语料数据库，并建立可供用户自定义的语料库，提供用户针对特殊技术或信息的情报搜索功能。

钢铁行业低碳发展的核心是用能变革，涉及能源结构、用能路线和能效提升。新形势下，新的低碳高能效技术提出并应用、部分共性难题解决或部分解决、低碳能源经济应用等需求不断出现，但由于对各类技术的搜集、归类和整理缺乏系统性的策划和方法，在技术的存储、更新、共享等多方面存在诸多问题，使技术不能及时为生产服务。因此，有必要开展可实现节能低碳技术跟踪、动态更新的应用平台建设。除技术寻源、技术预见外，能效低碳技术的成熟程度、可实施性、经济竞争力、技术生命力以及低碳潜力等都需要定量化并在此基础上开展钢铁企业如何合理实施低碳技术或技术组合，在什么时间段实施最具效益等大量深入研究。通过钢铁节能低碳技术库及在线平台开发，全面掌握企业当前的节能技术应用现状，推进各企业之间先进技术的相互借鉴，快速移植行之有效的节能技术，提升系统能效水平；通过信息集成与共享技术平台建设，实现先进技术资源的快速共享、促进生产系统整体能效水平迅速提升、打破区域/企业技术交流壁垒；通过情报语料与垂直搜索引擎技术结合，有利于使企业及时跟踪了解并对标世界先进钢铁企业先进的节能技术，寻求技术合作伙伴（技术源），使企业及企业产品始终保持卓越竞争力。

6.5 本章小结

本章探讨了先进成熟技术的快速推广应用和共性难题技术的协同研发创新，结合节能低碳技术库建设，以实现钢铁极致能效的有序推进。首先分析了技术全球化和共性技术供给失灵的现状，强调了政府在共性技术供给和扩散中的重要作用。其次列举了钢铁行业各工序中典型、成熟的先进节能技术，并分析了共性难题技术研发的方向，包含钢铁余热余能资源极限高效回收利用，减少能源消耗和产品损耗，减少工序、工艺界面能量损失，重点用能设备及系统节能提效技术，原料、能源低碳化及二次资源高效循环利用，数智驱动低碳高能效，新材料应用等7个方向。最后介绍了节能低碳技术库三个阶段的主要特征，强调了垂直搜索引擎和人工智能技术在技术库建设中的重要性，以及情报语料在技术挖掘、跟踪和快速应用中的关键作用。

参 考 文 献

[1] 李纪珍. 企业技术源的选择 [J]. 中国软科学, 1999 (10): 76-79.

[2] 戴园园, 梅强. 我国高新技术企业技术创新模式选择研究——基于演化博弈的视角 [J]. 科研管理, 2013, 34 (1): 2-10.

[3] 张清辉, 丁黎军. 产业共性技术开发平台研究国际比较 [J]. 中国管理信息化, 2012, 15 (10): 48-50.

[4] 李纪珍. 产业共性技术发展的政府作用研究 [J]. 技术经济, 2005 (9): 19-22.

[5] 李纪珍, 邓衢文. 产业共性技术供给和扩散的多重失灵 [J]. 科学学与科学技术管理, 2011, 32 (7): 5-10.

[6] 张治栋, 张淑欣. 产业共性技术政府支持性研究 [J]. 经济与管理, 2013, 27 (3):

92-96.

[7] 郑月龙, 周立新, 张卫国. 产业共性技术研发政府支持合同 [J]. 技术经济, 2016, 35 (11): 22-27.

[8] 苏天森. 关于"十二五"钢铁行业研发、推广应用关键共性技术的思考 [C] //冶金工业信息标准研究院, 唐山钢铁集团有限责任公司, 中国金属学会. 推动绿色转型, 打造清洁钢企——2011 中国钢铁工业科技与竞争战略论坛论文集. 中国金属学会, 2011: 12.

[9] 工业和信息化部. 关于印发《产业关键共性技术发展指南〔2017 年〕》的通知. 工信部科〔2017〕251 号, https: //www. gov. cn/xinwen/2017-10/30/content_5235348. htm.

[10] 国家发展和改革委员会. 产业结构调整指导目录（2024 年本）. https: //www. gov. cn/zhengce/202401/content_6924187. htm.

[11] 殷瑞钰. 冶金流程集成理论与方法 [M]. 北京: 冶金工业出版社, 2013.

[12] 王海风, 郦秀萍, 周继程, 等. 钢铁工业节能技术发展现状及趋势 [J]. 冶金能源, 2018, 37 (4): 3-8.

[13] 上官方钦, 刘正东, 殷瑞钰. 钢铁行业"碳达峰""碳中和"实施路径研究 [J]. 中国冶金, 2021, 31 (9): 15-20.

[14] 工业和信息化部. 国家工业和信息化领域节能技术装备推荐目录（2022 年版）. 中华人民共和国工业和信息化部公告 2022 年第 29 号. https: //www. miit. gov. cn/jgsj/jns/nyjy/art/2022/art_ff9403070ba842c28876c18bc64bcbb5. html.

[15] 工业和信息化部. 国家工业节能技术装备推荐目录（2021）. https: //www. smehn. cn/static/upload/Attachment/2023/3/20/91949566693140821. pdf.

[16] 李洪福, 温燕明. 钢铁流程煤基能量高效转换与钢-电联产模式 [J]. 钢铁, 2018, 53 (10): 95-102.

[17] 张艳珍. 真空相变换热技术在凌钢高炉冲渣水余热回收中的应用 [J]. 节能技术, 2020, 38 (6): 4.

[18] 董家华, 高成康. 高炉渣冲渣水余热回收应用于海水淡化工艺的研究 [J]. 中国冶金, 2012, 22 (10): 51-54.

[19] 马毅, 霍继炜, 李克亮, 等. 地聚合物基泡沫混凝土配合比设计与性能研究 [J]. 四川建材, 2018, 44 (12): 3.

[20] 张永杰, 黄军. 钢铁低碳高能效共性难题技术研发与应用 [M]. 北京: 冶金工业出版社, 2019.

[21] 刘立广, 陈生利, 陈彦铭. 韶钢 6 号高炉加废钢提产量试验 [J]. 炼铁, 2019 (4): 37-39.

[22] 王臣, 朱仁良, 王广伟. 高炉喷吹生物质水热炭的可行性分析 [J]. 钢铁, 2022, 57 (5): 22-30.

［23］ ARCELOR MITTAL. Climate Action Report 2019 ［R/OL］. （2019-05）［2024-05-30］. https：//corporate-media. arcelormittal. com/media/hs4nmyya/am_ climateactionreport_ 1. pdf.

［24］ 魏炜，周佃民 . "双碳"目标下，我国钢铁工业发展现状与展望 ［J］. 中国能源，2023，45（1）：59-66.

［25］ 宋花玉，张华 . 世界科技专题 ［M］. 北京：中国轻工业出版社，2022.

［26］ 陈春春，杨雪，冯勤 . 我国科技企业技术并购的案例群分析 ［J］. 北方经济，2008（7）：3.

［27］ 宝钢股份 . 宝钢股份气候行动报告 2021 ［R/OL］. （2022-04）［2024-05-30］. https：//res. baowugroup. com/attach/2022/06/24/41eb7f023c464e5da4e00f853a01b15c. pdf.

［28］ 许丽丽 . 网络信息资源检索与利用 ［M］. 哈尔滨：黑龙江人民出版社，2008.

7　钢铁极致能效发展展望

本章介绍了钢铁极致能效工程的应用成果，以上海梅山钢铁股份有限公司和河北普阳钢铁集团有限公司为例，介绍了从管理、技术、区域协同等角度实施能效提升举措的效果，为行业提供了参考经验。然后，再从钢铁能效数据治理、共性难题协同研发和人才培养三个方向探讨了下一步推动钢铁极致能效工程的研究方向。

7.1　阶段性进展

7.1.1　总体进展

钢铁极致能效工程及能效标杆三年行动自 2022 年 12 月 9 日正式启动，一年半时间以来，依托"双碳最佳实践能效标杆示范"企业培育，以"三套清单、两个标准、一个数据系统"为主线，参与培育 58 家企业，共计 4.4 亿吨产能。从填报系统数据分析看，2023 年，参与填报的 180 座高炉能耗下降 1.7575 kgce/t 铁；参与填报的 175 座转炉能耗下降 2.1427 kgce/t 钢；上述 58 家企业两个工序 2023年累计节能量超过 150 万吨标准煤。专家认为，极致能效工程能效标杆示范培育的经验、技术进一步推广的节能量将更加可观[1]。

另外，中国钢铁工业协会 2024 年 1—4 月最新统计数据表明，重点统计会员企业总能耗、吨钢综合能耗、吨钢可比能耗出现不同程度的下降，其总能耗下降340 万吨标煤，吨钢综合能耗下降 1.1 kgce，吨钢可比综合能耗下降 1.9 kgce。重点统计会员企业烧结、球团、炼铁、炼钢、轧钢等主要工序能耗也出现下降趋势，见表 7.1。

表 7.1　重点统计会员企业工序能耗对比

项　　目	工序能耗	较去年同期下降	同比下降
烧结工序	48 kgce/t 矿	0.7 kgce/t 矿	1.5%

项　　目	工序能耗	较去年同期下降	同比下降
球团工序	24 kgce/t 矿	0.6 kgce/t 矿	2.6%
炼铁工序	383 kgce/t 铁	3.6 kgce/t 矿	0.9%
转炉工序	-20 kgce/t 钢	0.7 kgce/t 钢	3.5%
电炉工序	54 kgce/t 钢	3.7 kgce/t 钢	6.5%

按传统规律，当市场下行时，钢铁生产无法满负荷情况下，能效难以保持原有水平，吨钢能耗应呈上升趋势，但2024年1—4月粗钢、生铁产量较去年同期下降3.0%、4.3%，在此情景下，能耗不升反降，从统计数据侧面体现了极致能效工程能效标杆行动效果。中国钢铁工业协会最新统计数据显示，2024年1—4月，重点统计钢铁企业完成投资同比下降32.0%，但是节能类投资却从2023年总占比4.4%提升到2024年的7.3%，说明当前形势下节能降本减碳投资在重点统计钢铁企业生产经营中的地位。可以认为：中国钢铁极致能效工程及能效标杆三年行动得到了钢铁企业积极响应、高度重视，得到了各级领导以及广大一线工作者的大力支持、积极参与，研究与实践的结合相得益彰。

7.1.2　梅山钢铁案例

上海梅山钢铁股份有限公司（以下简称梅山钢铁或梅钢公司）是宝山钢铁股份有限公司的子公司，现有2座110孔焦炉、3座烧结机、3座高炉、5座转炉、2条热轧产线、1条冷轧产线，并配备必要的石灰窑、余热发电厂。

自"双碳"目标提出以来，梅山钢铁践行宝山钢铁股份有限公司整体策略，围绕全流程节能降耗、绿色能源、低碳冶金和循环经济四个方向，统筹低碳发展路线，推动企业高效化、绿色化、智能化、高端化。

梅钢公司低碳发展路线如图7.1所示。

7.1.2.1　极致能效系统推进

2023年8月18日，梅钢公司生产技术综合分析会指出要从公司生存权和发展权的高度，"突破居中思维，追求极致能效，打开梅钢绿色化、高效化发展新空间"，阐述了梅钢公司系统推进极致能效的顶层设计。

（1）从理念着眼，明晰极致能效管理原则。进一步增强责任感，对历史负责、对当下负责、对未来负责的精神，扎扎实实抓好能源管理，进一步强化紧迫

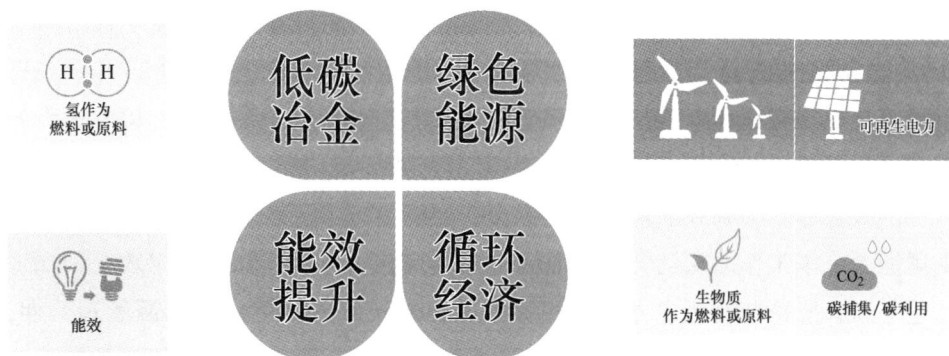

图 7.1　梅钢公司低碳发展路线

感，牢记"经济高效，梯级用能；节约优先，降低外购；精益管控，极致挖潜；应收尽收，极致回收；高效使用，价值最大"5 条能源管理原则。

（2）从管理入手，强化极致能效"严"的基调。"严"是管理落地的前提，在能源管理原则的基础上，坚持"谁用能、谁买单、谁负责"的管理思路，始终保持严格管理、科学把控、高效利用的主基调。公司层面细化各工序各类能源介质的改善指标，打碎能源指标管理的颗粒度，明确责任人和具体举措。

（3）从创新破题，提升极致能效技术引领。先进工艺技术的迭代升级或革新是能效提升与能源降本的必由之路和关键一招。进一步解放思想，大胆"拿来"与主动"落子"相结合，大胆尝试、提前布局，以极致能效为公司抵御风险、创造价值赋予新动能。

（4）从运营发力，撬动极致能效价值杠杆。生产运营水平决定了现有装备工艺下的能效水平，决定了公司的能源成本。能源精细化管理核心在现场，主战场在产、用能单位。各单位要在生产组织、定修安排上提高对能源管理的重视程度，扭转过去抓大放小的粗犷式管理方式，在行业寒潮期，既要收好西瓜，也要捡起芝麻，体现成本的现场力和竞争力。

（5）从精细突破，厚积极致能效发展优势。追求极致能效，必须树立起系统思维，以体系的力量，全面做好能源系统的精细化管控，把规划的或然性变成成果的确然性。一要细化指标群、严格能源监察，二要深化生产组织用能精细化管理，三要强化设备用能精细化管理，四要做好高水平煤气系统平衡，五要做好蒸汽系统优化，六要做好压缩空气降本，七要做好能效提升项目推进。

7.1.2.2　能效降本减碳系统实践

梅钢公司规划 2025 年具备减碳 30%工艺技术能力，实现污染物综合减排 20%，成为节能低碳、绿色制造、循环经济的示范性钢铁企业。2023 年，梅钢公司以工序能耗达标杆为目标，降低能源成本为核心，系统策划，以六大专题深入推进：炉窑效率提升、余能余热深度回收，电力结构持续优化，水效提升、削减活套，提升界面能效，环保设备经济运行，能效提升项目推进等措施支撑能源降本工作。从消耗、回收和加工转换三个方面，加强技术攻关，加快工艺革新，坚持节约优先方针，统筹推进能效技术更新落地和能源管理延伸，稳妥有序推进节能降碳从局部单体向全流程全系统转变，推动极致能源转换和利用效率。

（1）管理推进。为更高质量推进梅钢极致能效降本减碳，特组建梅钢公司能源低碳管理团队。能源低碳管理团队由公司能源环保部牵头成立，各单位派人参与组成核心成员，公司研究院（技术中心）支撑。团队年度目标是以 2022 年不含煤焦能源成本（<300 元/t 钢）的基础上下降 20 元/t 钢，挑战目标是下降 50 元/t 钢。团队成立后，梳理百余项节能低碳技术与举措，70 余项可即刻实施的能效降本举措，截至 2023 年底，部分完成实施并显现实效。2023 年下半年，申报中国钢铁工业协会"双碳最佳实践能效标杆示范"培育工作，积极参与行业行动发挥带头作用并借助行业协会力量推动自身进步。

（2）数智赋能。梅钢加强工艺过程数据管理，通过数据分析提高系统精益管理，改善操作流程，减少过程损耗。以"1+5"网络型组织形态，即 1 个决策中枢和 5 个智慧工厂，搭建梅钢数字化管理经营平台。在基础建设方面，升级大数据平台建设，满足云端数据"采、管、建、用"的需求；在体系建设方面，开展数据治理和数据域建设，做好全生命周期数据的管理、适用和销毁；价值创造方面，实施大数据应用，应用深度学习、图像处理等人工智能（AI）技术，提升现场质量管控的精度。

（3）技术应用。强化流程高效管理，助推能效提升，推进钢铁行业流程先进衔接技术的创新与应用。提高 TPC 周转率，炼铁、炼钢一体化；推进余热余能回收利用、配套蒸汽发电机组建设、炉窑富氧燃烧，压缩空气联网自动控制；高效电机替代低效电机，减少电机机械损耗等。重点实施焦炉上升管荒煤气余热回收技术、烧结负压点火及漏风改造、高炉炉顶均压煤气回收、副产煤气放散烟囱催化伴烧改造、富氧燃烧及烘烤技术，热轧加热炉热装热送、热轧机组升降及步进机构势能回收技术、蒸汽管网改造、压缩空气分级使用及群控优化等技术。

（4）区域协同。发挥钢铁基地自产煤气优势，依托宝武清洁能源有限公司（简称宝武清能）高效低成本制氢核心能力，加快煤气制氢技术的应用，并计划未来在南京区域布局 5~10 个加氢站，面向社会供应，建设以梅钢为中心区域能源网络。此外，梅钢公司布局储能工艺，计划建设 50 MW/100 MW·h 储能项目，已与宝武清能达成协议，为实现可持续能源转型和低碳发展贡献力量。

（5）低碳冶金技术发展。探索应用顶煤气循环氧气高炉低碳炼铁技术、氢基竖炉、钢铁循环材料使用技术实现源头减碳。梅钢公司正在积极开展低成本高效 CCUS 技术研发，目前该项目正在梅山石灰窑管道进行小型中试。结合炉窑多点富氧燃烧及 CO_2 资源化利用等重大行业突破性技术，积极探索既能保证经济增长，又能实现低碳减排的绿色冶炼工艺。加强钢渣固碳资源化利用技术研究，以实现减碳降碳、消纳固废、增加效益"一举三得"的效果，彰显企业社会责任。

（6）能源结构优化。开发分布式光伏发电项目，充分利用厂区屋顶资源建设屋顶光伏装机，提升公司内部清洁能源装机容量。推进绿色能源多元化替代，发挥大客户优势，与周边电厂等企业签署战略合作协议，拓宽资源能源采购渠道；加大绿色电力交易量，争取绿电资源，利用大用户直购等途径外购低碳绿色电力，低碳绿电比例提升。梅钢公司同时在探索多点生物质应用技术，开展烧结配加生物质工艺研究，在探索和尝试高炉喷吹生物质、转炉烟气喷吹生物质的研究工作。

7.1.2.3　能效标杆示范培育成效

截至 2023 年底，吨钢综合能耗同期下降 12.5 kgce。耗新水同期下降 0.12 m^3/t 钢，工序能耗标杆示范水平由 2022 年 20% 提升到 75%，吨钢能源成本削减 54.2 元。截至 2023 年 11 月底累计投运节能项目 28 项，技术节能量 7.03 万吨。上海梅山钢铁股份有限公司被中国钢铁工业协会授予 2023 年度钢铁极致能效工程"双碳最佳实践能效标杆示范厂"培育突出进步企业。

7.1.3　普阳钢铁案例

河北普阳钢铁集团有限公司（以下简称普阳钢铁）成立于 1992 年，是一家集洗煤、炼焦、烧结、炼铁、炼钢、轧材、发电、制氧、科研为一体的大型钢铁联合企业。普阳钢铁主工艺流程由三个厂区组成，分别简称广普、中普和普阳；

其中，广普为炼焦工序，中普和普阳均具备烧结、球团、炼铁、炼钢、轧钢工序。

7.1.3.1　极致能效工作方案

普阳钢铁通过采用管理手段、管理制度改革与技术手段、应用节能技术等方式，全面深入推进"极致能效行动计划"，积极开展系统节能、技术节能、管理节能等一系列节能措施。

（1）管理体系与举措。普阳钢铁根据《环境管理体系要求及使用指南》（GB/T 24001—2004）的要求，通过了环境管理体系认证。按照环境体系认证要求，对生产及服务全过程进行环境因素的识别和评价，制定出重要环境因素 10 项，涉及环境法律法规 133 部。通过持续认真地贯彻执行环境管理体系，使企业的环境管理工作更加规范、科学化，形成了公司—二级生产单位—车间—作业区（班组）四级环保管理机构，现有环境管理人员 30 人。大幅提升了环境保护工作水平，职工的环境意识也有了明显提高。

普阳钢铁通过贯彻落实国家《计量法》，不断强化计量测量基础工作，进一步推动了其他各项工作的开展。以《计量检测体系确认规范》（JJF 1112—2003）和《测量管理体系测量过程和测量设施的要求》（GB/T 19022—2003）为标准，进行测量体系贯标工作，结合生产经营和管理实际，组织策划了计量测量体系运作构架，进一步明确了计量工作的运作策略、方法和程序，确定了体系的组织架构、职能分配和运作关系。

（2）能源体系与举措。普阳钢铁围绕优化用能结构，降低能源投入，积极开展了系统节能、技术节能、管理节能等一系列节能措施。加强现有装备设备改造，并积极引进先进节能技术与设备；强化管理节能，以阿米巴管理模式为抓手，将节能增效任务分解到各相关部门，能源利用率大幅提升。

普阳钢铁高度重视能源管理工作，建立能源管理系统并通过国家工业和信息化部验收，实现对废水、蒸汽、煤气等二次能源回收的实时监测、实时调度，并通过多次的技术升级和改造，实现智慧能源管控。能源管理中心 24 h 运转，通过系统运行数据，提前做出预测、判断并进行准确及时的调度、调控。普阳钢铁智慧能源环保管控中心投入运行，为实现监测、报告和验证（MRV）全流程管控奠定了坚实基础。

7.1.3.2　极致能效技术应用

节能低碳技术应用方面，普阳钢铁率先采用了高炉能量回收装置（Blast

Furnace Power Recovery Turbine，BPRT)、钢坯热送热装、蓄热式燃烧、加热炉黑体保温等钢铁行业适用的先进节能技术，加强现有装备设备改造，建设实施了 6.5 万千瓦煤气发电机组、265 m² 烧结烟道余热锅炉、烧结烟道废气余热利用、电机变频改造等一系列节能技改项目。2021 年，普阳钢铁投资 2.5 亿元建设 1 台 260 t/h 超高温亚临界煤气锅炉、1 台 80 MW 中间一次再热凝汽式汽轮机、1 台 85 MW 发电机以及配套辅机；2022 年，普阳钢铁投资 1600 万元，应用焦炉上升管荒煤气余热高效回收技术，目前已正式投运，吨焦蒸汽回收 80~100 kg，达到了预期效果。

普阳钢铁积极推进中国钢铁工业协会公布的极致能效 50 项技术，严格把控全流程工序能耗。中国钢铁工业协会公布的极致能效 50 项技术中，适用普阳钢铁的有 46 项，实际应用 24 项，整体覆盖率超过 50%，另有 15 项技术已正在跟踪，详细内容见表 7.2。其中，烧结工序和炼铁工序覆盖率最高，6 项技术均应用了 5 项。

表 7.2 普阳钢铁极致能效 50 项技术应用情况

工序	编号	技 术 名 称	覆盖率	跟 踪 技 术
炼焦	1	高温高压干熄焦技术	4/7	焦炉用节能型炉盖
	2	焦炉上升管荒煤气余热高效回收技术		焦炉循环氨水余热回收
	3	焦炉用关键功能耐火材料集成技术		焦炉自动加热控制技术
	5	焦炉炭化室荒煤气回收和压力自动调节技术		
烧结	8	烧结混合料预热技术	5/6	超厚料层烧结技术
	10	烧结烟气余热回收利用技术		
	11	烧结环冷废气低温余热利用（ORC 发电+热水）技术		
	12	烧结废气余热循环利用工艺技术		
	13	烧结环冷机液密封技术		
高炉	14	高炉炉顶均压煤气回收技术	5/6	高炉煤气放散塔新型点火伴烧技术
	15	高炉热风炉自动燃烧和热均压技术		
	17	高炉淬渣余热高效回收技术		
	18	热风炉富氧烧炉技术		
	19	热风炉空煤气双预热技术		

续表 7.2

工序	编号	技术名称	覆盖率	跟踪技术
炼钢	20	钢包包壁砖替代打结料降低烘烤煤气消耗技术	5/9	转炉烟气余热回收技术
	21	转炉烟气余热回收技术		转炉烟气全温域余热回收技术
	24	炼钢蒸汽平衡及调控技术		转炉底吹二氧化碳炼钢技术
	25	转炉除尘风机节能控制技术		铁钢界面铁水智能调度系统
	26	烘烤器富氧燃烧技术		真空室富氧烘烤技术
轧钢	36	轧钢加热炉蓄热式燃烧技术	1/6	轧钢加热炉燃烧优化解决方案
能源公辅	39	全流程钢厂水系统智慧管控与零排放技术	4/12	锅炉用汽水系统增效的电磁技术应用
	40	分质供水、梯级用水、循环利用节水技术		冷却塔水电双动力风机节能技术
	45	钢铁智慧能源管理系统		压缩空气系统集中群控智慧节能技术
	47	电机变频（永磁）调速节能技术		超一级能效智慧空压站

7.1.3.3 对标找差持续改进

（1）对标找差系统诊断。委托专业技术咨询机构，对普阳钢铁高炉、转炉、炼焦及全厂能效水平进行科学评估，在此基础上，确定节能降耗项目实施方案。对于目前高炉工序存在的能效差距，将持续跟踪技术进展，如高炉鼓风定湿、高炉机旁变压吸附制氧富氧、热风炉自动烧炉技术、冲渣水真空相变取热用于浓盐水浓缩、冷却壁智能检漏技术、BPRT节电效果提升技术、热风炉富氧烧炉技术、高炉煤气直接用于热风炉，并将成熟技术及时应用。

（2）余热余能高效回收。烧结工序采用烧结机高温废气和环冷机废烟气余热回收供汽，用于余热发电，环冷机采用高效密封，大幅度减少环冷机对空排放的热量，减少热污染效果显著。高炉工序，对热风炉烟气余热进行回收，回收余热用于预热助燃空气和煤气；对冲渣水余热进行回收，回收余热用于采暖，可增加供热面积。转炉工序，对汽化冷却烟道余热蒸汽进行回收。

（3）界面节能与系统节能。不断推进已有工序界面技术的研发与应用，提升界面能效，如：对于铁水运输方式，采用铁路一罐制降低运行成本，减少铁水温降。在铸轧匹配方面，优化调整轧钢车间位置使之更有利于铸坯热送，可实现无汽车倒坯，节约汽车倒坯成本，创造更好的热送条件。能源系统贯穿各个工序，根据各生产规模，工艺特点，合理布置能源介质生产、加工、输送等，从而系统地研究如何在生产成本、能耗指标、低碳发展方面寻求最佳的平衡点。

7.1.3.4 能效标杆示范培育成效

河北普阳钢铁集团有限公司被中国钢铁工业协会授予 2023 年度钢铁极致能效工程"双碳最佳实践能效标杆示范厂"培育突出进步企业。

7.2 发展方向

随着极致能效基础理论分析、典型工序能效评价模型开发、能效对标数据基础提升、先进成熟技术应用与共性难题技术研发等不断展开与逐步深入，以及极致能效研究与极致能效实践相互促进，展望钢铁极致能效，可归纳为以下四个关键方向。

7.2.1 能效对标数据治理

能效对标数据基础作为能效管理上台阶的初步研究已开展，钢铁数字化转型和智能化升级也为高水平提升能效、降低生产成本、促进钢铁绿色低碳发展、实现经济效益与社会效益的双重提升奠定基础。可以认为，高质量能效对标数据是实现能效精细化管理的基础要素；此外，关注能效对标数据基础的同时，逐步发展完善能效数据精准计量，也是钢铁极致能效关键之举。

7.2.2 共性难题协同研发

钢铁行业"高能耗、高排放"形象正变得越来越绿色、越来越清洁；另外，随着能效改善管理体系、管理举措不断完善，管理与技术结合愈加紧密，能效提升逐步进入深水区，能效提升硬科技的突破愈显重要。钢铁行业能效提升，离不开对技术前沿的不断逼近与超越，离不开领先成熟节能低碳技术的快速应用与推广，离不开节能低碳行业共性难题的持续创新与突破。在当前钢铁绿色低碳转型发展、市场竞争日益激烈的大背景下，钢铁行业低碳高能效共性技术的供给缺失成为亟待解决的挑战。行业除了重视钢铁产品与用户的协同研发外，还应重视节能降本减碳共性难题的协同研发。

7.2.3 人才培养产教融合

实现钢铁工业由大向强根本转变、钢铁极致能效精细化管理、极致能效共性难题技术研发,核心要素离不开高素质人才。钢铁极致能效高素质人才需要相应的人才培养体系来支撑。如何让政府、高校、企业发挥各自作用,实现"产、学、研、政"协同培养具备符合时代特征、满足未来发展、专业知识扎实、适应极致能效岗位的复合型人才,是支撑钢铁极致能效可持续推进的关键。

7.2.4　各方资源合力推进

极致能效发展,离不开政府、企业、行业协会、技术机构各方形成合力。国家治理体系中的政策研究、政策发布、政策执行,离不开对产业发展规律的把握,产业宏观形势的研判,企业共性诉求的洞察;这里政府、企业、行业协会各方协同尤其重要。行业协会在推进行业自律过程中,政府、企业、技术机构的支持和参与也必不可少。中国钢铁工业协会在研究产业发展规律,落实政策文件要求,启动极致能效工程,是国家治理与行业自律协调的一次探索。探索实践需要更多的理论研究和基础支撑,钢铁极致能效的研究恰恰为这次探索提供基础研究的保障与支撑。

7.3　能效数据治理

7.3.1　基础现状与发展方向

7.3.1.1　研究现状

通过前文研究,构建了焦化、高炉、转炉、电炉4个典型工序的三层多阶能效评价模型,利用该模型可以研究不同工序下能效水平以及分析不同操作参数对工序能耗的影响程度,对能效数据治理提供理论基础。根据 T/CISA 293—2022团体标准,开发了工序能效对标填报系统中4个典型工序的数据边界,根据填报数据对工序能耗进行在线计算,以及采用补充数据对填报信息进行交叉验证。

7.3.1.2　现存问题

(1)工序边界。国家标准、团体标准在工序边界划分有明确的规定,不同企业因管理边界各异,在工序能耗统计上存在不一致。例如:焦化过程中的部分能源消耗归属、鱼雷罐车烘烤能耗归属、高炉炉顶煤气炉尘(一次灰)的回收再利用、转炉灰的回收再利用等问题。另外,GB 21256、GB 32050 国家标准正在合并修订中,工序边界划分可参照行业组织大量人力、物力编写的两个团体标准 T/CISA 293—2022 和 T/CISA 416—2024，从而实现真正的工序边界统一。

（2）测量位置。明确工序边界，但关键参数测量位置不同，也无法保证数据一致性。例如：在炼焦工序中，洗精煤的称重点、焦炉煤气的产生量计量点；在高炉工序中，喷吹煤的称量点、炉顶煤气的产生量及其成分的采样点；在转炉工序中，转炉煤气产生量的起止时刻对应的流量及煤气成分的采样点等。测量位置的差异会显著影响数据的可追溯性。

（3）折标系数。即使煤炭、电力、煤气等各项能源介质消耗、回收做到在线管理，但能耗总量、吨钢综合能耗、工序能耗指标等都是进行能源折算后的数据，各能耗指标的计算口径、范围和煤炭、煤气等能源介质折标系数对能耗数据影响大，尤其是折标系数的实测，对能耗数据准确性影响大。

（4）计量量器具配备与计量数据管理。目前，多数钢铁企业能源计量器具配备尚未满足《用能单位能源计量器具配备和管理通则》（GB 17167—2006）、《钢铁企业能源计量器具配备和管理要求》（GB/T 21368—2008）要求。多数大企业可以做到一级和二级计量配备率满足标准要求，但三级计量普遍配备率不足。另外，除了部分重视能源精细化管理的头部企业，大多数企业尚未意识到加强能源计量器具配备和能源计量数据管理在能源精细化管理过程的重要性。

7.3.1.3 能效数据

节约能源、提高能效是企业发展的必然追求，在此过程中数据扮演着重要角色。其中，数据架构、数据标准和数据质量三个维度是企业数据治理的重要抓手。

（1）数据架构。数据架构是指企业在数据管理过程中所采用的整体结构与框架，涵盖数据的组织、存储、处理和分析方法。数据架构的核心在于设计高效的数据链路，这包括建立数据仓库或数据湖，以集中存储来自不同来源的能效数据（如电力、水、气等），从而形成统一的数据资产目录；此外，多种数据源应通过数据集成或数据服务的方式实现流通与共享，例如，电力监测系统与生产调度系统之间的数据应能够互联互通，以支持实时数据共享和统一分析，从而增强管理决策的准确性与时效性；数据架构需具备高可扩展性，以适应不断增长的数据量和新兴的数据类型。随着新设备的引入，企业的数据架构应能够灵活支持新设备的数据接入和规则配置，而无需进行大规模的结构重构。

（2）数据标准。数据标准是指数据在采集、存储、传输和使用过程中所遵循的规范和标准，包括数据分类标准和计量标准。数据分类标准是指对各类能效数据进行业务对象的识别和分类，行业内的业务对象或业务过程统一命名，以便于管理和检索。例如，能源计量数据可按照能源种类、工序、设备类型等进行分类，便于后续的数据分析和报告生成；格式标准是指所有能效数据在采集和存储时应遵循统一的格式标准和计量标准。例如，采用标准化的时间戳格式、单位（如 $kW \cdot h$、tCO_2、吨钢标煤等），不同地区间根据折标系数统一计量，以确保不同来源的数据能够相互比较和分析。

（3）数据质量。数据质量分为数据的设计质量和执行质量。设计质量是指数据在需求分析和设计与开发阶段是否符合企业整体的数据架构与数据标准等，主要体现了企业在数据质量方面的管理要求，本书中不作赘述。执行质量指的是数据在运营过程中的数据质量度量，包括完整性、及时性、唯一性、准确性和一致性。数据的完整性是指能源数据管理体系能够全面覆盖所有相关业务流程和监测点，无遗漏，包括但不限于能源消耗数据、碳排放量、生产设备运行状态、环境监测指标等；数据的及时性是指数据必须在第一时间被采集、传输和处理，以反映最新的能源使用情况，实时监测电力消耗的传感器应能够迅速将数据传输到中央数据库，以便管理者能够及时调整能源使用策略；数据的唯一性是指每条数据记录应具有唯一标识，避免数据冗余和重复，每个设备的能耗数据应有唯一的设备 ID，确保在多个监测系统中的记录不会重复；数据的准确性是指数据在采集、处理和传输过程中需保持高度的精确性，减少误差和偏差，能源计量仪器（如电表、气表、水表）必须经过校准，以确保其读数反映真实的能源消耗情况；数据的一致性是指同一时间段内，同一数据来源或不同数据来源之间的数据应保持一致性和可比性，这包括不同监测系统之间的数据接口标准统一、数据格式规范一致以及数据处理方法的协调统一。

7.3.1.4 发展方向

（1）从计量器具管理到计量数据管理的转变。鉴于钢铁行业正朝着智能化、数字化转型发展，结合工业和信息化部、国家发展和改革委员会的"双碳"目标和能耗管控指标，对能源数据的精准度要求日益严格。因此，高质量精准数据是极致能效工程未来发展的关键。产业计量的目的是从器具管理向数据管理转变。从产品质量符合性检测评价向与工艺结合实现目标的过程计量保障和控制方式转变，进而实现从对结果的事后评价向过程实施的事前监控转变。

目前绝大部分企业在能源计量和检化验方面仍有较大完善空间，应鼓励和引导企业积极按照国家标准《钢铁企业能源计量器具配备和管理要求》（GB/T

21368—2008）的要求，积极主动配齐能源计量器具。工业企业面临周期性波动和产业转型升级的巨大挑战，仅靠过去的规模性增长已难以发展，依托精准数据实现企业的节能增效是转型升级的有效抓手。

（2）从离散孤岛数据到系统完整数据的转变。随着智能化和数字化技术的不断发展，企业在能源数据治理方面亟须实现从离散孤岛数据到系统完整数据的转变。当前，许多企业在能源数据管理中仍然存在数据分散、系统孤立的现象，能源信息系统建设之初仅以单个的业务需求为目标，导致信息不一致和资源浪费，企业必须打破数据壁垒，构建统一的数据管理平台，确保各类数据能够高效流通，实现数据的整合与统一。

这种转变的核心在于建立一个全面的数据管理体系，通过数据集成技术将各个系统中的离散数据汇聚到一个集中平台上，形成完整的数据资产目录，能源数据作为企业数据重要组成部分，通常作为单独的主题域开展数据治理工作。通过系统化的数据治理并引入先进的数据分析和可视化工具，企业可实现从过去的单一数据分析到全面的数据驱动决策，快速识别潜在问题并作出相应调整，推动能效管理的全面化、智能化、精细化发展。

（3）从离线到在线的转变。从企业内部数据在线管控维度来看，大部分企业可以做到能源数据在线管理。行业内仍然存在部分中小企业，未能建设全厂性能源管控中心，部分大企业子公司也未能做到全部建设全厂性能源在线管理系统，能源数据管理不规范。通过行业调研，全行业钢铁企业内部建设能源管控中心实现能源数据集中管控的比例为 60%~70%。

工业数智化大势所趋，但工业过程存在大量非标状况，传统计量器具无法满足要求，需打通计量器具与计量数据的鸿沟，依托精准数据完成数字化转型。由于能耗数据均为计算获得，行业评估验收办法也对检化验、折标系数等进行了一系列规定，应积极引导企业纳入能源管控中心进行在线管理。能耗数据在线管理采用传感器设备对能耗数据进行实时采集，数据准确性高，实现了数据的不落地，可以有效避免人为误差和数据造假情况。

（4）从静态到动态的转变。针对钢铁企业能源管理中存在的层级多、效率低，以及能源与主生产动态协同优化难度大等问题，需要将冶金热能工艺知识与先进的智能制造技术深度融合。构建一个基于全流程数字化的钢铁企业能源一体化智能管控系统，实现能源管理的智能化和自动化，从而提高钢铁生产的能源效率和可持续性。以燃料、电、水、热、气等多种能源介质数据的精确计量和实时采集为基础，为企业提供能源监测、能源质量、能耗分析、能效诊断、节能管理等服务，助力钢铁企业实现能源管理的优化与再造、提高能源管理效率、减少能源管理成本，持续挖掘节能潜力、提出节能技术措施和管理措施、达成节能降耗目标。

7.3.2 物理能效精细化管理与数据

7.3.2.1 物理能效定义

"能源效率"简称"能效"，按照物理学的观点，是指在能源利用中，发挥作用的与实际消耗的能源量之比。从消费角度看，能效是指为终端用户提供的服务与所消耗的总能源量之比。所谓"提高能效"，是指用更少的能源投入提供同等的能源服务。

7.3.2.2 EMS进展

随着工业化进程的加速，能源消耗量不断增加，能源效率问题和环境污染问题逐渐凸显。在这样的背景下，提高能源利用效率、降低能源成本、减少环境污染成为全球面临的共同挑战。各国政府出台了一系列节能减排政策，鼓励采用高效能源技术和管理系统，以减少能源消耗和环境污染。在此背景下，能源管理系统（Energy Management System，EMS）应运而生。能源管理系统是对企业能源的购入、转换、分配以及使用进行合理规划、控制和高效管理，以降低能源消耗、提高能源利用效率的系统，伴随着技术进步和能源管理理念的革新，其逐步由以模拟仪表为基础发展为以数字化、智能化技术为基础。EMS发展历程大致如下。

（1）初始阶段（20世纪70年代前）。在20世纪70年代之前的初始阶段，企业主要依赖人工方式来记录和管理能源使用情况。不仅效率低下，而且容易出错，且难以实现实时监控和数据分析。企业对能源管理的认识有限，主要集中在能源使用的记录和简单统计上，缺乏系统性的分析和优化手段。

（2）自动化阶段（20世纪70—90年代）。20世纪70年代的石油危机使企业开始重视能源管理的重要性，推动了能源管理系统的自动化发展。随着计算机技术的兴起，第一代自动化能源管理系统应运而生。这些系统能够自动收集和计算能源数据，大大提高了效率和准确度。然而，这一阶段的系统往往只能处理单一类型的能源数据，如电力或燃气，且对能源使用的优化和规划能力有限。

（3）集成化阶段（20世纪90年代—21世纪初）。进入20世纪90年代，随着计算机技术和系统集成技术的发展，能源管理系统开始进入集成化阶段。这一阶段的系统能够管理多种能源类型的数据，并与其他企业管理系统（如 MES、ERP 等）实现集成，以实现企业资源的全面优化。系统的数据处理能力也得到了显著提升，能够进行更复杂的数据分析和能源使用优化。

（4）智能化阶段（21 世纪初—至今）。进入 21 世纪，随着物联网、大数据、人工智能等技术的快速发展，能源管理系统进入了智能化阶段。现代的 EMS 不仅能够高效、准确地收集和处理能源数据，还能根据历史和现场数据进行预测和优化，实现对能源使用的精细化管理。智能化 EMS 能够与其他信息系统深度集成，实现企业资源的全面优化，并为企业提供科学的能源管理决策支持。总的来说，能源管理系统的发展历程是一个从人工记录到自动化、集成化，再到智能化的逐步演变过程，亦是能源管理从粗犷化向精细化提升的过程。

7.3.2.3 精细化管理发展趋势

精细化能源管理是一种基于先进的信息技术和能源管理理念，通过对能源的全面监测、分析和控制，实现能源的高效利用和节约的管理。

首先，需要实现能源数据的全面、准确的采集，这是能源精细化管理的基础。可通过传感器和仪表等设备，对能源的使用情况进行实时监测和数据采集，包括能源的用量、消耗和效率等指标。

其次，开展能源数据分析。通过对采集到的能源数据进行处理和分析，找出能源利用的瓶颈和浪费的环节，为制定能源管理策略提供依据。

再次，进行能源控制优化。通过控制设备和系统，对能源的使用进行实时控制和调整，以实现能源的高效利用和节约。

最后，采取能源评估。通过对能源的使用情况进行评估和分析，及时发现问题和改进措施，提高能源管理的效果。

由此可知，精细化能源管理是建立在能源数据的获取、分析、优化，以及评估的基础上，这就对能源数据治理提出了很高的要求。

以精细化能源管理为目标，对数据展开采集、清洗、存储、分析、可视化等方面的治理，建立精细化能源管理数据集。在此集合中，数据分布全面、数值准确，存储方式一致，格式统一，时间粒度细，为后续该数据集的高效利用，如经济能效计算提供了必要的基础。物理能效精细化管理数据治理的粒度相对细，可过渡到日均、班组，而经济能效是实时的全天候，物理能效相对是静态的，与区域和时段的能源价格波动并非强相关，而经济能效则相反。

依据钢铁企业对能源管控的要求，智慧能效数据治理系统应具备以下功能。

（1）可实现能效精细化管控。动态、完整、准确的能源计量统计，能更好地确定能效提升的重点、发展变化的趋势，指导能效提升工作的开展，为制定能效提升计划和行政管理制度提供依据和基础。

（2）构建行业能效技术数据库。涵盖能效提升"指标库、技术库、情景库"三库合一的智慧能效分析系统，形成典型工序的能效指标表征体系，建成能效提升技术及其应用效果的技术指标库，以及验证节能效果的项目案例情景库，并开发形成指标值、技术应用等多维度对标评估方案，实现多企业的能效对标评估。

（3）可实时监控各节点设备的用能信息。集中动态管理，时刻监测各项设备的用能状况变化，并不断与规定的用能标准进行比对，杜绝各种由于管理运行疏忽造成的用能增加。

（4）可定制个性化场景能效提升策略。能效提升技术改造后，需要通过长期监测技术指标的具体变化，对改造的提升成果给予合理评价，有利于评估每一项技术投资可产生的改善效果，并择优推广先进的成熟技术。

7.3.3　经济能效动态调度系统与数据

7.3.3.1　经济能效定义

经济能效是指产出单位经济量（或实物量、服务量）所消耗的能源量。能源经济效率指标通常用宏观经济领域的单位 GDP 能耗和微观经济领域的单位产品能耗来表示，需要说明的是能源价格在不同区域、不同时间是不一样的。

7.3.3.2　JFE 能源供需预测系统

为减少钢厂中的能量损失，日本 JFE 钢铁公司[2]建立了一种基于厂部生产计划的高精度冶金能源介质供需预测模型，并开发了一个燃料、电力管理指导系统。该系统基于预测模型获得的预测值提供实时的燃料和电力的优化分配，能够确定副产煤气、蒸汽在各个工序的分配比例、电力和燃料（重油、城市燃气）的采购量、副产煤气存储量等，以尽量减少在能源供需两端、发电装置运行、燃料和电力采购等方面的成本。供需预测功能时间尺度为小时级，优化算法为求解混合整数线性规划。到目前为止，该指导系统已在 JFE 钢铁公司西日本制铁所（仓敷地区、福山地区）应用，效果良好，将进一步在日本钢铁业推广应用。该系统能根据每个厂部的生产计划来准确地预测燃料和电力的供需情况。基于预测结果，该系统通过数学规划方法计算出每个工序实现最小能量损失的运行条件，提升了运行效果。

7.3.3.3 能源调度模型和优化算法

钢铁能源智慧管控系统能够提升企业能源管控水平,降低能源消耗、能源成本和碳排放量,切实提高经济能效。钢铁能源介质种类众多,涉及电力、煤、焦炭、煤气、蒸汽、工业气体、水等多种介质,因此,首先需要建立多能源介质的需求预测,然后在此基础上,开发多能源介质优化调配,最终形成能源调度模型。目前,能源调度模型在目标函数、约束条件、优化范围以及优化算法等方面存在差别,可以有单一或多个目标,可能是技术、经济和社会环境。但大多数研究都集中在经济目标,或将其他目标以罚款或奖励的形式转化为经济目标。

优化算法方面,主要分为典型数学规划方法和其他优化算法。数学规划方法是调度研究中最常用的方法,包括线性、非线性和混合整数规划方法。线性规划用于有线性约束和最大化或最小化的目标函数系统,如果是非线性约束条件,则为非线性规划,而当有约束条件或变量是整数时,则被称为混合整数规划。混合整数线性规划或混合整数非线性规划等数学规划方法具有理论精度和计算速度高的特点,但由于存在整数变量,一个优化问题变得非凸,解决起来更具挑战性。考虑煤气-蒸汽-电力的耦合时,存在许多非线性关系和复杂约束,如蒸汽负荷和锅炉效率关系,燃料消耗与发电量、抽汽量关系,混合煤气热值约束,整数变量等,使得模型的求解非常困难,很可能得到局部最优解,所以一些研究者通过开发其他算法求解能源调度模型,如多目标进化算法、遗传算法等。

7.3.3.4 冶金能源动态调度系统数据基础

冶金能源动态调度对数据粒度的要求希望是实时的,且是连续的、全天候的。在能效对标数据基础、物理能效数据精细化管理基础上,再开展经济能效分析,企业收益更大。钢铁能源调度模型在能效对标数据和物理能效数据精细化管理的基础上,将钢铁生产过程中的动态因素,例如:生产及检修计划调整、非计划停机、炉况调整等纳入模型中,形成能源系统与生产系统的紧密耦合。后续建立多种生产情景,采用一定的调度策略和优化算法,实现多能源介质的需求预测以及动态优化调配。这里就需要全天候获得实时数据,并根据生产情景、能源供需而动态调整,尤其是在新型能源体系,可再生能源大规模增长并需要与钢铁互动时,其价值更大。

7.4   共性难题协同研发

7.4.1   国内外典型企业技术创新

日本新日本制铁公司是国际市场竞争力最强的钢铁企业之一，无论从企业的研发能力、管理水平，还是从产品的质量和技术含量方面来讲，都堪称钢铁界的一面旗帜，同时新日本制铁公司成功走出了一条清洁生产的企业发展之路。新日本制铁公司依靠技术改造和技术创新，最大限度地提高了资源利用率，达到减少资源消耗、追求零排放的效果，为该企业创造了价值，也为社会做出了贡献。该公司建立了一整套完整的研究体系，将基础研究、应用开发与工程建设结合起来，加强研究开发核心部门与各钢厂实验室、生产现场的协作，同时将研发重点放在强化资源利用和环境及能源领域。

JFE 集团技术研发机构包括钢铁研究所、综合研究所和技术研究所。这些研究所专注于钢铁生产的各个方面，从材料科学和工程到环境和能源技术。JFE 集团研发部门积极利用前沿技术和数据科学技术，满足日益复杂和多样化的社会需求，增强了国际竞争力。同时，将保护地球环境作为最重要的工作之一，通过以迄今为止积累的各种技术在全球范围内的应用，为解决气候变化问题做出贡献。

安赛乐米塔尔（Arcelor Mittal）拥有全球研发中心网络，主要设施位于欧洲、北美和南美。这些中心与大学、研究机构和其他行业合作伙伴密切合作，利用外部专业知识和资源。安赛乐米塔尔在研发方面进行了大量投资，以保持其在钢铁行业中的领先地位，专注于创新、可持续性和效率。根据安赛乐米塔尔集团降碳计划，到 2030 年全球业务的二氧化碳当量排放强度较 2018 年减少 25%，到 2050 年实现碳中和目标。安赛乐米塔尔降碳战略着眼于技术的多元化和经济性，利用广泛的低碳排放技术组合，在适当的时间和地点有针对性地部署适合的低碳排放技术。

韩国浦项（POSCO）技术创新体系是一个集研发、协作、可持续发展和数字化转型于一体的综合框架。POSCO 技术创新体系的核心是其研发基础设施，浦项的科技创新战略由 4 家创新机构负责承接实施，分别是浦项技术研究院、浦项产业科技研究院、浦项工科大学的钢铁学院和全球研发中心。浦项科技创新主要面向两大方向：一是具有高附加值的先进钢铁生产技术的开发；二是加紧开发新材料和清洁能源技术。该公司正在实施智能工厂技术，包括人工智能、大数据分析和物联网，以优化生产流程，提高能源效率，提高产品质量。

宝武集团有限公司中央研究院（技术中心）是宝武集团技术创新的主体和研发共享平台，秉持着"以需求为导向，追求能力与需求对接"的研发理念，承担宝武集团新产品、新技术、新工艺的研究与开发。提出将以绿色统领为特征，以引领行业发展为使命，以全面提升效率为牵引，立足新阶段、构建新格局、创建新平台，成为世界一流的企业研究院。

建龙集团将客户需求、精品工程以及降本增效作为科技创新的来源。建龙集团形成了"8个专业委员会、9个专业技术研究所、11个工艺品种研究所"的科研组织架构，打通了"集团—研究所—子公司"的科研管理渠道，形成了高效协同的创新体系。建龙集团成立低碳工作推进委员会，和各子公司分别制定《碳达峰碳中和发展战略规划》，明确了"成为全球绿色低碳产品和服务的一流供应商，成为全球绿色低碳冶金技术的提供者和引领者"的战略目标。

7.4.2 行业协会推进协同创新

中国钢铁工业协会组织行业成立科技创新工作委员会、节能环保工作委员会、低碳工作推进委员会，站在行业角度把握聚焦协同创新、要素配置、激励约束、开放安全等科技攻关的核心问题和突出问题，组织不同创新主体参与、调动不同创新资源投入，促进创新体系形成合力、增强效力。中国钢铁工业协会组织编制了钢铁行业低碳技术路线图，持续跟踪世界前沿八大低碳技术进展与国际钢铁技术动态，制定极致能效系统推进方案并召开系列技术对接交流会。在江苏南通召开的中国钢铁工业协会科创委2023年年会上，组织行业力量推进"高炉煤气精脱硫共性技术研发"这一行业共性技术难题；此外，中国钢铁工业协会面向全行业征集了钢渣资源化利用、数字化研发等一批新的共性技术难题，组织开展共性技术协同研发。在国家发布的《国家工业节能技术装备推荐目录（2021）》《国家工业和信息化领域节能技术装备推荐目录（2022年版）》以及中国钢铁工业协会发布的极致能效工程技术清单（T50）、能力清单（2023版），行业先进成熟技术愈加清晰，宝武集团有限公司中央研究院冶金能源技术团队坚持全球技术扫描，聚焦焦炉荒煤气显热、高炉渣显热、烧结矿显热、转炉烟气头尾放散与转炉烟气显热、铁—钢—铸—轧界面能效、数据驱动智慧能源、高效清洁燃烧、低温余热、储能与清洁能源、能源增值等10项钢铁行业低碳高能效共性难题技术研发，于 2019 年牵头编著出版了《钢铁低碳高能效共性难题技术研发与应用》一书。近三年，冶金能源技术创新成为热点，低碳高能效专业技术公司不断涌现，结合行业发展实践，针对典型长流程钢铁企业，本书整理出钢铁低碳高能效技术 7 个发展方向：钢铁余热余能资源极限高效回收利用，减少能源消耗、产品损耗，减少工序、工艺界面能量损失，重点用能设备及系统节能提效技术，原料、能源低碳化及二次资源循环利用，数智驱动低碳高能效，新材料应用，并例举 25 项技术内容。下一步则是利用企业力量、协会平台，贴近企业需求，寻找实施机会。

世界钢铁协会在最佳实践对标、帮助会员公司改善公司业绩发挥着重要作用。世界钢铁协会开发的六套在线评估或对标系统（Online Assessment or Benchmarking Systems）包括：二氧化碳数据收集、能源效率数据收集、设备维护与可靠性在线调查、工序收得率评估系统、安全与健康事件数据收集、可持续发展数据收集[3]。这些在线评估或对标系统提供每个厂区/企业与同类厂区或工厂或者代表性参照厂区进行比较，还可与较高绩效企业/厂区进行比较，以确认有待改进的领域。其中，一些系统还对其他技术可能产生的作用及其对工厂或厂区的影响进行了预测。世界钢铁协会还每年定期开展技术专题研讨会并发布技术报告，旨在分享会员单位采用的方法体系和工艺流程，并对钢铁业在安全、能源、污染控制、用水管理、设备维护及可靠性等方面的经验开展交流及学习[3]。此外，为鼓励钢铁企业以实际行动践行可持续发展理念、发展先进技术，世界钢铁协会开展了四项表彰行动，包括可持续发展宪章、可持续发展优胜者企业、Steelie 奖、安全与职业健康卓越成就奖，其中 Steelie 奖尤其关注低碳生产工艺、先进技术工艺、可持续发展等领域的进步[4-5]。世界钢铁协会认为在突破性技术得以开发之前，能源效率升级是当前应对脱碳、气候变化的有效措施，在能效改善方面，世界钢铁协会于 2019 年启动一项名为"能效升级（Step Up and Efficiency Programme）"，涵盖原料、能源投入、收得率和维护的多步骤流程可用于支持提高工厂运行效率，使其达到与钢铁行业表现最佳的企业相当的水平[6]。

7.4.3　国家钢铁低碳技术创新中心

国际主要钢铁生产国家（地区）制定了极富雄心、极具挑战的低碳技术发展计划，希望借此扭转其钢铁工业全球竞争力走弱势头，以绿色低碳为抓手引领新一轮经济复苏。相对而言，我国钢铁低碳转型起步较晚，研发攻关力量较为分散，国家层面尚未形成针对核心低碳共性技术的系统支持方案，但是钢铁头部企业各自的研发体系以及在其他领域的技术创新已积累相当雄厚的实力，钢铁生态圈社会力量在"双碳"背景下对钢铁极致能效技术的研发成果也不断涌现。中国钢铁工业协会、钢铁头部企业、行业权威专家也共同呼吁钢铁行业创建低碳国家创新中心，在重点研发计划、攻关专项计划等国家项目上给予钢铁低碳冶金创新倾斜支持。2024 年两会期间，得到钢铁界人大代表、政协委员呼应与共鸣。

7.4.4 极致能效共性难题协同研发

在钢铁行业中，低碳高能效共性技术涵盖了多个方面，包括新能源替代、原燃料优化、生产过程控制、能源回收利用、循环经济与清洁生产等。这些技术的研发和应用，不仅能够降低钢铁生产的碳排放量，提高能效水平，还能够推动钢铁行业的绿色可持续发展。然而，目前钢铁低碳高能效共性技术的供给并不充分。一方面，钢铁行业的技术创新体系尚不完善，缺乏足够的技术研发力量和资金支持，导致共性技术的研发进展缓慢。另一方面，钢铁企业在应用新技术方面也存在一定的保守性和局限性，缺乏对新技术的认知和接受度，从而限制了共性技术在行业中的推广应用。钢铁低碳高能效共性技术供给缺失与示范机制成了亟待解决的挑战。

钢铁行业极致能效共性难题技术研发也有独特的优势条件。首先，在"双碳"目标和能源双控、碳双控双重约束下，钢铁企业迫切需要通过提高能源利用效率、优化能源结构、应用节能降碳技术等手段，降低生产成本，提高市场竞争力；而国家推进能效降碳也从政策层面驱动极致能效技术研究开发与示范应用。另外，中国钢厂众多，试验场景丰富，这为钢铁极致能效工程研究提供了得天独厚的条件。不同规模、不同工艺、不同设备的钢厂，为研究者提供了丰富的试验场景和数据资源，有助于深入研究钢铁生产过程中的能效提升问题。此外，中国创新体系完善，工业体系健全，专业公司、中小企业充满活力，创新生态圈完备。这为钢铁极致能效工程研究提供了强大的支撑和保障。政府、企业、科研机构等各方可以形成合力，共同推动钢铁行业能效提升和绿色低碳发展。

7.5 钢铁极致能效人才培养

7.5.1 产业变革人才需求

在百年未有之大变局的时代背景下，钢铁高端化、高效化、低碳化、绿色化、智能化、数字化等行业趋势对人才培养提出了新的要求。这些要求不仅反映了当前社会和经济发展的趋势，也预示着未来人才所需具备的核心能力和素质。实现钢铁工业由大向强的根本转变，关键是靠科技创新的力量，核心要素是高素质、创新型的科技人才。"做大做强，人才先行"，这是世界一流钢铁企业，包括国内一流钢铁企业的发展经验和规律，也是钢铁行业科学发展的必由之路。

高水平人才队伍建设是钢铁行业的重要任务。钢铁行业必须加强对科技进步、教育发展及人才成长的趋势研判、规律认识和需求把握，在此基础上深化人才发展体制机制改革，进一步完善相应的条件支撑，持续增强"第一资源"的保障能力。构建"钢铁极致能效"背景下的冶金人才培养体系，探索中国钢铁绿色低碳发展人才培养模式，是钢铁产业持续不断健康发展的可靠保证。

7.5.2　人才培养体系设计

加强钢铁低碳人才队伍建设是保障我国钢铁行业实现"双碳"目标的核心要素和重要支撑。经济持续快速发展为钢铁产业带来广阔的市场空间，也为钢铁低碳技术进步和人才培养提供了良好的发展平台，努力开创钢铁低碳人才队伍建设的新局面，推动钢铁行业高质量发展。政府、高校、企业与行业发挥各自优势，加强"产、学、研、政"协同，以培养出更多具备专业知识和实践经验的复合型人才，推动钢铁行业的绿色可持续发展。

高素质人才来源于高水平的教育，并在丰富多彩的创新实践中历练成长。党的二十大报告指出：统筹职业教育、高等教育、继续教育协同创新，推进职普融通、产教融合、科教融汇，优化职业教育类型定位。进一步加强产业协同、产教融合，建立高等教育+职业教育+继续教育和培训一体化行业人才培养体制机制，及时把科技创新成果转化为职工的知识和技能。

首先，国家出台"卓越工程师教育培养计划"，旨在培养造就一大批创新能力强、适应经济社会发展需要的高质量各类型工程技术人才，为国家走新型工业化发展道路、建设创新型国家和人才强国战略服务，对促进高等教育面向社会需求培养人才，全面提高工程教育人才培养质量具有十分重要的示范和引导。2022年8月，教育部会同国务院国资委印发《关于支持部分高校和中央企业试点共建国家卓越工程师学院的通知》，卓越工程师培养面向国家重大战略急需关键核心领域，培养在相关工程领域掌握坚实宽广的基础理论和系统深入的专门知识，具备全球战略视野、突出工程技术创新能力、动态适应能力，善于解决复杂工程技术问题和关键领域问题的高素质、高层次、交叉复合型卓越工程师。截至 2024 年 5 月，我国已支持高校联合中央企业建设 32 个国家卓越工程师学院。

其次，构建产学研协同育人机制，联合职业院校、高等教育院校、企业、职业培训机构等资源，搭建了"校企政行"四方合作育人平台，坚持办学机制校企一体化，培养方式产教一体化，教学方式理实一体化，办学形式职业教育与员工培训一体化的育人模式，构建产教深度融合下的人才培养目标定位与企业人才需求融合、专业教师与企业能工巧匠融合、教学内容与工作任务融合、理论教学和技能培训融合、能力考核与技能鉴定融合、校园文化与企业文化融合，形成学校和企业的双主体人才培养模式[7-8]，为钢铁行业提供了多层次、多类型的人才培养服务，满足行业发展的需求。

最后，为推动行业人才工作高质量发展，中国钢铁工业协会制定了"十四五"钢铁行业人力资源规划指导意见，成立了人力资源工作委员会，开展行业人力资源数据统计，和第三方合作发布行业人力资源分析报告。号召钢铁企业进一步加大培训投入，以钢铁报国的情怀，弘扬企业家精神，培育科技创新和岗位创新的氛围与沃土，加大钢铁领域跨工序、大专业的复合型人才培养。同时强化引育留用人才优化管理机制，丰富绩效激励体系，进一步优化人才成长环境，造就一支能够支撑未来钢铁行业高质量发展的人才队伍。

钢铁行业有良好的技术交流与合作平台。中国金属学会设有能源与热工分会，搭建了技术交流共同进步的平台。通过举办行业论坛、研讨会等活动，促进钢铁行业人才之间的交流与合作，分享经验和技术，推动行业共同进步。同时，国家鼓励钢铁企业与国际同行进行合作与交流，引进国际先进技术和管理经验，提升行业的国际竞争力。

2024 年 4 月，国内多所具有钢铁工业背景的高校联合企业、科研院所等 75 家单位共同成立新时代高校"钢筋铁骨"育人共同体。新时代高校"钢筋铁骨"育人共同体，由北京科技大学、东北大学、中南大学倡议并联合行业背景高校共 50 所，中国钢研科技集团有限公司、矿冶科技集团有限公司、中国有研科技集团有限公司等科研院所共 6 所，鞍钢集团、中国宝武、中国五矿、首钢集团等行业骨干企业共 19 所共同成立。共同发起单位实施"钢筋铁骨"联合育人行动，打造行业人才培养的重要品牌，旨在深入贯彻落实党的二十大精神和习近平总书记关于教育的重要论述，坚持"立德树人"根本任务、坚持"产教融合"发展路径、坚持"钢铁报国"精神传承，共绘"钢筋铁骨"育人同心圆，努力培养为国奉献钢筋铁骨的高素质人才，为铸就科技强国、制造强国的钢铁脊梁，为培养发展新质生产力、实现中国式现代化做出更大贡献。

产教融合、校企合作等多方面协同是职后教育和高等教育实现工学结合要求的必由之路。依托企业内部智能型的职业培训机制，基于企业产教融合的先天条件，充分利用高校优势，搭建了"校企政行"四方合作育人平台，整合校企厂区社区资源，坚持办学机制校企一体化，培养方式产教一体化，教学方式理实一体化，办学形式职业教育与员工培训一体化的育人模式，构建产教深度融合下的人才培养目标定位与企业人才需求融合、专业教师与企业能工巧匠融合、教学内容与工作任务融合、理论教学和技能培训融合、能力考核与技能鉴定融合、校园文化与企业文化融合，形成学校和企业的双主体人才培养模式[7-8]。

7.5.3 企业低碳高能效人才培养

钢铁行业的人才培养体系是一个综合性、系统性的工程，企业培养具备专业技能、管理能力以及良好职业素质的优秀员工，以满足行业持续发展和转型升级的需求。在低碳经济的时代背景下，人才是参与低碳经济的基本因素，是低碳经济发展的推动力，实现可持续发展和经济增长，从企业的绿色低碳文化、绿色低碳管理、低碳新技术研发与应用等维度构建并实现绿色人才的有效途径，不断锤炼掌握岗位创新能力和科技创新能力的优秀人才。

中国钢铁行业绿色低碳发展任重道远，钢铁行业体量基数大，行业碳排放量占全国碳排放总量的15%左右，是制造业31个门类中碳排放量最大行业。中国宝武钢铁集团有限公司立足行业绿色低碳产业链，正在立志成为世界一流企业，人才高地建设非常重要，公司领导在人才工作会议上强调我们比任何时候都更加渴望人才、更加依赖人才。

（1）高站位谋发展，做好系统工程顶层设计。组织全体员工认真学习落实习近平总书记关于碳达峰、碳中和工作回信中的重要批示精神，学习《关于促进钢铁工业高质量发展的指导意见》，牢记使命担当，围绕绿色制造、制造绿色、绿色产业3大领域，聚焦商业模式创新、科技管理创新、技术引领创新3大主题，开展碳达峰、碳中和战略解码，解读碳中和冶金技术路线图，案例解析工业绿色发展与绿色制造新工艺新技术，开发出满足下游产业对钢铁行业绿色要求的绿色低碳产品。推进"低碳冶金创新研究中心""低碳冶金技术创新基金"建设，以支撑"全球绿色低碳冶金联盟"运作。这些创新性的"双碳"绿色行动都为人才培养搭建了平台，扩展了生态圈。

（2）联动职能部门，做好节能低碳系列培训。通过节能宣传周、科技周、全国低碳日等主题活动，深入开展全员低碳行动，增强全员绿色低碳意识。组织绿色低碳知识培训，编制碳达峰、碳中和培训教材。积极开展"我为企业降碳献一计"等活动。实施绿色低碳类培训项目，主要涉及：以学习国家生态环境政策为重点，举办"打赢蓝天保卫战三年行动计划解读""新形势下环保工作要点和环保税法解读"等专题培训；以协同和支撑集团重点绿色城市钢厂建设工作为重点的"环保形势与绿色城市钢厂建设""钢铁行业超低排放政策解读""节能低碳技术专题研修"等专题培训；以适应碳达峰、碳中和新形势和新要求为重点，开展"产品碳足迹 ISO 14067 标准解读""节能降耗与低碳发展""碳中和与绿色低碳技术""企业碳排放核算与核查"等专题培训。

（3）重点关注极致能效人才和创建提效达标行动。极致能效工程人才是具有专业知识和精湛技能，能在工作实践中，将其应用于低碳技术或低碳管理等相关领域工作的专门人才，其核心作用是在市场机制基础上，通过政策创新及制度设计，提高节约能源的意识、技术开发与应用。组织开展"高效炉窑与能效电厂专业人伙伴计划""大废钢比应用技术主题研修"。对照钢铁行业重点领域能效标杆水平和基准水平，推进不同钢铁基地同工序之间对标，持续工艺流程优化，推动全工序节能降碳等相关工作，按照"因地制宜、热尽其用"的原则，持续提升余热余能的利用等。

7.5.4 高校人才培养体系建设

高等学校钢铁绿色低碳高能效发展人才培养体系建设是一个综合性的系统工程，旨在培养具备钢铁绿色低碳高能效发展理念和技能的专业人才，以满足国家产业转型和可持续发展的需求。以钢铁绿色低碳高能效发展为背景，通过优化人才培养的各个环节、全过程，来提升工程人才的综合水平[9-10]，主要涉及以下几个方面。

（1）优化"冶金低碳能效"课程设置。注重培养学生的数学、物理、化学等基础知识，为专业课程的学习打下坚实的基础。专业课程注重培养学生的专业技能和实践能力，包括钢铁生产工艺、能源管理、低碳节能原理、环保技术等方面的知识。

（2）加强产学研实践教学。高等学校应加强与钢铁企业的合作，建立稳定的实践教学基地，为学生提供实践锻炼的机会；同时，还应鼓励学生参加各种科技竞赛和实践活动，提高他们的实践能力和创新意识；产学研合作教学是对实践教学的一种创新，也是对实践教学的一种拓展，缩短理论与实际的差距。

（3）建设"双师"型师资队伍。优秀的师资队伍是培养钢铁极致能效工程人才的关键。加大人才特别是新能源、工业节能方面博士教师的引进；有计划地选派教师到企业和名校培训进修，安排老师参加专题培训，组织老师进行极致能效与"双碳"实验实训的项目开发，进一步提高教师理论、实践教学水平；选派教师到相关企业的设计、生产一线进行实践锻炼，提高专业教师解决生产实际问题的能力，并提高教学及科研能力。

（4）冶金专业教材持续更新。2022年，中国钢铁工业协会推进"冶金专业教材和工具书经典传承国际传播工程"（以下简称"经典工程"）。"经典工程"是由中国钢铁工业协会和中国金属学会联合发起，旨在通过总结、提炼、传播冶金科技成果，形成体系修订、新编一批具有现实性、启发性、方法性、实践性和时代性的高水平、新形态学科专业教材和工具书，完成行业知识传承传播的历史任务，支撑中国钢铁工业高质量发展。在此次"经典工程"第一批立项教材书目中，获评高等学校教材立项96项。"经典工程"对冶金学科发展、行业人才培养、钢铁工业高质量发展、讲好钢铁故事、坚定文化自信等都具有重要的现实意义和深远的历史意义，为世界钢铁工业发展做出应有的贡献。

（5）钢铁极致能效卓越工程师培养。人才培养是钢铁行业实现可持续发展关键一环。党的二十大报告提出，努力培养造就更多卓越工程师，2024年1月19日，"国家工程师奖"表彰大会在中国人民大会堂隆重举行。81名个人被授予"国家卓越工程师"称号，50个团队被授予"国家卓越工程师团队"称号。这场首次以党中央、国务院名义开展的"国家工程师奖"表彰，凸显出党和国家对卓越工程师队伍的高度重视。教育部启动卓越工程师产教融合培养行动，推进卓越工程师校企联合招生、课程教材、导师队伍、入企培养、学业评价等全系列标准体系建设；成立中国卓越工程师培养联合体，发布工程硕博士核心课程、能力标准、入企实践工作指南等。钢铁极致能效卓越工程师培养，旨在打造一支具备深厚专业知识、卓越实践能力以及创新思维的工程师队伍，以应对钢铁极致能效深入开展需要。

百年未有之大变局，中国钢铁行业正以前所未有的步伐阔步前行；时代变迁不仅带来行业深刻变革，也为中国钢铁工业的发展注入强大动力。钢铁发展新征程，产学研一线更需要涌现一大批面向未来的高技能、高素质人才，响应国家绿色低碳转型发展，结合当前中国能效方面政策与行动，围绕钢铁极致能效基础研究、探索实践，直面难题、挑战，致力于钢铁能效数据治理，钢铁工序和流程节能降本先进成熟技术应用，致力于推动钢铁行业共性难题技术研发，致力于培养一大批符合时代特征、满足未来发展需要、专业知识扎实、适应极致能效岗位的复合型人才与卓越工程师，推动钢铁行业的绿色转型升级和高质量发展，为实现中华民族伟大复兴的中国梦贡献力量。

7.6 本章小结

本章首先介绍了钢铁极致能效工程及能效标杆三年行动取得的阶段性成果，并以上海梅山钢铁股份有限公司和河北普阳钢铁集团有限公司为代表介绍了两家企业在管理、技术、区域协同等方式实施能效提升所采取的举措，提供经验参考。进一步探讨了数据治理、共性难题协同研发和人才培养三个关键方向，强调多方协同的重要性，呼吁各方共同努力，推动钢铁行业绿色转型升级，为实现碳达峰、碳中和目标贡献力量。

参 考 文 献

[1] 樊三彩. 钢铁行业极致能效亟须攻坚发力 [N]. 中国冶金报, 2024-03-28 (01).

[2] OGASAHARA T, HAYASHI K, YOSHIHARA K. JFE technical report: Guidance for fuel and power management in steel works through model predictive control [R]. 2021, 3 (26): 28-34.

[3] WORLD STEEL ASSOCIATION. Technology [EB/OL]. 2024-06-02. https://worldsteel.org/steel-topics/technology/.

[4] WORLD STEEL ASSOCIATION. Our recognitions [EB/OL]. 2024-06-02. https://worldsteel.org/steel-topics/sustainability/our-recognitions/.

[5] WORLD STEEL ASSOCIATION. Steelie Awards [EB/OL]. 2024-06-02. https://worldsteel.org/about-us/steelie-awards/.

[6] WORLD STEEL ASSOCIATION. Step up and efficiency programme [EB/OL]. 2024-05-

30. https：//worldsteel. org/climate-action/step-up-programme/.

[7] 曹丽华，艾萍，姜铁骝，等. 基于工程能力培养的能源与动力工程专业人才培养体系研究与实践 [J]. 当代教育实践与教学研究，2019 (15)：98-99.

[8] 荣琦. 转型背景下 K 集团产教融合职业培训体系构建 [D]. 昆明：云南师范大学，2019.

[9] 章顺虎，宋滨娜，侯纪新，等. 多案融合-学科交叉-科教协同的冶金人才培养体系的构建与实践 [J]. 教育现代化，2020，7 (13)：18-19，22.

[10] 董春阳，尹少武，冯妍卉，等. 能源革命背景下能源与动力工程专业人才培养模式探究与实践 [J]. 高等工程教育研究，2023 (S1)：72-75.